삶의 의미를
찾아가는

현대인의 정신건강

양명숙 · 전지경 · 김춘희 · 최연화
한영숙 · 김윤희 · 김현지 · 이현우 공저

Mental Health for a Meaningful Life

학지사

저자 서문

『삶의 의미를 찾아가는 현대인의 정신건강』을 출간하기까지 많은 시간이 걸렸다. 현대인의 정신건강에 좀 더 의미 있게 도움을 줄 수 있는 정신건강 책을 집필해야겠다는 생각은 10여 년 전부터 정신건강 수업을 담당하면서 가지게 되었다. 이에 교재 개발을 위하여 전지경 박사와 더불어 10여 년간 준비 작업을 해 왔다. 특히 전지경 박사의 헌신적인 노력으로 정신건강 교재에 필수적인 내용들을 선정하고 모아서 초고를 만들 수 있었다. 미완성의 초고였지만 수업 교재로 활용하며 내용을 점검하고 학생들로부터의 피드백을 더하여 교재의 완성도를 높이기 위한 작업을 계속하였다. 그러나 원대한 꿈은 점점 사라지고 태산명동서일필(泰山鳴動鼠一匹)처럼 처음의 기대만큼 완성도 있는 정신건강 책으로 집필되지 못하고 있었다.

이에 마지막 결단으로 젊고 유능한 전문가들의 도움을 받기로 결정하고, 각 장의 내용을 가장 잘 다룰 수 있는 전문가들을 영입하였다. 총 8명으로 구성된 집필진들은 각 장을 나누고, 수차례의 편집 회의를 통하여 현대인의 정신건강에 꼭 필요한 내용들로 재정리하여 이 책을 출간하게 되었다. 이제야 비로소 10여 년간을 고민해 온 초기 저자들의 의도가 전문가들의 도움에 힘입어 세상에 나올 수 있게 된 것이다.

각 장에 대한 업무 분담을 살펴보면 다음과 같다. 먼저 양명숙은 전체 내용에 대하여 총괄하는 업무와 더불어 제1장 '정신건강의 이해'를 맡았고, 전지경은 제2장 '인간행동의 이해'와 제4장 '커플관계와 정신건강'을, 김춘희는

제6장 '중독과 정신건강'과 제11장 '현대인의 위기대처 및 건강관리'를, 최연화는 제3장 '성격과 정신건강'과 제5장 '성(性)과 정신건강'을, 한영숙은 제8장 '현대 가족 및 다양한 가족형태에 따른 대처'를, 김윤희는 제7장 '자살과 정신건강'을, 김현지는 제9장 '현대인의 스트레스와 대처'를, 그리고 이현우는 제10장 '건강 및 긍정심리학적 대처'를 맡았다.

『삶의 의미를 찾아가는 현대인의 정신건강』은 무엇보다 기존의 패러다임에서 더 나아가 과정지향적 관점에 주안점을 두고 집필되었다. 과정지향적 관점은 인생에서 일어나는 모든 사건에는 의미가 있으며, 무엇인가 필요가 있기에 사건이 일어난 것이며, 꼭 필요하기 때문에 인생의 과정에서 일어난 사건이라는 관점에서 문제를 바라본다. 여기서 얻은 메시지를 통하여 생의 의미를 찾아가는 접근으로 동서양의 심리상담 및 치료적 관점을 통합하고 있다. 이는 우리의 삶에서 일어나는 인생의 역경을 보다 의미 있고 풍요로운 삶으로 전환할 수 있는 기회의 요인으로 바라보며, 이를 알아차릴 수 있는 적극적인 삶의 태도가 중요하다고 강조하는 4차원적 심리학 접근이라고 하겠다. 따라서 이 책은 이 과정지향적 관점을 중심으로 현대인이 삶의 의미를 찾아서 좀 더 건강하고 행복한 삶을 살아갈 수 있도록 안내하고자 하였다.

끝으로 오랜 시간 준비와 더불어 마침내 여러 전문가와 힘을 합하여 집필하게 된 이 책이 우리의 정신건강을 돕는 데 조금이나마 기여할 수 있기를 바란다.

저자 일동

차례

제2부 적응과 정신건강

제1부

인간의 이해

제 1 장

정신건강의 이해

21세기 현대인은 과거 어느 시대보다도 급격하게 변화하고 있는 시기를 살아야 하는 운명과 더불어 날마다 새로운 물리적 · 심리적 변화에 적응해야 하고, 또한 그 변화를 진취적으로 발전시켜 나가야 하는 과제를 안고 있다. 이렇게 다변하는 현대사회에서의 사회적 적응 문제는 건강한 삶을 유지하기 위해서 정신건강의 문제에 더욱 관심을 기울여야 하는 주요 요인이다. 세계보건기구(WHO)에서 내린 건강의 정의를 보면, 건강은 신체적 · 심리적 · 사회적 안녕 상태의 세 가지를 포함하고 있다. 이러한 측면에서 정신건강은 개인의 정신적 안녕과 사회와의 상호작용 등 개인을 둘러싼 제반 모든 활동과 직간접적으로 관련된 다양한 활동을 의미한다고 할 수 있다. 즉, 건강하다고 하는 것은 신체적 · 심리적 · 사회적 · 경제적 · 영적 건강 등이 공존할 때 비로소 이루어지고, 이러한 영역은 상보적이어서 어느 하나에만 집중한다고 해서 건강이 유지되는 것은 아니며, 어느 하나를 소홀히 하였을 때에도 건강이 유지되기 어렵다. 신체적 건강은 심리적 건강에 영향을 미치고, 심리적 건강은 사회적 건강에 영향을 미치며, 또한 사회적 건강은 신체적 건강 · 심리적 · 영적 건강 등에 영향을 미친다.

이 장에서는 건강한 정신건강의 기준과 조건에 대하여 알아보고, 기존의 전통적 접근법과 생태체계적인 접근법의 관점에서의 정신건강에 대하여 살펴본다. 또한 한 개인을 유기체로서 미시적 환경에서뿐만 아니라 역사적 · 사회적 맥락과 더불어 다차원적인 시각으로 인류학적이면서 우주적인 관점에서 이해하면서 건강한 삶으로 성장하고 적응할 수 있도록 돕는 과정지향적 관점에 대하여 알아본다.

생각해 볼 문제

첫째, 정신건강이란 무엇인가?

둘째, 정신건강의 기준은 무엇인가?

셋째, 과정지향적인 관점에서의 정신건강이란 무엇을 의미하는가?

1. 전인으로서의 정신건강의 의미

건강의 개념을 볼 때, 좁은 의미에서는 의학적인 개념과 더불어 종교, 철학, 문화, 사회적인 사상 및 현상과 밀접한 관계를 가지고 있는데, 이는 동서양이 마찬가지이다. 정신건강의 개념을 역사적 · 사회적 맥락에서 볼 때, 서양의 경우는 그리스의 자연철학이나 중세기를 지배하였던 스콜라철학과 분리해서 정신건강을 이해할 수 없으며, 동양에서도 역시 유교, 불교, 도교 및 초자연현상과 무속을 위시한 민속신앙과 밀접한 관계가 있었다. 따라서 건강은 경험의학적인 성격뿐 아니라 영적이며, 도덕적이며, 사회적 · 역사적 맥락과 더불어 그 시대의 자연철학을 배경으로 이루어져 왔다. 특히 우리나라는 우리 고유의 접근에서부터 중국에서 도입된 사상을 받아들여 우리 고유의 한의학(韓醫學)으로 발전시켰고, 근대 사회에 와서는 서양 문물의 영향과 더불어 오늘에 이르고 있다. 이러한 과정에서 동서양의 통합을 위한 움직임이 끊임없이 이루어지고 있으며, 서양의 분석적인 측면에서의 접근방식과 동양의 전체론적인 측면에서의 접근방식을 통합하는 새로운 시도가 이루어지고 있다.

이 장에서 제시하는 과정지향적인 측면에서의 접근방식은 이러한 동서양의 접근방법을 통합한 것으로 보다 긍정적이고 전 생애적인 측면을 지향하고 있다. 이는 [그림 1-1]에서처럼, 정신건강이란 각 요소 중 그 어떤 것도 무시되지 않고 하나의 전체로서, 인간의 각 구성요소들이 분리되어 있지 않고 상호 연결되어 다루어지는 것을 말한다.

- 신체적 건강
- 심리적 건강
- 사회적 건강
- 문화적 건강
- 경제적 건강
- 지적 건강
- 영적 건강
- 도덕적 건강

그림 1-1 정신건강의 구성 영역

1) 정신건강이 다루어지는 영역

정신건강을 다루는 학문 분야는 매우 다양하다. 특히 심리학에서는 건강심리학(health psychology)이라는 새로운 학문이 등장하였다. 건강심리학은 기존의 전통적인 의학에서 접근하는 신체적 건강만을 중점으로 다루었던 관점에서 벗어나, 신체적 · 심리적 정신건강 이해를 통하여 사회적 정신건강을 이루는, 전인적이면서도 개인의 성장과 발전을 위한 교육적 · 과학적인 접근을 통하여 정신건강을 이해하고 있다. 건강심리학은 사람들이 어떻게 건강을 유지하고, 왜 아프게 되며, 병들었을 때 그들이 어떻게 반응하는지에 대한 심리학적인 영향을 이해하는 데 공헌하는 학문이다(Taylor, 2006). 이는 정신건강 영역과 맥을 함께하는 학문 분야라 할 수 있다.

정신건강은 인생 전반에 걸친 정신건강과 질병의 모든 측면에 대해 관심을 가지며 정신건강의 증진과 유지에 초점을 맞춘다. 정신건강의 증진과 유지는 아동이 좋은 습관을 가지게 하는 것, 규칙적인 운동을 증진하게 하는 것, 그리고 사람들이 몸매 및 체중관리를 하도록 미디어 캠페인을 설계하는 것 등의 주제도 포함한다. 또한 질병의 예방과 치료의 심리학적인 측면에 대해서 연구하는 학문이다. 정신건강은 또한 병인학(etiology)과 건강, 질병, 부적응의 상관관계에 초점을 둔다. 병인학은 질병의 기원과 원인을 고려하고 특히 행동적이고 사회적인 요소에 관심을 가지는데, 행동적이고 사회적인 요소가 건강 및 질병 그리고 부적응에 원인이 되기도 한다. 이러한 요소로는 알코올 소비, 흡연, 운동, 안전벨트 착용, 스트레스에 대처하는 방법 등과 같은 건강습관들을 포함한다. 따라서 정신건강은 건강의 유지와 증진을 위한, 질병의 예방과 치료를 비롯하여, 건강정책의 설립에 대한 심리학의 교육적 · 과학적 · 전문적인 기여를 포함한다.

정신건강 전반에 걸쳐 다루어지는 주요 영역은 다음과 같다. 건강하기 위해서는 우선 유기체인 개인의 행동을 이해를 할 수 있어야 한다. 개인의 이해는 생물학적 특성 및 심리적 특성, 사회적 특성을 이해하고, 생물학적 · 심리적 · 사회적 특성 간의 관계를 이해할 수 있어야 한다. 또한 인간의 성격 형성과정 및 성격의 특성 이해를 통해 개인의 행동의 방향을 예측할 수 있다. 각 개인은 자신이 지닌 특성에 따라 외부에서 오는 스트레스 자극에 부적응할 수도 있고 혹은 적응의 행동을 할 수도 있다. 부적응의 행동으로 이어질 경우에는 정신장애와 같은 부정적인 결과를 초래하지만, 적응행동으로 대처할 경우에는 건강한 정신건강을 가져온다. 특히 정신건강 분야에서 주로 다루어지는 부적응 사례로는 성(gender) 문제, 중독(addiction) 문제, 이탈문제, 자살문제 등이 있다. 적응 측면에서는 예방과 대처전략에 대한 주제를 주로 언급하고 있으며, 전반적인 전략과 치료방법을 제시하는 내용을 다루고 있다.

2. 건강한 정신건강의 조건

1) 건강과 이상의 기준

정신적으로 건강한 상태를 명확하게 규정하고 정의 내리기란 쉽지 않다. '건강' 또는 '정상'이란 용어는 일반적으로 '건강하지 않음' 또는 '이상(abnormal)'과 대비해서 사용되지만 그 차이를 정확하게 구분하기는 힘들며 여러 가지 사회문화적 기준에 의해서도 달라질 수 있다. 이러한 측면에서 보다 본질적인 관점이 동시에 고려되어야 한다. 이를 살펴보면 다음과 같다.

(1) 통계적 관점

특정한 범주에서 정상과 이상 범주를 구별하는 가장 손쉬운 방법으로 통계적 관점을 사용한다. 이는 사람들이 평균적으로 취하는 범주에서 지나치게 이탈되어 있다면 이상(normal) 범주로 구분하는 것이다. 그러나 이러한 통계적 관점만으로 이상 범주를 규정짓는 것은 많은 한계점을 지니고 있다. 첫째, 경계선의 문제이다. 이상과 정상의 경계선을 구분하기 어려울 뿐만 아니라 경계선 부근에 있는 경우에도 이상행동 여부를 결정하기가 쉽지 않다. 둘째, 인간은 셀 수 없이 많은 특징들을 갖고 있는데, 이 모든 특징을 통계적으로 접근할 수는 없다. 셋째, 평균을 중심으로 통계학적인 관점에서는 양방향적이지만 한쪽 방향에서만 문제가 되는 경우도 있다. 따라서 통계적 관점은 이상과 정상을 구별하는 손쉬운 방법이기도 하지만 여러 가지 한계를 지니고 있으므로 문제의 특징과 경계에 대한 신중한 고려가 필요하다.

(2) 사회적 규범의 기준

인간이 탄생의 과정을 거쳐 성장하는 삶의 연속은 바로 그가 속한 현 사회에 적응해 나가는 과정이라고 할 수 있다. 성장하고 발달하며 사회의 규범을 받아들이고 적응하는 과정에서, 어떤 사람이 그가 속한 사회의 규범을 어기고 벗어난 생활을 한다면 그는 적응을 못하는, 즉 건강하지 않은 사람이 될 수 있다. 따라서 많은 사람들은 사회적 규범을 기준으로 타인을 건강한 또는 건강하지 못한 사람으로 분류한다. 하지만 사회적 규범의 기준에서만 이상과 정상을 구분한다면 다음과 같은 한계를 지닐 수 있다. 사회규범은 문화적 상대성을 지니고 있기 때문에 특정 문화에서는 수용되는 것이, 다른 특정 사회문화에서는 받아들이지 못하는 경우가 있다. 한편, 규범 자체가 바람직하지 못한 경우도 있으며, 범죄나 자살, 비행과 같은 일탈행동 모두를 이상행동이라고 규정짓기에는 한계가 있다.

(3) 주관적 불편감의 기준

주관적 불편감의 기준은 자신 스스로 평가하기에 힘든 극심한 고통과 참기 어려운 불편감을 느끼게 하는 행동을 이상행동이라고 본다. 사람은 개인차를 지니고 있어서 특정한 행동과 사건을 각각 다르게 받아들이고 적응 행동을 한다. 따라서 이 기준에서는 자신이 평가의 주체가 되어서 현저한 불편감을 느끼는지를 측정해 볼 수 있다. 주관적 고통과 부적응은 상호 영향을 미칠 수 있는 밀접한 관계를 맺고 있다. 즉, 주관적 고통과 부적응 상태는 서로 연관되어 유발될 수 있다. 그러나 주관적 고통과 부적응이 독립적으로 나타나는 경우도 많다. 주변에서는 개인적인 갈등이나 열등감으로 인한 우울감과 불안감에 매우 힘들어하면서도, 다른 사람이 이를 전혀 눈치 채지 못할 만큼 직업적 활동이나 대인관계를 무난하게 잘 유지하는 사람도 많다. 따라서 주관적 불편감에 따라서 호소하는 증상에 관심을 기울이는 것도 필요하다.

(4) 의학 및 학계에서의 정신건강 기준

1939년에 세계보건기구(World Health Organization: WHO)에서는『사망원인에 대한 국제적 목록(International List of Causes of Death: ICD)』에 정신장애(Mental disorders)를 추가하였다. 이어 1948년에는 기존의 목록을 확장시켜서 이상행동을 포함하여 모든 질병들에 대한 포괄적 분류 목록인『질병, 상해 및 사망원인에 대한 국제적 통계분류(International Statistical Classification of Diseases, Injuries, and Causes of Death)』로 발전시켰다. 이러한 진단기준은 1992년『International Classification of Diseases−10th edition(ICD−10)』을 발표하고, 지금까지 WHO에서 분류하는 진단기준으로 활용하고 있다. 하지만 세계보건기구의 분류체계는 정신장애에 대한 진단범주를 단순히 나열하였고, 진단의 기초가 되는 실제 행동인 증상이 명료하게 규정되지 않았다. 따라서 미국정신의학협회(American Psychiatric Association: APA)에서는 1952년에『DSM−I(Diagnostic and Statistical Manual of Mental Disorder−1th edition)』을 발표하고 장애에 대해 더 구체적인 연구 작업을 실시하였다. 1968년에『DSM−II』를 발표하고, 1980년에 광범위하게 개정된 진단편람인『DSM−III』를 출간하였고, 1987년에는 이를 약간 수정하여『DSM−III−R』을 출간하였다. 특히 1973년 로젠한(Rosenhan)이『Science』에 발표한 논문,「정신병원에서 제정신으로 지내기(On Being Sane in Insane Place)」는 정신의학계에 큰 반향을 불러일으키며,『DSM−III』출간 시 광범위한 부분에서 수정을 요구하였다. 1994년에 출간된『DSM−IV』는 정신과 의사인 알렌 프랜시스(Allen Frances)를 위원장으로 1988년부터 많은 심리학자들이 포함된 각 연구팀이 구성되어『DSM−III−R』의 세부 내용을 재검토하고, 관련 문헌을 개관하며, 이미 수집된 자료를 분석하고, 필요하다면 새로운 자료를 수집하였다. 또한 2000년에는『DSM−IV−TR』을 통해『DSM−IV』에서 유병률, 경과, 원인론 같은 주제에 대한 약간의 수정을 거쳤으며, 가장 최근 연구 결과로 2013년에『DSM−5』가 출간되었다.

로젠한의 실험: 제정신으로 정신병동 입원하기

1972년 10월 정신과 의사를 찾은 한 남자.

“무슨 소리가 들리는데…… 공허하고 둔탁하고 텅 빈…… 그래요! 쿵 소리가 들려요!”

“쿵이라고요?”

“네 ! 쿵이요!”

그는 그렇게 ‘쿵’ 소리 하나로 정신병원에 입원하는 데 성공했다.

같은 시각, 대학원생, 주부, 화가, 학자로 구성된 7명의 사람들이 닷새 전부터 샤워, 면도, 양치질을 중단하고 각자 꾸며 낸 증상으로 정신병원에 입원한다.

제정신으로 정신병원 들어가기.

실험의 주동자인 심리학자 데이비드 로젠한은 정신병원에 들어가자마자 정상적으로 행동한다.

다른 환자들 돕기, 환자들에게 법적 조언해 주기, 그리고 글쓰기 등등.

그의 글쓰기를 본 의사는, “정신분열증이에요.”

그의 글쓰기를 본 환자들은, “지금 미친 척하고 병원 실태를 조사하는 거죠?”

52일 만에, ‘일시적 정신회복’으로 퇴원하여 밖에서 다시 모인 8명의 공범자들은 입원하자마자 모두 정상적으로 생활했지만, 정신분열증 7명, 조울증 1명으로 길게는 52일부터 짧게는 7일까지 입원치료를 받고, 처방전이 모두 다른 2,100개의 알약들을 모을 수 있었다.

그리고 1973년 「정신병원에서 제정신으로 지내기」란 논문이 『Science』에 실렸다.

“인간의 정신진단은 내면이 아닌 맥락 속에서 내려지며 그런 진단이 엄청난 실수를 초래할 수 있다.”

정신의학계는 이 가짜 실험에 분노했고, 한 정신병원은 진짜 환자와 가짜 환자를 가려내보겠다며 실험팀에게 도전장을 내밀었다.

석 달 후,

“실험팀이 보낸 100명의 환자 중 91명의 가짜 환자를 찾아냈다.”는 정신병원의 발표!

하지만 심리학자는, "단 한 명의 가짜 환자도 보낸 적이 없다!"

"어쩌면 우리는 정상과 비정상의 경계를 분명하게 그을 수 있다고 지나치게 확신하고 있는지도 모른다. 정작 우리에게 그러한 확신을 증명할 증거가 없다."

로젠한(Rosenhan, 미국 스탠퍼드 대학교 법학, 심리학 교수)

출처: 지식채널 e(187). 제정신으로 정신병원 들어가기.
www.Bandicam.co.kr (참고문헌: Slater, L. (2004).)

2) 정신건강을 지닌 사람들의 특징

정신건강을 지난 사람들의 특징에 대하여 많은 학자들이 내린 정의를 살펴보면 다음과 같다. 프로이트(Freud)는 성격을 원초아(id), 자아(ego), 초자아(super ego)로 구성되어 있다고 보고, 이 중 자아가 성격의 관리자로서 원초아와 초자아가 잘 통합되어 조화롭게 균형을 이룰 때 건강한 성격을 갖게 된다고 하였다. 즉, 프로이트가 말하는 정신적으로 건강한 사람이란 3가지 성격(원초아, 자아, 초자아)이 어느 한쪽으로 치우치지 않고 조화를 이루며, 외부환경에 융통성 있게 잘 적응하는 사람이 건강한 사람이라고 하였다.

사회심리학적인 입장의 대표학자들 중, 아들러(Adler)와 설리번(Sullivan)은 건전한 성격을 타인과 친근한 대인관계를 맺어 나가는 사회적 존재로서, 사회공동체감에서 찾고 있다. 프롬(Fromm)은 생산적 지향과 비생산적 지향을 들면서 생산적 지향이 건전한 성격의 지표가 된다고 하였다(노안영, 강영신, 2018).

조대경, 이관용과 김기중(1994)은 건전한 정신건강자의 특징으로 다음의 네 가지 사항을 들고 있다.

- 자기존중과 타인존중을 할 줄 아는 인간에 대한 자세
- 자신과 타인의 장점과 한계에 대한 이해와 수용에 대한 자세

- 모든 행동에는 원인과 그에 따른 결과가 있음을 이해할 줄 아는 자세
- 자아실현에 대한 동기를 이해하고 끊임없이 노력하는 자세

영국의 국민건강서비스(National Health Service: NHS)의 치유자문서비스(Health Advisory Service, 1995)에서는 정신건강한 사람의 조건으로 다음의 사항들을 포함시켰다.

- 심리적 · 정서적 · 지적으로 발달할 수 있는 능력
- 상호 간에 만족스러운 대인관계를 형성하고, 발전시키며, 유지할 수 있는 능력
- 타인을 인식할 수 있고 공감할 수 있는 능력
- 발달과정으로서의 심리적 고통을 활용하여 향후 발달을 방해하거나 손상시키지 않는 능력

또한 청소년의 정신건강은 다음의 사항들에 초점을 맞출 것을 강조하였다(NHS Health Advisory Service, 1995).

- 만족스러운 대인관계에 참여하고 유지할 수 있는 능력
- 심리적 발달의 계속적인 진보
- 연령과 지적 수준에 적합하게 놀고 학습할 수 있는 능력
- 도덕적 옳고 그름에 대한 발달 감각
- 심리적 고통의 수준과 실제적 적응행동이 아동의 해당 연령과 상황에서 정상적 범위에 있는 것

따라서 건강한 정신건강을 가진 사람에 대하여 정의해 보면, 정신이 건강한 사람은 건강한 자아정체감을 형성하고, 자신의 인생의 목적과 변화하는

현실에 대처하려는 의도에 부합되는 행동을 하며 사회구성원으로서 타인을 이해하고 타인에게 사랑을 베풀 수 있으며, 스트레스나 역경에서 탄력적으로 적응한다. 인간관계에서 상호 만족을 얻을 수 있고 성취 추구에 있어 지속적이며 인내심이 있고 능동적이며 융통성이 있다. 또한 자신의 장점과 단점을 이해하고 이를 성장시키기 위해서 끊임없이 노력하는 사람을 일컫는다. 반면, 정신이 건강하지 못한 사람은 심리적 불편감이나 고통을 경험하고 현실을 왜곡하며 사회적 기능을 제대로 발휘하지 못하며 사회적 건강과 발전에 어긋나는 행동을 하는 사람을 일컫는다.

3. 과정지향적 관점에서의 정신건강

정신건강에 대한 전통적 접근법은 정신질환의 유무를 제시하는 정신병리학적 개념에서부터 시작하였다. [그림 1-2]에서 보듯이, 전통적 접근법에서는 개인의 병리적이고 부적응적인 측면에만 집중하여 과정적이고 전 생애적인 관점을 고려하지 못하였다. 하지만 현대 정신건강을 보는 많은 학자들에 의하여 정신건강의 개념이 병리적인 측면에 국한된 것이 아니라 긍정적이고 적응적 측면으로 확장되었고, 또한 개인적인 측면에만 한정된 것이 아니라 생태체계학적이고 전 생애적인 측면으로 확장되었다. 이러한 관점에서 과정지향적 관점이 대두되었다.

과정지향적 관점을 통한 정신건강의 개념과 그에 관한 연구를 시작한 민델(Mindell, 2000)은 과정지향적 접근법의 몇 가지 중요한 개념을 〈표 1-1〉과 같이 설명하고 있다.

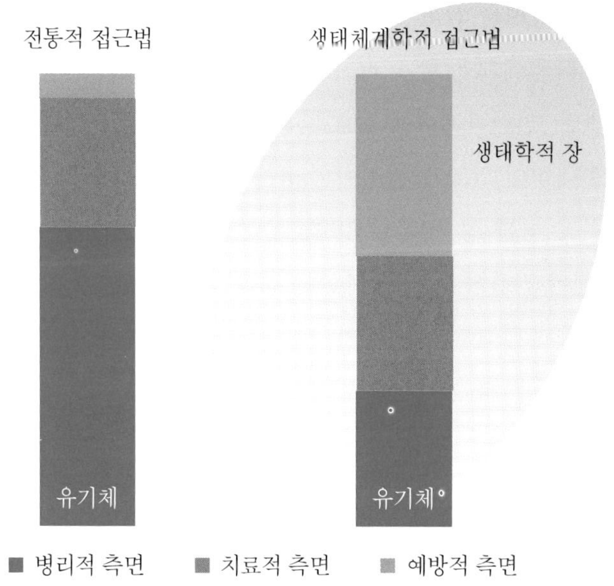

그림 1-2 전통적 접근법과 생태체계학적 정신건강에 대한 견해

표 1-1 과정지향적 접근의 중요 개념

개념	내용
Consensus Reality(CR)	일상적인 실재(합의할 수 있는 실재)
Non Consensus Reality(NCR)	비일상적인 실재(합의할 수 없는 실재)
정신병리	차원의 변형
건강	과정 내에서의 알아차림

1) 인간(P)-환경(E)-시간(T) 맥락 이해

우리가 살고 있는 장(field)에서의 정신건강은 생물학적 유기체와 그 유기체를 형성하는 사회적 · 물리적 환경 세팅 간에 존재하는 복잡하면서도 짜임새 있는 상호 의존적인 체계로서 연구한다. 생태체계학적 접근을 연구

하였던 브론펜브레너(Bronfenbrenner, 1979)는 레빈(Lewin)의 행동공식인 B=f(P*E)의 모든 요인을 고려하면서 특히 '시간'(time: t)라고 상징화되는 시간 차원에 주목할 것을 요구한다. 즉, 환경(E)과 인간(P) 모두에게 동시에 작용하는 시간의 영향력을 강조하기 위해서이다. 정신건강을 보는 관점은 흔히 개인이 겪은 생활사건과 경험에 따라 좌우된다. 또한 이러한 경험은 외부 환경(예: 형제의 출생, 학교 입학, 이혼, 복권 당첨)이나 유기체 내(예: 사춘기, 중병)에 근원을 두고 있다(Bronfenbrenner, 1989). 전통적인 관점에서의 정신건강 문제는 개인의 '특정 문제의 발생'에 집중을 하였다. 따라서 정신건강을 일으킨 병인학적 관점에 집중하고 정신건강의 지향점은 부적응의 치료라고 가정한 반면, 생태체계학적이고 과정지향적인 접근에 따르면, 인간이 가진 정신건강 문제는 인간(P)－환경(E)과의 상호작용이면서 시간(t)에 영향을 받기 때문에 경험한 연령과 기간에 따라 정신건강의 형태는 달라질 수 있다고 가정한다.

따라서 현재 발생한 정신건강의 문제는 전 생애적인 관점에서 특정 시간에 도달하였을 때, 그것은 문제가 아닐 수 있다. 단편적인 측면만을 고려하여 발생한 문제를 치료한다는 것은 바람직하지 않을 수 있다. 정신건강의 문제는 인간(P)과 환경(E)의 상호작용 내에서 이루어질 뿐 아니라 개인일지라도 자신이 경험하는 발달시기(t)에 따라 정신건강의 문제는 다르게 나타날 수 있기 때문이다. 같은 정신건강의 문제를 같은 연령대에 경험한다 할지라도 개인차가 있다. 이는 개인이 가지고 있는 각 체계(미시체계, 중간체계, 외체계, 거시체계)의 질이 다르기 때문이다. 사실 연령이 증가하면서 개인차는 점점 더 심해진다(Morse, 1993).

인생과정 그래프

예시)

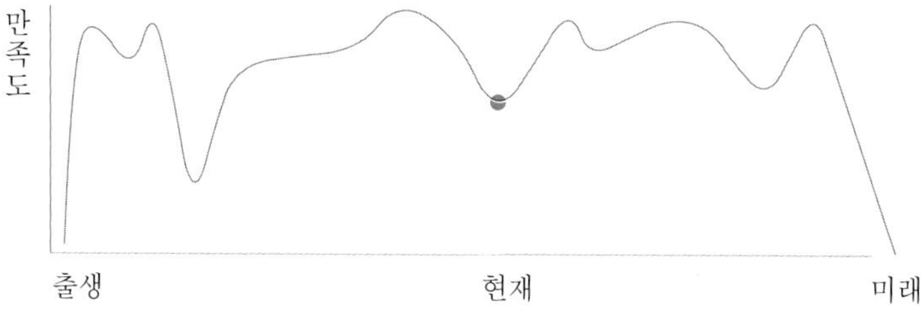

인생에서의 경험하는 현재의 고통은 전 생애적인 측면에서는 지나가는 과정일 수 있다.

애플사의 CEO였던 스티브 잡스가 2005년 스탠포드 대학에서의 연설은 많은 사람들에게 인생에서 경험하는 역경의 의미를 되짚어 보게 한다. 스티브 잡스는 그의 연설에서 일과 사랑, 성공과 실패 등 대부분의 사람들이 고민하는 주제를 그의 경험담을 통하여 풀어 냈다. 스티브 잡스는 스무 살 때 동업자 워즈와 차고에서 애플사를 창업하였고, 애플은 10년 후 20억 매출에 4,000천명의 직원을 거느리는 대기업으로 성장했다. 그 당시 회사에서는 전문 경영인을 고용하였고, 스티브 잡스와 전문 경영인 사이에는 대립이 있었다. 그때, 이사회에서는 전문 경영인 편을 들며 스티브를 해고했다.

'황당했고 망연자실'했다. 몇 달간 방황의 세월을 거쳤다. 실리콘 밸리에서 도망치고 싶은 생각도 들었다. 하지만 그는 다시 시작했다. 다음은 자신에 대한 그의 연설의 일부이다.

"그땐 몰랐지만 애플에서 해고된 것은 지금껏 내게 일어난 일 중에서 최고의 일이었습니다. 그로 인해 성공이라는 무거움은 다시 시작한다는 가벼움으로 대체됐습니다. 물론 모든 것에 대해 확신도 적었죠. 그것은 나를 내 인생 최고의 창조적인 시기로 밀어 넣었습니다."

패배와 역경을 극복한 대가는 훌륭했다. 그 후 픽사를 설립해 세계 최고의 애니매이션 스튜디오를 만들었고, 지금의 아내도 만났다. 또한 다시 애플을 인수해 CEO의 자리를 되찾았다. 그는 다음과 같이 말했다.

"그건 정말 쓰디쓴 약이었지만, 환자였던 내게는 정말 필요한 약이었습니다. 때로 인생은 당신의 뒤통수를 벽돌로 때립니다. 믿음을 잃지 마세요. 여러분도 사랑하는 것을 찾으세요. 연인을 찾을 때 진실하듯 일도 마찬가지입니다."
(www.pagebrick.com, 스티브 잡스의 일생 참고)

때로는 역경이 너무 힘든 일이라고 좌절하지만, 이러한 역경은 자신을 더욱 강하게 하고 성장할 수 있도록 도와주는 원동력이 되기도 합니다. 여러분의 인생과정 그래프도 그려 보시기 바랍니다.

2) 역경과 정신건강에서의 탄력성

현대의 심리치료를 비롯한 상담의 영역에서는 내담자를 부정적인 측면의 문제나 병리적인 증상보다 내담자의 강점과 자원에 초점을 둔 긍정적인 접근이 시도되고 있다. 따라서 상담에서는 문제 중심의 결과보다는 '어떻게 이를 극복하고 해결해 왔는가?'라는 과정지향적인 부분으로 초점을 맞춤으로써, 현존하는 잠재적 능력과 자원을 규명하고 이를 극대화하는 것을 목표로 삼는다. 이러한 과정지향접근은 목표지향적인 관점에서 벗어나 임상 영역에서의 기술적인 측면뿐만 아니라, 연구조사와 정책 영역을 포괄하는 개념적 측면에서도 변화를 가져오게 되었는데, 이것이 바로 레질리언스(resilience), 즉 탄력성이다.

이러한 측면에서 정신건강의 영역에서도 탄력성은 매우 중요한 주제로 대두되고 있다. 탄력성은 개인이 경험하는 역경이나 스트레스의 부정적인 영향을 완화시키고 긍정적 발달을 촉진하는 것으로 이러한 탄력성은 역경에도 '불구하고(despite)' 생성되는 것이 아니라 역경을 '통해서(through)' 생성되는 것이다(Walsh, 1998). 정인석(2003)은 『역경의 심리학』에서 역경과 스트레스에 대응하는 태도를 [그림 1-3]과 같이 3가지 접근방식으로 분석하였는데,

문제해결형 · 투쟁형의 접근과 도피형의 접근 그리고 과정지향적 접근방식이다. 기존의 정신건강 영역에서는 문제해결형 · 투쟁형의 접근과 도피형의 접근방식을 주로 다루어 왔다. 이는 역경과 스트레스의 부정적인 측면에 초점을 맞추어 이들을 싸워서 극복해야 하는 것, 혹은 문제를 우회하는 것으로 이루어져 왔다. 그러나 과정지향적 접근은 역경을 적으로 간주하여 싸워야 하는 것이나 회피하고자 하는 것에서 벗어나, 깨달음과 배움의 과정으로 접근하게 한다. 즉, 역경과 문제를 인생의 스승으로 대하면서 역경으로부터의 메시지를 들을 수 있도록 한다. 정인석(2003)은 이러한 과정지향 심리학의 접근방식을 통해 인생에 긍정적인 변화가 시작된다고 하였고, 고통은 지금 나에게 무엇을 알아차리게 하는 선물이라고 하였다. 즉, 이러한 알아차림 자체만으로도 개인의 의식을 확장하고, 삶의 태도를 변화할 수 있다는 것이다(유

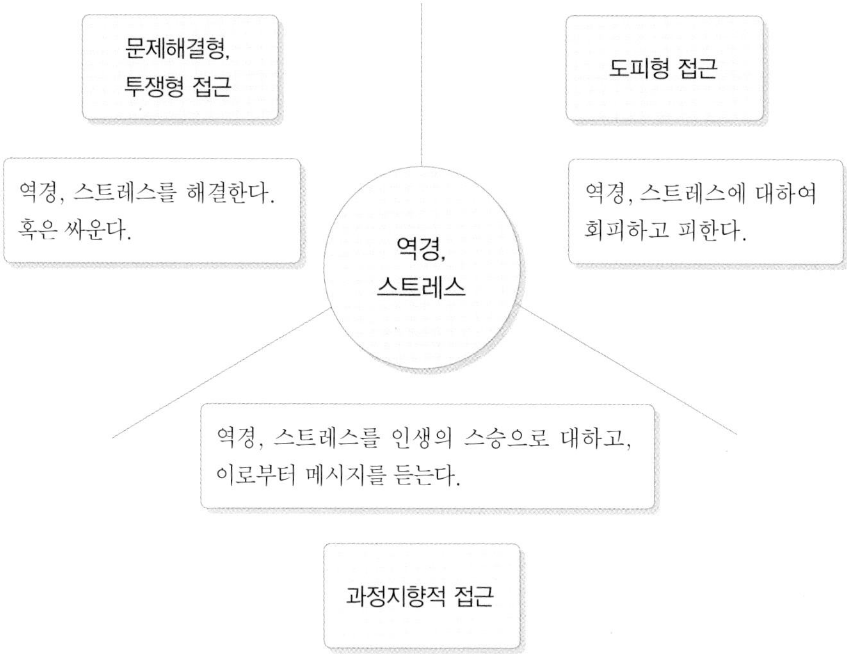

그림 1-3 역경과 스트레스에 대응하는 태도

출처: 정인석(2003).

계식, 2009). 알아차림은 사건과 사람, 질병과 같은 고통스러운 역경에 담긴 상징적인 의미를 밝혀 주는 건강한 객관성을 가르쳐 준다. 알아차림은 자신의 영혼뿐만 아니라 치유와 온전함을 가능하게 하는 자신의 무한한 잠재력을 볼 수 있도록 한다. 과정지향적 접근에서의 과정(process)이란 자연의 법칙에 따라 흐름 속에 있는 것을 의미한다. 인생의 흐름이 바로 과정이며 이에 초점을 맞추게 되면, 매 순간순간 그 과정 속에서 알아차림의 중요한 메시지를 얻게 된다. 따라서 탄력성은 과정으로서의 알아차림이나 자각에 대한 깨달음의 특성과 더불어, 역경과 스트레스에서의 건강한 정신건강으로의 적응에 도움을 주는 능력을 말한다.

3) 역사적 · 사회적 맥락 이해

인간은 역사적 · 사회적 환경에 영향을 주고받는다. 즉, 인간은 환경에 반응할 뿐 아니라 상호작용하고 변화시키기도 한다. 엘더(Elder, 1994)는 1930년대의 대공황이 미국 아동의 정신건강에 미친 영향에 관한 종단적 연구를 통하여 역사적 · 사회적 맥락에서 인간을 이해해야 한다고 주장하였다. 대공황에 의한 경제위기는 어떤 아동들(특히 일자리를 잃은 아버지가 자녀 훈육에 일관성을 유지하지 못했거나 아버지의 사랑을 받지 못한 아동에게) 지속적으로 부정적인 영향을 주었다. 이들이 사춘기가 되었을 때 여러 가지 문제행동을 나타내었고 성취동기가 부족하였으며 학업성적이 떨어졌고, 성인이 되었을 때에 직업을 갖지 못하였으며 결혼생활도 안정되지 못했다. 이처럼 거시체계에서의 역사적 · 사회적 영향은 다른 요인 못지않게 개인의 정신건강에 긍정적 혹은 부정적으로 지대한 영향을 미칠 수 있다.

현대의 다원화된 문화와 급격하게 변화하는 지구촌 세계 속에서 우리는 수많은 과제들을 안고 있다. 남녀차별, 인종차별과 억압, 민족차별, 권력과 힘의 남용, 환경과 생태, 군국주의, 임금과 노동문제 등 수많은 갈등과 분쟁이 있어 왔다. 민델(Mindell, 2002)은『심오한 민주주의(Deep Democracy)』에서 개인이나 대인관계의 차원을 넘어 소집단과 대집단의 행동 심리, 사회심리, 조직이론, 체계이론, 양자물리학의 이론 등을 바탕으로 현재의 사회, 정치, 경제, 문화 현실에서 비롯되는 모든 문제나 갈등을 다각적이고 다차원적인 시각에서 성찰과 깨달음을 통하여 돕고자하는 월드워크(World Work)적 접근의 필요성을 주장하였다. 이러한 월드워크는 심오한 민주주의(Deep Democracy: 대다수에 의한 피상적인 민주주의와는 달리, 모든 사람, 모든 경험, 모든 꿈, 모든 정신들은 전체에 꼭 필요하고 중요한 부분이므로 존중되어야 하고, 들어주어야 하고, 알려져야 한다는 열린 마음의 태도이자 근본원칙)를 적용하여 집단이나 공동체 안에 내재된 모든 모습에 열린 마음의 자세를 통하여 갈등을 회피하기보다는 도리어 그 핵심인 불 속에 들어가 변화하고 있는 우리의 다양한 모습을 새롭게 발견하고, 공동체가 한 유기체로서 가지고 있는 그 자체의 흐름을 깨닫고 스스로 제시해 주는 방향을 따라가는 것을 지향한다.

우리의 지구는 살아서 숨을 쉬고 있는 하나의 유기체이다. 또한 우리는 지구에 소속된 구성원이며, 개개인 구성원들에 의해 그 시대의 시대정신이 반영되고 형성된다. 지구와 우리 개개인은 서로 연결되어 있기에, 지구의 성장발달에 필요한 역할이나 정신들은 각 개인들이 전달매개체가 되고, 이를 통하여 전체를 위해 전달되고 대표되고 알려지기 때문에 구성원으로서 각 개인의 역할은 매우 중요하다. 따라서 개인과 공동체로서 가장 인간적이고 잘 사는 방법이 무엇인가를, 개인이나 공동체 내의 갈등과 역경 속에서 찾아낼 수 있어야 한다. 이를 위해서는 각 개인들의 입장과 무엇이 필요한지를 자유롭게 표현할 수 있고 들어주고 존중해 주는 열린 태도의 분위기가 개인과 사회적 집단 조직체 안에 조성되어야 한다.

어떠한 개인을 이해하기 위해서는 개인을 둘러싼 미시적인 환경뿐만 아니라 역사적이고 사회적 맥락에서 이해하는 것이 중요하다. 또한 정신건강이 관심을 가져야 하는 영역은 개인이나 인간에 한정되는 것이 아니라 사회 전반에 걸쳐 이루어져야 하며, 전 인류학적이고 전 우주적인 관점에서 이루어져야 할 것이다. 우리 인간은 자연환경 그리고 우주와 끊임없이 상호작용하면서 성장하고 적응하고 살아가는 존재이기 때문이다.

이 장에서는 전인으로서의 정신건강과 더불어 과정지향적 접근에서의 정신건강에 대하여 알아보았다.

제 2 장

인간행동의 이해

사람들은 역사 이래로 인간행동에 대하여 끊임없이 관심을 기울여 왔다. 고대인은 살아 있는 정령(spirits)이 인간행동을 지배하고, 자연현상을 일으킨다고 믿었으며, 인간은 영혼(soul)을 갖고 있어서 우리 내면의 정신이나 영혼이 생각하고 행동하도록 결정하는 것처럼 느껴 왔다. 그들은 인간을 포함하여 움직이는 모든 물체, 예를 들면 동물, 바람, 물, 해와 달 그리고 별의 배후에는 정령이 있다고 생각했다. 예컨대, 사람이 돌을 던지면 그 돌은 땅을 향해 떨어지는데, 이것은 돌에 깃든 정령이 땅의 여신(mother of earth)과 다시 합쳐지기를 원하기 때문이라고 믿었다. 하지만 자연과학의 발달로 많은 과학자들은 행동, 지각, 동기, 기억, 정서 등을 통제하는 데 관여하는 많은 생리적 기제를 알게 되었다. 이러한 연구 성과는 인간 신체의 작용, 특히 신경계와 내분비계를 통해 인간행동을 이해할 수 있게 했다. 특히 생리심리학적 접근을 주장하는 학자들은 우리가 지각하고 생각하고 기억하며 행동하는 행위에 대한 많은 것들을 뇌의 구조나 화학작용의 변화에 따라 설명한다. 심지어 인간의 정신세계가 어떻게 기능하는지도 설명할 수 있게 될 것이라고 주장한다.

인간행동의 본질은 무엇인가? 정신은 어떤 역할을 하는가? 정신은 신경계를 통제하는가? 정신은 신경계의 한 부분인가? 정신은 신체의 다른 부분처럼 물리적이고 만질 수 있는 것인가? 아니면 정령인가? 이러한 수수께끼를 역사적으로 '심신관계론(theory of mind body relation)'이라고 한다. 수 세기 동안 많은 철학자들이 이 문제에 답하려고 노력을 기울여 왔고, 최근에는 심리학자 및 의학, 과학자 등 많은 분야로 확장되었다.

이 장에서는 심신관계에 대한 이해를 돕기 위하여 생리학적 이해와 심리학적 이해, 그리고 인간행동에 대한 육체와 심리의 상호작용에 대하여 살펴보고자 한다.

생각해 볼 문제

첫째, 인간은 어떠한 과정에서 행동을 하는가? 인간은 행동을 어떻게 결정하는가?
둘째, 인간의 행동을 설명하는 이론은 어떠한 것이 있는가?
셋째, 동양에서의 마음과 서양에서의 마음의 차이점은 무엇인가?
넷째, 인간의 신체와 심리적인 것은 어떻게 상호작용하는가?

1. 생리학적 이해

1) 신경계

인간행동의 기초가 되는 생리학적 이해를 위하여 신경계를 살펴보는 것은 중요하다. 인간의 신경계는 [그림 2-1]과 같이 크게 중추신경계(Central Nervous System: CNS)와 말초신경계(Peripheral Nervous System: PNS)로 구분된다. 중추신경계는 뇌와 척수를 포함하며, 말초신경계는 체성신경계(somatic nervous system)와 자율신경계(autonomic nervous system)를 포함한다.

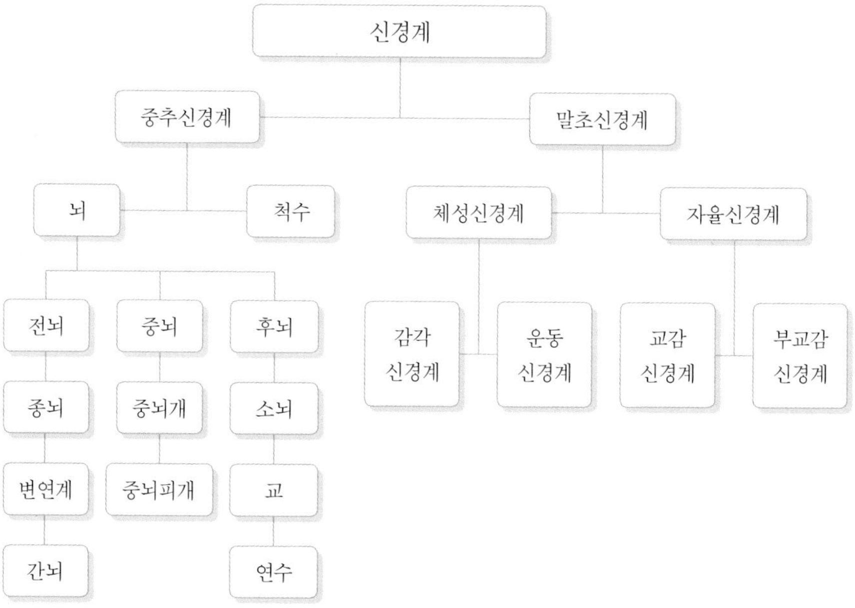

그림 2-1 신경계의 구성도

(1) 중추신경계

중추신경계는 뇌와 척수로 구성되는데, 중추신경계를 화학 처리한 후에 잘라서 내부 구조를 보면 회색인 부분과 흰색인 부분으로 구분된다. 회색 부분은 회백질이라 하며, 이는 신경계의 기본 단위인 뉴런(neuron)의 세포체(soma 또는 cell body)가 모여 있는 곳이다. 흰색 부분은 백질이라 하며, 길고 가는 관처럼 생긴 축색(axon)이 모여 있는 곳이고, 세포체에서 받아들여진 정보가 축색을 따라 종말단추로 운반하는 역할을 한다.

① 뇌

성인 뇌의 구조적인 분류를 하면 위치에 따라서 뒤쪽 뇌(후뇌, hindbrain), 중간뇌(midbrain), 앞쪽 뇌(forebrain)로 구분되며, 〈표 2-1〉과 같다.

앞쪽 뇌는 신경관의 문측(rostral) 끝을 둘러싸고 있으며, 종뇌(telencephaon)와 간뇌(diencephalon)로 분류된다. 종뇌는 시간이 지나면서 대뇌가 된다. 대뇌에는 대뇌피질(cerebral cortex)이 있고 나무껍질처럼 대뇌반구를 둘러싸고 있다. 대뇌피질은 신경계 최고 기능의 중추이다. 대뇌피질은 대뇌반구의 표

표 2-1 뇌의 해부학적 구분

주요 부위	하위 부위	주요 구조물
앞쪽 뇌	종뇌	대뇌피질 기저핵 변연계
	간뇌	시상 시상하부
중간 뇌	중뇌	중뇌개 중뇌피개
뒤쪽 뇌	후뇌	소뇌 교
	수뇌	연수

면을 덮고 있는 두개골의 위치에 따라 네 개의 엽(lobe)으로 나누어진다. 이는 전두엽(frontal lobe), 두정엽(parietal lobe), 측두엽(temporal lobe), 후두엽(occipital lobe)이다. 전두엽은 대뇌의 앞쪽 부분으로, 일부는 의식적인 움직임을 조절하는 일을 하며, 또 다른 부분은 언어의 중추 역할 및 수의운동, 주의력, 동기, 이성적 사고 및 지남력 등의 역할을 한다. 두정엽은 전두엽 바로 뒤에 있으며, 피부의 감각수용기로부터 감각을 받는 부분과 몸의 자세나 위치를 감지하는 부위를 포함하고 있다. 또한 시각 및 공간기능, 읽기 및 계산하기와 연상의 역할을 맡고 있다. 뇌의 양측 면에 있는 측두엽은 청각과 후각에 관계되는 감각부위로부터 정보를 받아 처리하는 일을 하며, 뇌의 뒤쪽에 있는 후두엽은 시신경으로부터 시각정보를 받아 분석하는 부위이다. 앞쪽 뇌의 두 번째 주요부분은 간뇌이다. 이 간뇌를 구성하는 두 가지 중요한 구조물은 시상과 시상하부이다. 시상(thalamus, 그리스어 'thalamou'는 '안에 있는 방'에서 유래)은 감각정보를 통합하고 분류해서 적절한 대뇌 부위로 보내고 대뇌로부터 신호를 받아 소뇌로 보낸다. 또한 의식 유지에 관련된 피질에 망상체(reticular system)라는 신경회로에 의해 신경충격을 전달한다. 망상체는 대뇌로 들어가고 나가는 대화를 검문하는 곳이며, 이들의 검문에 따라 뇌의 적절한 부분이 자극 · 각성된다. 또한 망상체는 수면과 관련되어 있다. 시상하부(hypothalamus)는 시상의 아래에 놓여 있으며 제3뇌실의 바닥을 형성한다. 시상하부는 시상을 통해 여러 내부기관으로부터 감각정보를 받으며, 이 정보는 심장박동, 식욕, 수분의 체내 농도, 혈압, 체온과 같은 체내 상황을 조절하는 데 사용된다. 또한 시상하부는 배고픔 · 목마름 · 성욕 · 분노 등의 욕구에도 관여하며, 주요 내분비선인 뇌하수체에서의 호르몬 분비도 조절한다.

중간 뇌(midbrain 또는 mesencephalon)는 청각과 시각에 특히 중요하게 작용하며 중뇌개와 중뇌피개라는 두 부분으로 이루어져 있다. 중뇌개(tectum, '지붕') 윗부분인 상소구(superior colliculus)는 시각중계핵이며, 아랫부분인 하소구는 청각 중계핵이다. 중뇌피개(tegmentum, '덮개')는 적핵과 흑질이 있는

데, 적핵은 운동기능의 중계핵이고, 흑질은 운동 통제와 관련이 있다. 흑질의 손상은 수의적 운동장애를 초래하는 파킨슨씨병과도 관련이 있다.

뒤쪽 뇌(hindbrain)는 다시 후뇌(metencephaln)와 수뇌로 분류된다. 후뇌는 다시 두 개의 구조물, 즉 소뇌와 교로 구성된다. 소뇌(cerebellum, '작은 뇌')는 대뇌의 축소판과 비슷하다. 소뇌는 시각, 청각, 전정감각, 체감각 정보, 그리고 대뇌의 명령에 따른 개개의 근육 운동에 대한 정보도 받아들이고 통합하여 협응적이고 원활한 운동을 가능하게 해 준다. 교(pons)는 뇌간의 커다란 융기이며 소뇌와 함께 온몸의 근육운동을 제어하고 있다. 교는 좌우의 소뇌를 잇는 다리이며, 수면과 각성에 중요한 여러 핵을 포함하고 있는 망상체(여러 핵으로 구성)의 일부분이 교의 중심부에 위치한다. 수뇌(myelencephalon)는 연수라는 중요한 구조물로 분화하며, 연수는 심장혈관계, 호흡, 골격근 긴장도 등의 생명과 직접적으로 관련된 기능을 한다.

② 척수

뇌와 더불어 중추신경계의 두 번째 구성물은 척수이다. 척수는 새끼손가락 정도 굵기의 기다란 원추형의 구조물이며, 척수를 통해 신경섬유들은 감각정보를 뇌로 운반하고 뇌의 운동 명령을 내려 보낸다. 척수의 주 기능은 운동섬유를 신체의 효과기에 배분하고, 체감각 정보를 모아 뇌로 보내는 것이다.

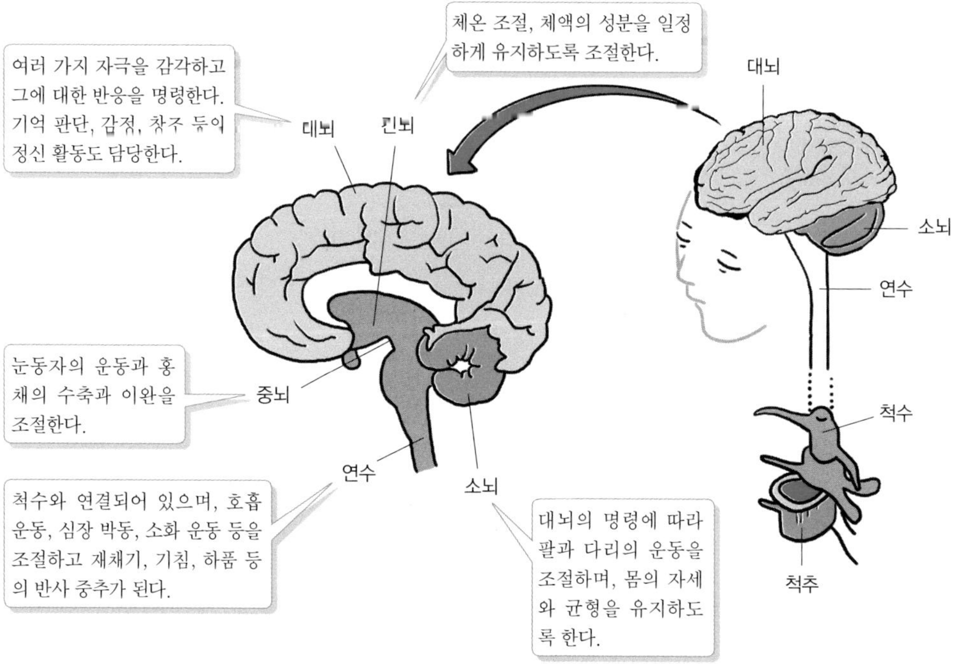

그림 2-2 뇌의 구조와 각 부분의 역할

출처: www.encyber.com

(2) 말초신경계

말초신경은 척수로 정보를 전달하고 척수로부터 손발 등 신체로 정보를 전달한다. 체성신경계와 자율신경계로 구분되며, 체성신경계는 우리의 의식이 관여하는 정보를 중추신경계로 전달하는 감각신경계과 중추신경계로부터 신체의 근육으로 정보를 전달하는 운동신경계로 구별된다. 반면, 자율신경계는 우리의 체내에서 일어나는 일들, 즉 무의식적 · 불수의적인 반응과 관련되어 있다. 자율신경계는 다시 교감신경계와 부교감신경계로 나누어지는데, 이들은 서로 반대작용을 한다. 그 이유는 이들이 효과기에서 방출하는 신경전달물질이 서로 다르기 때문인데, 교감신경계는 대개 노르에피네프린을 분비하고 부교감신경계는 아세틸콜린을 분비한다.

2) 내분비계

내분비계는 생체의 항상성 유지에 중요한 역할을 하는 호르몬을 분비하는 여러 샘(gland, 또는 선)들의 모임이다. 내분비선에서 분비된 호르몬은 신체의 필요에 따라서 각종 대사 조절에 주된 기능을 하며, 성장, 생식 및 기타의 세포활동을 조절하고 통제하여 신체 내 환경 유지의 기초를 마련한다.

호르몬은 사람에 따라 반응과 양에 차이가 있어서 신체 기능 발달의 개인차를 유발하고 있다. 예를 들어, 뇌하수체가 분비하는 성장호르몬이 너무 적게 분비될 경우에는 과소분비 이상으로 왜소증(dwarfism)이 되기 쉽고, 과다하게 분비되었을 경우에는 과다분비 이상으로 거대증(gigantism)이 되기도 한다.

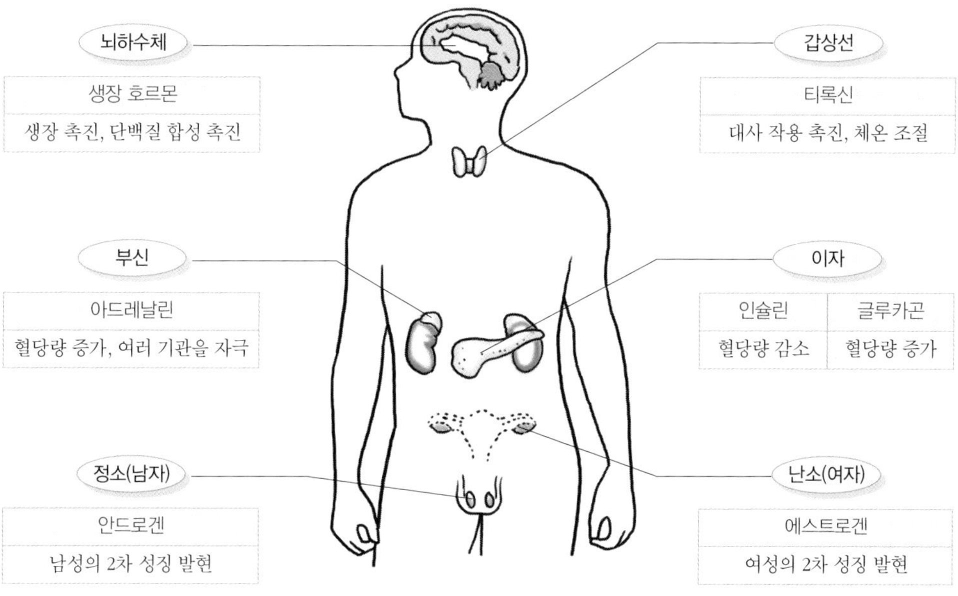

그림 2-3 사람의 내분비선과 그곳에서 분비되는 호르몬의 종류와 작용

출처: www.encyber.com

[그림 2-3]은 내분비선들의 기능과 그곳에서 분비되는 호르몬의 종류와 작용을 나타낸 것이다. 갑상선(thyroid gland)은 후두 혹은 성대 바로 밑에 위치하며, 티록신(thyroxine)을 생성하여 분비한다. 티록신은 신체의 신진대사 속도를 조절하는 호르몬으로서 섭취한 음식물이 정상적인 기능을 하기 위해 필요한 에너지로의 전환을 돕는다. 티록신이 과다 분비되면 과잉활동과 정서적 불안정, 과잉 신진대사로 식욕이 왕성해져서 음식물 섭취량이 증가된다. 스트레스 상황에 매우 민감해지고 손이 떨리고 목이 부어오르며, 몸에 열이 나고, 땀이 많이 나며, 맥박이 빠르고 가슴이 두근거리며, 불안과 불면 등의 신체증상이 나타난다. 한편, 갑상선이 티록신을 충분히 분비하지 못하면 신체가 정상 온도를 유지할 수 없으며, 근육의 긴장이 감소되고, 신진대사가 느려진다. 갑상선 기능 저하증의 조기 진단과 티록신 주사를 통한 치료는 정상적인 성장과정으로 이끌지만, 즉각적으로 치료하지 않는다면 성장기 장애인 크레틴병을 초래하기도 한다.

뇌하수체(pituitary gland)는 가장 많은 종류의 호르몬을 생산하고 신체의 거의 모든 기관과 조직에 영향을 미치는 가장 중심적인 내분비선이다. 뇌하수체는 시상하부와 연결되며, 서로 독립적인 기능을 하는 뇌하수체 전엽과 뇌하수체 후엽으로 이루어진다. 뇌하수체 전엽은 혈류로부터 전달된 화학적 정보에 의해 통제되며 주선(master gland)이라고도 불린다. 다른 내분비선의 활동을 자극하는 많은 호르몬을 생산하며, 성장호르몬을 생산하여 신체 성장의 양과 시간을 조절한다. 뇌하수체 전엽의 작용은 신경계의 일부인 시상하부에서 방출되는 호르몬에 의해 부분적으로 통제된다. 뇌하수체 전엽에서 분비되는 호르몬은 생식선을 자극하여 또 다른 호르몬을 분비하도록 하고, 이는 다시 시상하부에 작용하여 행동이나 느낌에 변화를 일으키도록 한다. 뇌하수체 후엽은 신경계에 의해 통제되며, 분만 시 자궁 수축의 신호를 보내고 유선을 자극하여 젖을 분비하도록 하며, 혈압을 낮추는 옥시토신과 항이뇨호르몬(ADH)라고 하는 바소프레신으로 혈관을 수축시키고 신장에서 물의 재흡수를 증가시켜 혈압을 올리는 작용을 한다.

생식선은 부신선과 함께 생식기관을 자극하여 성숙하게 만든다. 제2차 성징인 가슴, 수염, 음모, 목소리의 변화, 남성 혹은 여성에게 알맞은 신체, 지방의 분비 등에 관여한다. 성 호르몬인 테스토스테론(testosterone), 에스트로겐(estrogen)과 프로게스테론(progesteron) 등과 관계 있으며, 충분한 양의 성 호르몬은 적절한 시기에 골격의 발달과 함께 신장의 증가를 중지시키는 역할을 하고 있다.

부신(adrenal gland)은 외부의 부신피질(cortex)과 내부의 부신수질(adrenal medulla)로 되어 있다. 이들은 스트레스에 대한 신체 반응에 있어 중요하다. 스트레스 상황에서 시상은 신체의 자연적인 고통 제거를 위한 베타 엔돌핀 호르몬과 부신피질로 들어가는 전구호르몬인 부신피질자극 호르몬(ACTH)을 분비하도록 뇌하수체 전엽을 자극한다. 부신수질은 자율신경계의 자극을 받아 교감신경계를 활성화시켜 심장박동을 빠르게 하고, 소화 중단, 동공 확장, 혈류의 혈당 증가, 필요에 따라 피가 응고될 수 있도록 에피네프린(epinephrine)을 방출시키며, 노르에피네프린(norepinephrine)을 통해 혈관 수축, 혈압 상승, ACTH 방출을 자극하여 스트레스에 대한 반응을 지연시킨다. 부신피질은 뇌하수체로부터 ACTH에 의해 자극되어 혈당 증가 등으로 신체가 스트레스에 대응하는 것을 돕는 호르몬을 분비한다.

생리학적 측면에서의 인간행동의 이해는 신체 내부, 특히 뇌와 신경계통에서 일어나는 전기적 신경생리학적 기제로 설명하려는 방법이다. 새로운 자극이 주어졌을 때, 신경계와 호르몬의 활동을 통해 인간의 행동을 이해하고자 한다. 인간행동을 정확히 이해하기 위해서는 생물학적 신체증상에 대한 정확한 진단이 필요하다. 예를 들면, 당뇨병에 의해서 목이 마른 사람에게 불안이나 긴장 증상으로 나타난 현상이라고 설명한다면 이는 행동에 대한 바람직한 이해라고 볼 수 없다. 정신건강을 다루는 분야에서는 신체의 다양한 증상들을 심리적 기제에 의해 나타나는 현상이라고 설명하는 경우가 많은데,

정확한 신체적 진단이 이루어지지 않은 상황에서 심리적인 증상으로만 해석한다면 바람직한 효과를 만들기 힘들 것이다. 인간의 정신활동은 신체와 무관할 수 없고, 이들은 서로 연결되어 상호작용하므로 신체증상들을 확인하고 정확하게 점검하는 태도가 중요하다고 할 수 있다.

2. 심리학적 이해

심리학은 그리스 고대철학에서부터 시작된다. 기원전 4세기에 아리스토텔레스는『정신론』을 출간하였고, 아리스토텔레스의 주장은 심리학 발전에 지대한 영향을 주었다. 이후 기독교의 영향으로 심리학은 위축되었는데, 사람의 행동과 마음이 신의 영역이라고 생각하였기 때문이다. 이후 생리학의 발전, 다윈의 진화론 등은 인간을 학문적 영역에 가져다주었고, 근대 자연과학이 발전하면서 심리학은 독립적인 학문으로 발전하였다. 또한 인간에 대한 관심은 동서양의 철학적 바탕으로 서로 다른 패러다임을 보이기도 하였다. 따라서 이 절에서는 동양에서 심리의 근간이 되는 마음과 서양에서의 마음의 의미를 제시하고, 한국인의 심리를 이해하고자 한다.

1) 동양과 서양에서의 마음

시대정신은 문화를 형성하고 그들만의 패러다임을 만들어 낸다. 카프라(Capra, 1975)는 서양에서는 합리적 접근이 직관적 접근에 비하여 더욱 인정을 받아 왔으나 전통적 동양에서는 오히려 직관적 접근방법이 주로 사용되어 왔다고 주장하였다(이형득, 2003 재인용). 이러한 과정으로 서양의 심리학에서는 인간의 마음을 작은 단위로 쪼개고 분석하여 명료하게 설명해 내려고 노력해 왔다. 이에 'self' 'ego' 등의 세분화된 마음에 초점을 둔다. 이러한 접근은 변별 · 분석 · 비교 · 측정 · 분류하는 지성과 논리를 주로 활용한다. 그러나 이와 같은 합리적 접근방법에는 긍정적인 측면도 많지만 오히려 전체적인 관점을 보지 못하고 세분화된 작은 부분에 얽매일 수 있는 한계점도 지닌다.

한편, 동양적 사고에 따르면, 현실이란 우리가 일상에서 사용하는 언어와 의식 이상의 그 무엇이다. 즉, 동양적 사상에서는 현실은 결코 언어에 의하여 적절히 설명될 수 없이 거대하고 광활하다고 보았다. 이와 같은 이유에서 동양의 종교와 사상은 지적인 사고나 감성적인 지각까지 초월한 '직관'에 의하여 현실을 직접 경험하는 데 주된 관심을 갖게 된 것이다(이형득, 2003). 이에 동양에서는 '마음(mind)'이라는 전체적인 의미를 지닌 용어를 더 선호하였다. 동양적 관점이든 서양적 관점이든 어느 관점이 옳고 그르다는 것은 아니지만, 20세기 세계적인 학문의 흐름에서 많은 학자들은 서양의 분석적이면서도 세분화된 관점을 더 강조하는 경향이 있었다. 반면, 동양적인 것은 비논리적이면서 합리적이지 못하다고 간주되는 경향이 높았다.

민델(Mindell, 2013)은 오늘날 모든 것은 그 범위에 있어서 범세계적이 되어가고 있기에, 서구중심적 사고방식은 범세계적인 사고방식에 의하여 대치되어야만 하고, 이와 같은 관점에서 많은 학자들은 여러 가지 인간의 당면문제들에 대한 해답을 얻기 위하여 이미 동양으로 탐구의 초점을 돌리기 시작한 지 오래되었다고 주장하였다.

또한 동양의 많은 사상들은 오히려 역수입되어 이제는 동양적인 것을 서양인을 통해 배우고 있는 추세이기도 하다. 동양에서의 마음과 서양에서의 마음을 비교해 보고 그 내용을 자세히 살펴보면 다음과 같다.

(1) 동양에서 마음

동양에서는 '심리'라는 용어보다는 '마음'이라는 용어가 더 친숙하다. 마음이라는 용어 자체가 좀 더 포괄적이며 전체적인 맥락을 설명하는 용어이기 때문이다. 또한 동양의 철학과 사상에 영향을 준 대표적인 것으로 유교, 도교, 불교를 들 수 있다.

유가 사상에서는 우수만물이 하늘, 땅, 사람의 3가지로 존재하고 있으며, 특히 사람은 하늘과 땅에 의해 생명을 부여받은 존재로 인식하였다. 본래 상태의 마음은 그 자체로서 온전하지만 자신이 구성한 요소들과 외부의 영향에 의해 본래의 바른 상태를 유지하기는 어렵다고 보았다. 마음은 인격의 중심체로서 내면을 통합시키고, 행동을 주체적이고 자율적으로 기능하도록 한다. 이러한 마음은 보편성과 개체성, 불멸성과 가멸성, 선과 악, 성스러움과 더러움 사이에서 끊임없는 선택을 강요받는다고 보았다(박성희, 2007).

도가 사상에서는 마음은 본래 비어 있는 것, 혹은 마음은 정신과 물질의 사이에 위치하여 자신을 이끄는 주체라고 보았다. 본래 상태를 벗어난 마음은 자기 판단이나 주관적 인식으로 구성된 개별 자아로 추락한다. 이에 마음을 부정적인 것으로 보고, 소극적인 방법으로 마음의 작용을 제한하려 하였다. 이 방법으로 노자는 '척제현감'(滌除玄鑒)에서 현모한 마음의 거울을 깨끗이 씻어 내어야 한다고 하였다. 이때 척제현감의 방법은 모든 감각을 제거하여 감각을 전혀 사용하지 않는다는 것과 모든 사유 내용을 제거하고 일체의 사유 활동을 버려 마음이 텅 비고 고요한 상태를 유지하도록 한다는 것을 포함하고 있다.

불가 사상에서는 '마음이 곧 부처'라고 하며, 마음은 없다고 한다. 마음은 본질을 가리는 장애물이지만 동시에 본질로 인도하는 통로이기 때문이다. 불교에서는 마음이 초월하여 닿는 최종 지점을 무념, 무심, 평상심, 각성된 의식이라고 하였다. 이를 위해 마음을 다스리는 것이 중요하다고 보았으며, 그 수행 방법의 하나로 육바라밀을 제시하였는데, 이는 다음과 같다.

- 보시(布施): 자비의 마음으로 다른 이에게 조건 없이 베풀어 주는 것
- 지계(持戒): 계율을 지켜 악한 일을 하지 않고 스스로 마음을 청정히 하는 것

- 인욕(忍辱): 인내하고 용서하는 마음을 갖는 것
- 정진(精進): 선한 가치를 충분히 생각하고 부단히 실천하는 것
- 선정(禪定): 마음을 고요히 하고 생각을 쉬는 것
- 지혜(智慧): 진상(眞相)을 바르게 보고 이치와 의미를 알아차리는 것

(2) 서양에서의 마음

서양에서는 마음이 모종의 실체 또는 질료로 구성되었다고 간주하고, 그 질료를 찾아내고 해명하기 위해 노력하였다. 이러한 과정에서 마음을 작은 단위로 쪼개고 분석하여 명료하게 설명해 내려고 하였다. 의식, 감각, 지각, 의식과 통제, 학습, 기억, 사고와 언어, 동기, 정서 등 사람의 마음에 대해 생각할 수 있는 많은 영역을 세분화하여 다루었다. 이는 현대과학의 비약적 발전과 더불어 마음을 탐구하고 연구하여 학문을 성장시키는 데 이바지하였다.

서양의 많은 학자들은 마음에 대하여 유물론적 접근과 관념론적인 접근이라는 대결 구도로 이어졌다. 유물론적 접근을 주장하는 사람들은 고대 아이오니아 물리학자들과 그 후의 생물학자들로서, 이들은 생명의 기본 구성요소가 물질이라고 주장했다. 이러한 유물론적 사고는 영국의 경험주의 철학, 독일의 실험심리학을 거쳐 현대의 행동주의로 발전하였다. 유물론에서는 마음의 능동성과 주체성을 거부한다. 마음은 외부 사물에 이끌려 수동적으로 반응하는 울림판에 불과하므로 굳이 그 존재를 인정하지 않아도 아무 문제가 없다. 모든 지식은 감각 정보를 통해서 습득되는 것이고, 감각 정보는 외부 환경에 의존해 있으므로 감각 정보와 물리적 환경으로 환원하여 마음과 행동을 설명하는 것이 충분히 가능하다고 본 것이다.

반면, 관념론적인 접근을 주장한 학자들은 물리적 속성을 초월한 정신적 실체가 존재한다고 주장하였다. 대표적인 학자는 소크라테스, 플라톤, 아리스토텔레스 등이다. 이들은 이원론을 태동시켰으며, 이들 그리스인의 사고는 중세의 스콜라 철학, 데카르트의 심신 이원론을 거쳐 현대의 정신분석학

과 제3의 심리학으로 발전하였다. 데카르트를 시발로 전개된 물적 실체와 심적 실체의 관계에 대한 논쟁은 마음의 문제를 보다 철저하게 탐색하는 계기가 되었고, 한 걸음 더 나아가 존재하는 모든 것은 관념 속에 존재한다거나 관념 이외에는 물리적 대상이 존재하지 않는다고 주장하는 관념론에 새로운 관심을 불러일으켰다.

이러한 흐름을 통해 볼 때, 서양의 현대 심리학의 초기 접근의 특징은 정신분석학과 행동주의 심리학으로 대별된다. 무의식에 저장된 아동 초기 경험의 기억들이 일생을 통하여 행동에 지속적인 영향을 미친다는 정신분석학, 그리고 인간의 행동은 측정되고 다른 사람들에 의해 증명되어야 하고 객관적이며 실험적인 면을 강조하는 행동주의 심리학의 대결 구조에 있었다. 20세기 중반에 접어들면서 초기 정신분석학이나 행동주의 심리학에 변화가 있었으며 인간행동에 관한 이해의 관점은 제3의 심리학이라고 일컫는 인간의 자유의지와 개인의 고유한 정신적 경험을 강조한 인본주의 심리학, 그리고 세상의 모든 것은 서로 연관되어 있는 전체 질서와 이 전체 질서 아래 존재하는 사회질서가 있다는 가정을 전제로 한 생태체계 이론에 의해 큰 변화가 일어났다. 최근에는 제4의 심리학인 초 개인심리학 내지는 영성 심리학이 대두되고 있다. 캔 윌버(Ken Wilber)의 통합심리학, 아놀드 민델(Arnold Mindell)의 과정지향심리학(process-oriented psychology)은 동서양의 철학을 통합한 심리학의 새로운 의식의 전환을 일으키고 있다.

2) 한국인의 마음

우리나라는 동양적인 사고와 철학을 바탕으로 고유의 특성을 지니고 있다. 우리 삶의 터전인 한국이라는 공간적 영역과 역사적 상황, 그리고 우리의 철학과 사상 역시 한국적 특징을 지닌다. 하지만 근대의 우리는 한국사상의 바탕인 동양적인 사고와 철학을 알기를 꺼려 했었고, 비과학적이라는 이유로 동양의 심리학, 마음 그리고 한국인의 심리학을 배척해 왔던 것이 사실이다. 우리의 전통적인 사상과 철학은 동양적인 것을 바탕으로 하고 있는데, 서양의 사상만을 연구하는 것이야말로 우리가 우리의 근본을 깊이 있게 알지 못하게 만드는 방해요소가 될 수도 있다. 이에 우리 한국 문화를 중심으로 연구하는 것은 꼭 필요한 과정이다.

한국인의 심리학을 연구했던 최상진(2000)은 『한국인 심리학』에서 한국인의 대표적인 심층심리로 정(情)과 한(恨)을 꼽았다. 정(情)은 '차마 어떻게'라는 마음 때문에 모질지 못한 감정의 특성을 의미한다고 하였다. 일반적으로 의존적인 사람, 이해타산에 밝지 않은 사람, 맺고 끊는 것을 잘하지 못하는 사람에게 더 자주 나타난다고 하였다. 이러한 정의 특성은 한국인의 인간관계에서 흔히 나타나는데, 부부관계, 부자관계와 같은 가족관계 상황에서는 물론 친구관계, 사제관계, 직장에서의 상하관계 등 다양한 인간관계의 맥락에서 두루 사용되고 있다. 심지어 연인관계에서도 '사랑이 깊어졌다'라는 말보다는 '정이 들었다'라는 말을 사용하며, 사랑이 식었거나 애증이 뒤섞인 부부관계에서도 흔히 '정 때문에 산다'고 말한다(최상진, 김지영, 김기범, 1999). 이러한 정은 개인의 측면을 강조하는 개인주의적 문화이기보다는 함께 더불어 살아가는 '우리성(we-ness)'을 강조하는 문화나 집단주의적 문화의 특성과 일맥상통한다.

한(恨)은 가장 한국적이면서도 가장 심층적인 한국인의 감정 및 심성 특질이다. 대부분의 한국인은 한이 우리나라 사람의 민족적 감정이라고 표현하기도 한다. '한'은 억울한, 부당한 피해 상황에서 가해자에 대한 복수의 감정과 같은 대상지향적 적대 감정이나 증오에서부터 오랜 가난에 찌든 농부의 한처럼 허무감, 외로움, 막연한 피해 의식, 무력감과 같은 정조나 성격특성 수준의 한에 이르기까지 다양할 수 있다(최상진, 2000). 이러한 한은 개인 차원의 대상지향적인 것만이 아니다. 한국인의 문화 현상과 심리 전반에도 걸쳐 깔려 있다. 김열규(1980)는 한국의 문학에서 '한'을 빼놓으면 구성될 수도 이야기할 수도 없으며, 한국의 예술도 한(恨)의 심리학을 그 해석적 원형을 삼지 않으면 이해할 수 없다고 하였다. 이때의 한은 인고나 슬픔 그 자체가 아니라 인고의 미학, 슬픔의 미학, 슬픔의 실존심리학으로 승화된 한이다. 이러한 한이 한국인의 심층적 무의식 정서로서 한국 문화의 하부적 심리기층을 구성하는 심층심리적 원소라 한다면, 한국인의 정(情)은 사회적 인간관계에서 관여된 사람들 사이에 애착과 친밀감을 만들어 주는 사회관계적 원자재라고 볼 수 있다(최상진, 2000). 백상창(1993)은 서양인과 한국인의 정신구조의 차이로 서양인이 심층심리의 밑바탕에 원죄의식을 가지고 있는 데 비해, 한국인의 심층심리에는 한의 심리가 있다고 주장하였다. 즉, 서양인의 역사는 자유를 위한 투쟁의 역사임에 비하여, 한국인의 역사에는 참는 역사인 인내의 역사가 있었기 때문이라고 설명하였다. 또한, 부모에의 복종과 공경을 미덕으로 여겨 왔고, 대가족 제도에 의한 포괄적 자아를 형성해 왔으며 불가 및 유가 그리고 도가사상의 영향을 받아 왔다.

이러한 한국인의 특정 심리들을 살펴보면 다음과 같다.

첫째, 한국인은 개인주의적 측면보다는 집단주의적 문화를 강조하고 있다. [그림 2-4]와 같이, '나'를 찾기보다는 '우리'의 측면에 관심을 갖고 나보다는 집단 속에 있는 우리라는 개념에 친숙하다. 한국인의 경우 천지만물과

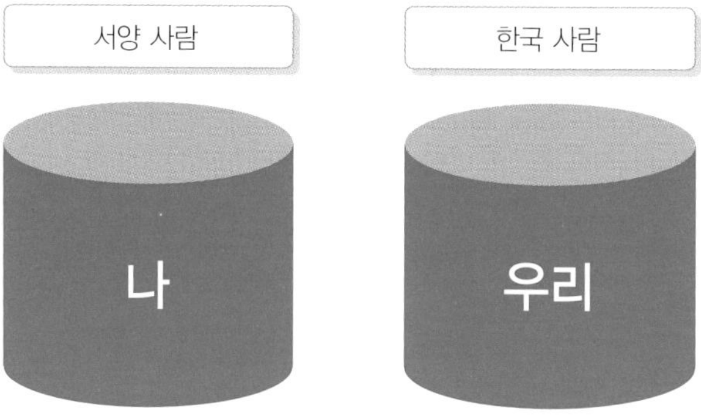

그림 2-4 서양인과 한국인의 문화 차

의 관계, 조상 대대로 내려오는 가훈을 중시하였으며, 집을 둘러싸고 있는 산이나 주변 환경들이 인격 형성에 영향을 주고 이들의 상징적 의미가 곧 자신의 인격 형성에 관여한다고 주장한다. 이러한 특성들로 인하여, 우리는 자신을 표현할 때 나에게 한정지어 바라보는 것이 아니라 나를 둘러싼 주변 모두를 바라본다. 이러한 특성은 함께 더불어 살아가는 긍정적인 측면과 함께, 자신의 진정한 내적 욕구나 원함(want)보다는 남들의 눈치, 체면, 도덕, 대의명분 등을 더욱 중시하는 부정적인 측면의 결과도 함께 만들어 내고 있다.

둘째, 한국인의 '우리 편'은 서양의 '우리'나 사회심리학에서 말하는 내집단(內集團)과는 달리 그 밀착성의 정도가 매우 강하다. 한국인의 '우리 편'을 실제의 행동이 아닌 사회적 표상수준에서 보면 일심동체, 즉 하나됨을 뜻한다. 따라서 우리 편이 있으면 남이 무시하지 못하며, 남이 피해를 주기도 어려우며, 어려울 때 도움을 받을 수 있으며, 외로울 때 의지하고 위로를 받을 수도 있다(최상진, 2000). 그러나 우리 편 반대쪽에는 항상 상대편이 있다. 우리성의 밀착 강도와 이해 결합이 클수록 남의 편은 무시되거나 피해를 받을 가능성도 커진다는 점에서 소위 집단 이기성 성격의 '배타적 우리성'은 우리성 밖의 타 집단 및 그 구성원에게 피해를 줄 수도 있다(최상진, 2000).

셋째, 한국인은 대인관계에서 인연을 중요하게 생각한다. 어느 지역 혹은 어느 학교 출신인지, 어떤 취미를 갖고 있는지 등 처음 사람을 만나면 공통점을 찾아서 얼마나 자신과 인연을 갖고 있는지 확인을 한다. 이때, 비즈니스 상황이라고 할지라도 인연의 깊이에 따라서 성패가 달라지기도 한다. 이러한 인연의 중요성은 살아온 과거를 중시한다는 의미이기도 하다. 때로는 이러한 인연의 중요성은 자신과 다른 사람이나 다른 사고를 가진 집단을 불신하고 적대시하는 부정적인 결과를 초래할 수도 있다.

3. 건강에 대한 정신과 육체의 상호작용

마음과 육체는 따로 분리해서 생각할 수 없으며 서로 밀접한 영향을 미친다. 마음이란 뇌 운동 이상의 것을 포함하며, 마음의 상태는 내분비계나 자율신경계를 통하여 신체에 여러 영향을 미치는 동시에, 신체의 상태는 마음에 영향을 미치게 된다. 그러므로 정신의 건강과 신체의 건강은 밀접한 관련이 있다. 또한 우리 인간은 모두 같은 뇌 구조를 가지고 있지만 뇌의 특성과 뉴런에 있는 정보의 성격이 다르다. 따라서 개인마다 부모도 다르고 경험이 다르고 교육이 다르며 상상할 수 있는 능력이 다른 한 우리는 영원히 똑같은 마음을 가질 수 없다.

이영돈(2006)은 『마음』이라는 책에서 우리의 뇌와 마음은 서로 영향을 주고받으며, 특히 마음먹기에 따라서 우리 신체의 반응이 달라질 수 있다고 설명하였다. 그렇다면 개인은 자신의 마음을 얼마나 통제할 수 있을까? 이 말은 자신의 뇌 속에 있는 뉴런 네트워크를 자신이 원하는 대로 얼마나 잘 형성할 수 있느냐를 말한다. 이영돈(2006)은 뇌의 뉴런들을 바꿀 수 있는 방법으로 다음의 두 가지를 꼽았다. 첫째, 공부하는 것이다. 그는 새로운 지식을 투입함으로써 기존의 네트워크와 공조를 꾀할 수 있다고 믿었다. 둘째, 상상을 하는 것이다. 창의적인 상상은 기존의 네트워크와 합쳐지면서 새로운 네트워크를 만들어 낸다. 왜냐하면 뇌는 상상과 현실 경험을 구별하지 못하기 때문이다. 따라서 그는 상상을 하면 실제로 경험하는 것과 똑같은 효과가 나온다고 주장한다.

1) 육체와 마음의 연결 상태

양자물리학의 새로운 틀을 바탕으로 사람의 신체구조를 설명한 대표적인 사람은 야닉(Paul Yanick)과 라인(Glen Rein)이다. 야닉은 양자물리학을 토대로 인간은 육체와 에너지체로 구성된 2중 구조로 구성되어 있다고 하였고, 라인은 인간을 육체, 에너지체 그리고 마음으로 구성된 3중 구소로 설명하였다. 라인의 3중 구조설은 동양의학의 정(精), 기(氣), 신(神)과 아주 비슷하다고 할 수 있다. 이러한 라인의 3중 구조설의 설명은 의학계에서도 대체의학 영역에서 받아들여져, 기존의 현대의학에서의 육체를 다루던 생의학(biomedicine) 부분에서 확장하여 에너지체를 다루는 의학인 에너지의학(energy medicine), 그리고 마음을 다루는 의학인 심성의학(mind medicine)이라는 3가지 의학으로 확장·통합시켰다(강길전, 2007). 즉, 기존의 의학에서는 주로 인간의 육체적 측면에 집중하여 질병의 원인을 살펴보고 진단하며 치료하는 데 집중하였지만, 강길전(2007)은 현대의학이 인간의 1/3 수준에서 치료한다고 비판하면서 인간의 전체적인 측면을 살펴볼 필요가 있다고 설명하면서 '양자의학'이라는 새로운 패러다임을 주장하였다.

루퍼트 쉘드레이크(Rupert Sheldrake)는 영국 케임브리지 대학에서 생화학 박사학위를 받은 후 영국 왕립학회 연구교수를 거쳤다. 쉘드레이크가 박사가 되고 연구교수를 재직하고 있을 당시에는 모든 과학자가 그러하듯이 그도 무신론적 세계관을 가지고 있었으며, 종교를 미신적인 시대의 유물로 간주하였고, 그래서 기도는 사람에게 일종의 심리적인 위약효과를 가져올 수 있다는 것을 제외하면 완전히 무의미한 것으로 생각하였던 사람이었다.

그러던 그는 1968년 인도를 방문하여 강렬한 인상을 받았다. 극단적인 가난한 삶을 사는 인도 사람들이 풍요로운 삶을 사는 대부분의 서구 사람들보다 더 즐겁게 살고 있는 모습을 보고 내면의 기쁨과 평화가 무엇인가에 대해 눈을 뜨게 되었다. 그래서 그는 명상을 시작하였고, 나중에는 기독교의 묵상에도 심취하였다.

쉘드레이크는 이러한 과정을 거치면서 기도를 하면 그 내용이 현실화된다는 사실을 경험하게 되었다. 그래서 그는 기도와 관계되는 과거의 문헌들을 조사하기 시작하였다. 전 세계의 문헌을 조사한 결과, 모든 문화에서 기도가 죽은 조상을 도울 수 있거나 혹은 도움을 불러올 수 있고, 뿐만 아니라 실제적인 환경을 변화할 수 있다는 사례가 많음을 발견하였다. 뿐만 아니라 20세기 이후 기도치유에 관하여 발표된 논문 131건 중에서 절반 이상이 통계적으로 의미 있는 결과를 보여 준다는 사실도 발견하였다. 기도치유의 실험 중에서 가장 잘 알려진 것 중의 하나가 샌프란시스코 종합병원에서 393명의 심장병 환자를 대상으로 한 이중맹검(double blind) 실험이다. 이 실험에서 무작위로 선정된 192명의 환자들은 심장병 치료와 함께 가족들로부터 완쾌 기도를 받았고, 나머지 201명의 환자들은 대조군으로서 기도치료는 받지 않고 심장병 치료만 받았다. 실험 결과, 기도를 받은 집단의 환자들이 대조군에 비하여 통계적으로 유의미하게 더 빨리 회복되었으며, 폐렴이나 기타 합병증의 발생률이 더 적었고 사망률도 더 적었다. 이와 같이 기도의 힘을 발견한 쉘드레이크는 기도가 어떤 기전으로 다른 사람에게 그리고 다른 물질에 가서 작용하게 되는가를 연구하기 시작하였다.

그는 현대 뇌 과학의 기계론적 관점으로는 도저히 기도의 치유 현상을 설명할 수 없음을 발견하고 새로운 관점을 찾기 시작하였는데, 이러한 과정에서 구상해 낸 것이 '정신의 장(場)'이라는 개념이었다. '정신의 장'이 있다고 가정한다면 이 '정신의 장'은 뇌 속의 전자기 패턴의 영역을 넘어 훨씬 더 광대하고 막대한 거리를 뻗어나갈 수 있기 때문이다. 다시 말하면, 기도를 하면 그 기도의 내용은 '정신의 장'을 운반체(carrier wave)로 이용하여 무한대로 확장될 수 있다는 뜻이다. 이는 마치 방송국에서 아나운서가 말을 하면 그 음성 정보(sound wave)가 고주파라는 반송체에 실리어 수신 장치인 라디오까지 전달되는 것과 꼭 같은 원리이다.

쉘드레이크는 '정신의 장(場)'이 무한정으로 확장될 수 있다는 것을 설명하기 위하여 양자역학의 '비국소성 원리'를 도입하였다. 다시 말하면, '정신의 장'은 국소성 원리의 원인 인자가 바로 '정신의 장'이라고 하였다. 후에는 이 '정신의 장'을 그냥 '형태장'이라는 용어로 통일하여 불렀다.

쉘드레이크가 생각하는 형태장이란 다음과 같다. 존재하는 모든 것에는 눈에 보이지 않는 형태장이 존재한다. 그래서 아원자 입자도 형태장이 있고, 아원자로 구성된 원자도 고유의 형태장이 있으며, 원자로 구성된 분자에도 고유의 형태장, 분자로 구성된 세포도 고유의 형태장, 세포로 구성된 조직도 고유의 형태장, 조직으로 구성된 장기도 고유의 형태장, 장기로 구성된 개체도 고유의 형태장, 개체로 구성된 가족도 고유의 형태장, 가족으로 구성된 사회도 고유의 형태장, 사회로 구성된 생태계도 고유의 형태장, 생태계로 구성된 지구도 고유의 형태장(가이아), 행성으로 구성된 태양계도 고유의 형태장, 태양계로 구성된 은하계도 고유의 형태장, 은하계로 구성된 우주도 고유의 형태장이 있다는 것이다. 그리고 비둘기와 둥지에 있는 비둘기에도 형태장이 연결되어 있고, 흰개미 군락 사이에도 형태장이 연결되어 있기 때문에 감응현상이 가능하다고 하였다. 뿐만 아니라 그는 아인슈타인이 말하는 시공간이란 것도 우주적인 형태장이라고 하였고, 신 플라톤 철학에서 말하는 아니마 문디(anima mundi: 세계혼)라는 것도 세계적인 형태장이라고 하였다.

출처: 강길전 양자의학교실(http://www.dr4mind.net/main.html)

서양에서도 민델(Mindell, 2000)은 그의 책 『Quantum mind』(우리나라에는 『양자심리학』으로 2010년에 번역되었음)에서 우리의 의식세계를 일상적 실재(Consensus Reality: CR)와 비일상적 실재(Non Consensus Reality: NCR)로 구분 짓고, CR은 일상적인 세계, 즉 일반적으로 많은 사람들과 공유하고 의사소통을 하는 세계라고 설명하였고, 특히 현대과학에서 인정되는 영역들을 포함하고 있다고 하였다. 또한 NCR 영역은 현대과학적인 시선에 의해 무시받고 있는 세계이지만 실재하고 있는 것으로 구분 지었다. 즉, 심리학에서 이야기하는 꿈, 융이 이야기했던 동시성적인 개념, 동양에서 논의하고 있는 영성이 이 영역에 포함될 수 있다. 우리는 살아가면서 흔히 NCR의 영역을 무시하면서 살아간다. 즉, 만성적인 증상들에서도 CR의 부분에만 초점을 맞추고 있기 때문에 명쾌하게 해결되지 않는다고 비판하면서 확인할 수는 없지만 실재하는 NCR의 측면을 강조한다. 우리가 신체화 현상으로 나타나는 신체와 심리적인 증상 내지 측면이라고 이야기하는 많은 부분들에서 계산하지 않은 많은 부분들이 있다. 이것이 바로 우리가 눈에 보이지 않는다고 믿지 않고, 비과학적이라고 믿지 않았던 에너지장의 개념이다. 심리적 마음과 신체 그리고 에너지장의 연결 상태를 살펴보고 자각하는 것의 중요성은 계속 강조해도 지나침이 없다.

마음과 육체의 상호작용 측면에서의 특성을 살펴보면 다음과 같다

첫째, 인체의 장은 하나의 통합된 형태로 서로 연결되어 있다. 강길전(2007)은 간, 뇌, 대장 등은 분명히 개별적으로 분리되어 있지만, 이들의 에어지장은 서로 연결되어 있다고 주장하였다. 에너지장이 하나로 연결되어 있다는 사례를 들어 보면, 정형외과에서 다리를 잘리더라도 경련, 통증, 저림 등이 나타나는 현상이 있는데 이런 현상을 '환영 현상(phantom phenomen)'이라고 한다. 이런 현상은 잘린 다리의 에너지장의 정보가 전체의 에너지장과 연결되어 있기 때문이다.

둘째, 인체의 에너지장은 정보를 교환하는 기능이 있다. 우리의 신체는 서로 연결되어 서로의 정보를 교환한다. 이러한 정보교환의 기능은 개인 내에서 머무는 것이 아니라 사람과 사람 사이의 심리적인 에너지 장에서도 정보를 교환하는 기능을 지니고 있다. 예를 들면, '호랑이도 제 말하면 온다.'는 속담이 있는데 누군가의 이야기를 하고 있을 때 당사자가 갑자기 모습을 나타내는 경우이다. 융(Jung)은 합리적인 인과관계를 찾아볼 수 없어 우연이라고 부르는 현상을 동시성(synchronicity)이라고 불렀다. 그는 우연에도 의미가 있다고 주장하면서 불가사의한 현상을 단순히 우연의 일치로 보아 넘길 수 없고 미지의 연관으로 맺어진 심리적 평행현상이라고 생각하여야 한다고 주장하였다.

셋째, 인체의 에너지장은 자기-조직(self-organization)하는 기능이 있다. 벨기에의 화학자 프리고진(Ilya Prigogine)은 에너지장은 자기-조직하는 능력이 있다고 하였으며, 그는 이 자기-조직하는 에너지장을 연구한 공로로 노벨상을 수상하였다. 그 후에 카오스 수학으로 에너지장을 해석할 수 있다는 연구 결과를 발표하기도 하였다.

넷째, 인체의 에너지장은 자연치유하는 기능이 있다. 위벽은 5일마다, 지방조직은 3주마다, 피부는 5주마다 그리고 뼈는 3개월마다 탈락되는데, 이와

같이 탈락된 부위가 본래의 모습대로 재생하는 것은 에너지장의 자연치유력이 있기 때문이다. 또한 반대로 자기를 스스로 파괴하기도 한다. 삶의 의욕을 잃어버린 사람은 자기 스스로 자신의 병을 만들어 죽음을 앞당기기도 한다. 즉, 마음이 갖는 에너지장이 신체의 에너지장에 영향을 주어 스스로 파괴하기도 한다(강길전, 2007).

마지막으로, 인체의 에너지장은 기억하는 능력이 있다. 인간은 우리의 모든 과거를 인지적으로는 기억하지 못한다. 하지만 우리의 인체는 모든 정보를 기억하고 있다. 냄새로 기억하고, 맛으로 기억하고, 소리로 기억하고, 촉감으로 기억한다. 예를 들어, 어린 시절 부모님이 해 주신 음식의 맛을 기억하고, 나이가 들어도 그 맛을 잊지 못한다.

2) 개인과 전 우주와의 연결 상태

우리는 거대한 우주 속에서 생활하고 있다. 유대교나 크리스트교 사람들은 인간이 신의 이미지로 창조되었다고 믿는다. 불교에서 우주는 매우 거대하고 이를 조각으로 나누면 세상의 다양한 요소가 되는 인간의 형태를 가지고 있는 신이라고 생각한다. 그의 머리카락은 나무가 되고, 그의 숨결은 바람이 되고, 그의 피는 강이 된다. 불교의 윤회사상에 의하면 모든 만물은 죽음을 통하여 평화로운 상태로 돌아가며, 세상과 바람, 태양과 별과 물은 개개인을 통하여 다시 재창조된다고 생각한다(Mindell, 2013).

이는 우리가 거대하고 무서운 우주의 한가운데서 흩어져 있는 개인이기도 하지만, 또한 우리는 온 우주를 이루고 있는 전체이기도 하다. 데이비드 봄(David Bohm)은 이 우주를 거대한 홀로그램으로 보고, 보이는 현상계 배후에는 보이지 않는 숨겨진 질서가 있다고 보았다. 즉, 우리는 마치 홀로그램처럼 수백만 조각으로 나누어 지지만, 우리 각자는 전체의 이미지를 포함하고 있는 소우주이며, 거대한 우주와 연결되어 끊임없이 통합하고자 한다.

에드워드 로렌츠(Edward Lorentz)는 브라질에 있는 나비의 날갯짓이 미국 텍사스에 토네이도를 발생시킬 수도 있다는 나비효과를 주장했다 아주 작은 양의 차이가 결과에서는 매우 큰 차이를 만들 수 있다는 것이다. 특히 변화무쌍한 날씨의 예측이 힘든 이유를, 지구상 어디에서인가 일어난 조그만 변화로 인해 예측할 수 없는 날씨 현상이 나타났다는 것으로 설명하였다. 나비효과는 카오스 이론으로 확장되었는데, 이는 작은 변화가 예측할 수 없는 엄청난 결과를 낳는 것처럼 안정적으로 보이면서도 안정적이지 않고, 안정적이지 않은 것처럼 보이면서도 안정적인 여러 현상을 설명하려는 이론이다. 겉으로 보기에는 한없이 무질서하고 불규칙해 보이면서도, 나름대로 어떤 질서와 규칙성을 가지고 있는 여러 현상을 설명하려는 이론이다. 즉, 안정된 운동 상태를 보이는 물질체계가 어떤 과정을 거쳐서 혼돈 상태로 바뀌는가를 설명함으로써 혼돈 현상 속에도 어떤 숨겨진 질서가 있다고 주장한다. 우리의 인간도 마찬가지이다. 우리의 행동과 심리적인 작용들을 정확히 알 수는 없지만, 그것들은 알 수 없는 혼돈 상태이면서 어떤 숨겨진 질서를 가지고 있고, 이러한 질서는 나 혼자에게만 포함되는 것이 아니라, 너, 우리 그리고 전 우주적인 장에서 모두 기능한다.

한 예로, 미국에서 수천 명의 사람을 중독시킬 만한 치명적인 가스가 누출되었다는 기사를 읽는다면, 이 내용은 미국에만 영향을 주는 것이 아니라 전 우주적인 측면에 영향을 미치고, 그 기사를 읽은 나 자신에게도 심각한 영향을 미칠 수 있다. 우리는 이를 통해 자신의 흡연 습관, 가정용 가스 사용 등에 대해 관심을 가지게 될 것이다. 또 다른 예로, 사람들을 강제로 감금한 어느 독재자에 대해 분노한다면, 우리는 자신 스스로가 대인관계를 어떻게 하는 지뿐만 아니라 실제 그러한 독재자를 어떻게 여기고 행동해야 하는지에 대해 고려해 보게 될 것이다.

인간은 현존하고 있는 가장 복잡하고 이해하기 어려운 동물이다. 이러한 인간의 행동을 이해한다는 것은 무엇보다 힘든 작업이 아닐 수 없다. 인류가 시작된 이래로 많은 학자들은 인간의 행동을 이해하려고 노력하였다. 때로는 의학의 힘을 빌리고, 천문학의 힘을 빌리고, 생물학, 신학, 명리학 등 각 학문을 도입하여 인간행동의 원인을 규명하고 예측하려고 하였다. 하지만 인간은 다양한 성격과 사고체계를 지니고 있으며, 또한 다양한 환경과 사회문화와 복잡하게 얽혀 있어 인간의 행동을 이해하기 위한 하나의 방정식을 만들기는 불가능해 보인다.

이 장에서는 인간행동에 대한 생물학적 관점, 그리고 동서양에서 바라보는 인간의 심리학적 관점을 살펴보았다. 인간에 대한 통합적 이해를 위해서는 어느 한 관점에 치우치기보다는 통합적이면서 전체적인 측면에서 인간을 이해하는 것이 요구된다.

혜자가 장자에게 말하기를 "당신의 말은 쓸모가 없다."하니, 장자는 다음과 같이 말한다.

"쓸모없는 것을 알아야 비로소 쓸모 있는 것을 논할 수 있을 것이다. 당신이 넓은 황아를 걸어간다고 하자. 땅은 더 없이 넓고 크지만 당신에게 필요한 것은 발을 딛는 부분일 뿐이다. 나머지 부분은 직접적으로 필요 없는 부분이라고 해서 파 버린다면 까마득한 절벽 위에 발 딛는 부분만 남아 있게 될 것이다. 이래도 쓸모 있는 것과 쓸모 없는 것으로 나누어 생각하겠는가? 쓸모 있는 것이 쓸모 있으려면 쓸모 없는 것이 있어야 하는 것이다."

—장자, 「추수편」—

제2부

적응과 정신건강

제 3 장

성격과 정신건강

세 사람이 어두운 밤에 작은 배를 타고 태평양을 항해하고 있는데, 갑자기 배의 엔진이 멈추었다고 상상해 보자. 그 세 사람은 이 상황에 대하여 당황할 것이며, 서로 다른 방식으로 적응할 것이다. 한 사람은 긴장을 풀기 위해 노래를 부르며 농담을 할지도 모른다. 또 다른 사람은 '우리는 절대 여기서 살아날 수 없을 거야.'라는 불길한 예측을 할 수도 있다. 세 번째 사람은 배를 고치는 방법 혹은 구조를 받기 위한 여러 가지 방법을 생각할 수도 있다. 이와 같이 똑같은 스트레스 상황에 대한 각 사람의 신체적 · 심리적 · 사회적 · 문화적 대처방법들은 모두 다르다. 어쩌면 현존하는 모든 사람의 수만큼의 다양한 대처방법이 나타날 수 있다. 이러한 현상은 왜 나타나는가? 이는 각자가 서로 다른 성격을 가졌기 때문이다. 성격의 차이는 사람의 적응패턴에 중요한 영향을 미친다. 이러한 적응패턴은 인간의 정신건강과 밀접한 관계를 지니고 있기 때문에 많은 학자들은 성격을 구성하는 요소와 특성에 대해서 관심을 가지고 이를 규명하기 위해 노력해 왔다.

이 장에서는 이러한 성격의 본질과 특성들을 통합적으로 살펴본 다음, 부적응적인 이상성격들에 대해서 논의하고, 건강한 성격을 형성하기 위한 여러 가지 심리적 접근에서의 이슈들을 살펴보고자 한다.

생각해 볼 문제

첫째, 성격은 어떻게 형성되고 어떻게 유지되는가?
둘째, 성격특성에 따라 사람은 왜 각기 다른 행동을 하는 것인가?
셋째, 건강한 성격이란 무엇인가?
넷째, 건강한 성격을 형성하기 위한 조건은 무엇인가?

1. 성격의 본질

1) 성격의 개념

성격이란 각 개인이 지닌 특유한 성질이나 품성을 말한다. 성격(personality)이라는 용어는 가면을 뜻하는 'personare'로부터 유래되었다. personare는 per(through, ~을 통하여)와 sonare(speak, 말하다)의 합성어로 무대에서 배우가 쓰는 가면이나 탈을 뜻했다. 고대 로마에서는 연극배우들이 극중 역할에 따라 어떤 이는 가면을 쓰고 어떤 이는 분장을 하고 연극을 하는데, 이때 그들이 쓴 가면 또는 분장한 얼굴을 말한다(홍용기 외, 2003). 관객은 그 가면이나 분장한 얼굴을 보고 배우의 태도와 행동을 예상할 수 있었다. 즉, 페르소나는 배우의 성격을 대변해 주는 겉으로 드러나 보이는 특성을 의미하는 뜻이었다. 오늘날에 와서는 단순히 다른 사람에게 준 인상이나 가면만을 보는 것이 아니라 그 가면 뒤에 숨겨져 있는 것, 즉 타인과 구별할 수 있는 인상 전체를 뜻하는 성격이라는 단어로 사용하게 되었다(Sampson, 1989). 이후 성격은 심리학적인 배경으로 태동한 용어로서 연구자들의 관점에 따라 다르게 정의하고 있다.

'성격이란 무엇인가?'라는 물음에 대하여 심리학자들 나름대로 대답은 많으나, 보편적으로 받아들여지는 일치된 대답을 찾기는 어렵다. 다음은 대표적인 심리학자들이 정의내린 성격의 의미이다.

- 고든 올포트(Gordon Allport): 성격은 개인의 특유한 행동과 사고를 결정하는 심리적 · 신체적 체계인 개인 내의 역동적 조직이다.
- 칼 로저스(Carl Rogers): 성격은 우리 모든 경험의 중심이 되는 자아, 즉

조직적이고 항구적인 그리고 주관적으로 지각된 실체이다.

- 에릭 에릭슨(Erik Erikson): 성격은 일생 동안의 심리사회적 위기의 결과로 기능하는 것이다.
- 조지 켈리(George Kelley): 성격은 개인의 생활경험으로부터 스스로 의미를 만들어가는 자기 나름대로의 독특한 방법이다.

이처럼 학자들마다 성격의 개념 정의가 다양하지만, 공통적 속성 또한 지니고 있다. 바로 독특성(uniqueness), 안정성(stability), 일관성(consistency), 내면적 조직체(organization)이다(권석만, 2017b).

이러한 성격의 특성을 고려하여 성격을 정의하면, "성격은 환경에 대한 개인의 적응 방식으로 개인의 독특성, 안정성, 일관성을 설명하기 위한 심리학적 구성 개념인 내면적 조직체를 가지고 있는 사고와 감정 및 행동 양식"(윤주희, 2018)이라 할 수 있다.

2) 성격의 결정요인

성격의 결정요인에 관한 주제는 성격연구가 시작되던 때부터 '유전 대 환경'이라는 고전적 연구주제로부터 시작되었다. 찰스 다윈(Charles Darwin)의 사촌이었던 프랜시스 골턴(Francis Galton)은 이 주제를 '선천성 대 후천성'이라고 이름을 붙이고 선천성이 후천성보다 월등하다고 결론을 내렸다. 이후 이에 대한 연구는 끊임없이 논쟁의 대상이었고, 대체적으로 생물학자들은 선천성이 우세하다고 주장하였고, 심리학자들은 후천성이 우세하다고 주장해 왔다.

하지만 오늘날에 와서는 둘 중 어느 하나가 결정요소라고 주장하지는 않는다. 다만, '성격은 선천적인 요인의 영향을 더 많이 받는가, 아니면 후천적인 요인의 영향을 더 많이 받는가?'로 좀 더 의미 있는 의문으로 바뀌었다. 즉,

인간의 성격형성은 생물학적 요인, 사회문화적 요인, 영적 요인 등의 상호작용에 의해 이루어지기 때문이다(정영숙, 안현의, 유순화, 2005).

성격의 선천성과 후천성의 문제는 '이것 아니면 저것'의 양극화되기 쉬운 논쟁이 되기 쉽지만, 우리는 보다 형평성이 있고 다양하게 분화된 입장을 취하기 위해 노력해야 한다.

3) 성격연구의 역사

역사적으로 인간의 성격을 기술하려고 했던 최초의 시도는 그리스의 의학자인 히포크라테스(Hippokrates)였다. 그는 인간의 성격특질은 4가지 체액(혈액, 흑담즙, 황담즙, 점액)의 비율에 따라 결정된다는 '체액론'을 주장하였다. 이후 인간의 성격을 단편적인 상태로 이해하려는 연구들은 인간의 성격형성 발달과정보다 성격 유형 분류에 더 많은 관심을 보였다.

심리학의 한 영역인 성격심리학은 지금까지 언급한 성립 이전의 과정을 겪으면서 20세기에 들어서 비로소 과학적 원리로서 성립된다. 올포트(Allport)가 1924년 무렵부터 하버드 대학에서 '성격론(personality theory)'에 대해서 처음으로 강의를 하였으며, 『성격: 심리학적 해석(personality: A Psychological interpretation』(1937)의 출간 이후 성격심리학에 대한 활발한 연구가 전 세계적으로 확장되었다.

현대적 성격심리학적 접근으로서의 인간의 성격에 대한 연구는 행동주의 심리학, 게슈탈트 심리학, 정신분석 심리학, 인본주의 심리학은 인간의 성격이 어떻게 형성되고 발달하며, 이것이 생활하는 데 어떤 기능을 하는지 이해하고자 하였다.

최근 제4의 심리학으로 구분되는 트랜스퍼스널 심리학에서도 그동안 비과학적인 분야로 배척받았던 인간의 마음, 영성, 에너지, 기(氣) 등 일상적이지 않은 영역을 연구하고 있으며, 이를 위해서 그동안 서양철학을 중심으로 다루었던 성격특성을 동양철학과 서양철학의 통합을 통하여 이해하려고 하였고, 특히 불교 사상과 도가 사상, 유교 사상 등 동양철학의 이면에 숨어 있는 인간에 대한 이해를 통해 인간의 성격이해를 확장하는 데 큰 영향을 주었다.

4) 성격특성

성격특성의 개념은 생물학적이고 유전적인 기질과 문화와 학습과 같은 환경의 영향을 받는 성격특질이 상호작용하여 발전하는 특성으로 정의되기도 한다(Cloninger, 1987, 2004; 황순택 외, 2015).

성격심리학자들은 각자의 관점으로 성격구조에 대하여 논의하였지만, 일반적으로 성격이 5가지 요인(외향성, 친화성, 성실성, 신경증, 개방성)으로 구성되어 있다는 데 의견이 일치하고 있다(Costa & McCrae, 1986). 이러한 성격특성을 분류하기 위해 사용하고 있는 체계를 빅(big) 5요인이라고 한다(이은희, 2019).

빅 5요인을 구성하는 요소들은 본질적으로 내용은 유사하나, 상이한 명칭 사용과 구성요소의 종류는 학자마다 차이가 있다. 빅 5요인은 사람에게 공통적으로 존재하는 성격특성을 5개 차원으로 설명하는데, 개인 간의 차이뿐만 아니라 행동양식을 포괄한다(Costa & McCrae, 1992).

첫째, 외향성(extraversion)은 타인과의 교제나 상호작용을 원하고 타인의 관심을 끌거나 타인을 주도하려는 정도를 나타낸다(이희현, 2007). 외향적인 사람은 신호와 보상기회에 대단히 민감하다. 보상기회에 대한 민감성으로 인해 외향성이 높은 사람은 주변 환경을 둘러보면서 긍정적 가능성을 찾아내는 경향이 있다(Little, 2014).

둘째, 친화성(agreeableness)은 너그럽고, 관대하고, 친절하고, 동정적이고, 사람을 잘 믿고, 감사하는 정도를 나타내는 특성을 말한다(강성환, 2018). 한 개인이 타인에 대해 견지하는 태도(하대현, 황해익, 남상인, 2008), 주변 사람과의 관계 및 주어진 환경에 순응하는 정도의 개념을 포함하고 있다(김동일, 전호정, 안지영, 2015).

셋째, 성실성(conscientiousness)은 규칙이나 규범을 준수하고, 책임감, 계획성이 높으며, 신뢰성이 있고, 완벽을 추구하고, 효율적인 정도를 나타내는 특성을 말한다. 자신이 이루고 싶은 것을 향해 책임감 있게 끈기를 가지고 자신을 조절하며 성취를 지향하는 정도로 정의된다(Digman, 1990).

넷째, 신경증(neuroticism)은 자기연민이 많고, 긴장되어 있고, 과민하며, 불안정하고, 걱정이 많고, 불안한 정도를 나타낸다. 정서적 안정성으로도 명명되며, 개인이 일상생활에서 발생하는 힘든 고통에 대해 잘 적응하는 정도를 의미한다(하대현, 황해익, 남상인, 2008).

다섯째, 개방성(openness to experience)은 틀에 박힌 사고방식을 거부하고, 새로운 경험을 함양하려는 개인의 욕구를 가리킨다. 교양(Tupes & Christal, 1961), 이지적(Digman & Takemoto-Chock, 1981), 문화성, 지성 또는 경험에 대한 개방성(Nettle, 2007) 등 다양하게 명명된다. 경험에 대한 개방성 대 폐쇄성이라는 특성은 새로운 생각, 새로운 상호작용, 새로운 환경을 수용하는 성향을 의미한다.

이처럼 성격특성 빅 5요인은 사람들이 살아가면서 수용되는 허용 범위에 대부분 포함되지만, 신경증은 대인관계 및 사회생활에서의 부적응을 나타낼 수 있다.

2. 부적응 성격장애

복잡한 현대를 살아가는 오늘날의 사람은 누구나 완벽하게 이상적으로만 세상을 살 수는 없다. 많은 사람들이 생활적응에 곤란을 느끼거나 실패하여 병적인 증세를 보일 수 있다. 그중 대표적인 부적응 장애의 하나가 성격장애

(personality disorders)이다. 성격장애는 자신이 속한 문화적 기대로부터 심하게 벗어나 있는 행동 양식과 내적 경험사고, 정서, 대인관계, 충동성 등이 지속적으로 나타나며, 융통성 없이 고정되어 있고 삶 전반에 퍼져 있어서 이로 인해 심각한 고통과 장해가 초래되는데, 청소년기나 성인기 초기에 시작된다.

『Diagnostic Statistical manual of Mental disorder−5(DSM−5)』에서는 성격장애를 10가지 하위 유형으로 구분하고, 크게 3가지 군집으로 분류한다. A군 성격장애는 특이한(기묘한, 기이한) 괴짜(괴팍한) 장애군이다. 정신분열증에

표 3-1 성격장애의 하위 유형과 주요 진단 특징

성격 집단	하위 유형	주요 진단 특징
A군	편집성	불신과 의심, 경계와 긴장, 악의적인 태도
	분열성	사회적 무관심과 고립, 감정표현의 위축과 결여, 그저 혼자 있기를 원함
	분열형	대인관계의 기피, 인지적 · 지각적 왜곡, 기이한 외모와 행동, 심한 사회적 고립
B군	반사회성	사회적 규범과 법을 어김, 타인의 인격과 권리를 침해, 죄책감의 결여
	경계선	강렬하고도 불안정한 기분 및 대인관계, 분노, 충동성, 심리적 불안정성
	연극성	타인의 애정과 관심을 끌기 위한 과장된 감정표현, 유혹적인 행동, 높은 피암시성
	자기애성	자신에 대한 과대평가, 칭찬에 대한 욕구, 특권의식, 오만한 행동
C군	회피성	사회활동의 억제와 회피, 부적절감, 당혹감, 부정적 평가의 과민성
	의존성	독립적 생활의 결핍, 보호받고 싶어 하는 욕구와 열망, 이별에 대한 공포
	강박성	정리정돈, 완벽주의, 마음의 통제와 대인관계의 통제에 집착, 인색함

출처: 김청송(2017).

서 보이는 기인한 사고 및 행동과 비슷한 측면이 있지만, 정신분열증보다는 증상이 경미하고 망상이나 환각이 없다는 점에서 정신분열증과는 구분된다. B군 성격장애는 행동이 극적이고 감정적이며 변덕스러운 장애군이다. 타인의 인격과 권리를 침해하고, 극단적인 심리적 불안정성을 나타내고, 과도한 정서표현을 나타내며, 자신에 대한 과대평가에 이르기까지 다양한 증상을 나타낸다. C군 성격장애에는 불안하고 두려워하는 장애군이다. 불안과 공포 때문에 사회적 상황을 회피하고, 남에게 의존하고, 강박증을 나타낸다. 〈표 3-1〉은 각 성격장애의 하위 유형과 주요 진단 특성을 나타낸 것이다(김청송, 2017).

3. 건강한 성격

1) 건강한 성격이란

성격특성이 한 개인을 다른 사람과 구별시켜 주며(독특성), 개인의 일생에 걸쳐 비교적 일관적이고 지속적으로 나타나는 안정적인 특징(Little, 2014; Nettle, 2007)이기 때문에 수명, 정신병리, 성격장애 및 적응문제, 학업성취 및 직무만족, 대인관계 등 주요한 삶의 문제를 예측하는 중요한 변인이 되기도 한다(John, Naumann, & Soto, 2008).

개인이 타인과 맺는 관계의 속성을 규정하는 성격에 좋은 성격과 나쁜 성격이 있을 수 있을까? 사람의 어떤 특징들을 가지고 좋은 성격, 나쁜 성격으로 구분한다는 것은 쉽지도 않을뿐더러 또한 어리석은 일이다. 하지만 사람의 성격특성을 가지고 '건강한 성격'과 '건강하지 못한 성격'으로 구분할 수는 있다. 그렇다면 '건강한 성격'은 어떤 특성을 지니는가?

'건강(health)'이란 사전적 의미는 "정신적으로나 육체적으로 아무 탈이 없고 튼튼함, 또는 그런 상태"(국립국어연구원, 1999)를 의미하나, 세계보건기구(WHO)의 헌장에는 "건강이란 질병이나 단지 허약한 상태가 아닐 뿐만 아니라 육체적 · 정신적 및 사회적인 완전한 안녕상태를 말한다."라고 정의되어 있다. 과거에는 건강이란 육체적 또는 정신적으로 질병이나 이상이 없고, 개인적으로 정상적인 생활을 영위할 수 있는 신체 상태를 말하였으나, 오늘날에는 개인이 사회생활에 의존하는 경향이 커지고 사회가 개인의 건강에 기대하는 것이 많아짐에 따라 사회적인 건강이란 측면에서 이와 같은 정의가 생겨난 것으로 보인다.

인간생활을 풍요롭게 해 주는 건강한 성격의 개념은 매우 중요하다. 그러나 그동안의 심리학은 인간성격의 건강한 면(심리적인 '건강')보다는 병든 면(심리적인 '병')에 초점을 두어 왔고, 건강한 성격의 요소에 대한 의견이 일치되지 않았기 때문에 무엇이 건강한 성격의 요소인지를 확실히 알지 못한다.

현대 심리학 분야에서 많은 관심을 받고 있으며 또 많은 영향을 끼치는 '성장심리학(growth psychology)' 또는 '건강심리학(health psychology)'은 건강한 성격의 본질과 심리적인 성장에 초점을 두고, 인간의 능력을 충족시키고 실현시킬 수 있는 무궁한 잠재능력을 키우고 발휘하도록 하는 데 그 목표로 삼고 있다. 성장심리학자들이 제시한 건강한 성격의 특성은 다음과 같다(Schult, 2007).

올포트(G. Allport)는 프로이트(S. Freud)와는 달리 건강한 성격의 사람들은 무의식적인 갈등에 의해 움직이는 것이 아니라 이성적이고 의식적인 차원에서 행동하고, 어린 시절의 경험에 얽매어 있지 않으며 그로부터 완전히 해방되어 있다고 보았다. 그가 생각한 건강한 성격은 성숙한 성격으로, 개인이 자신의 삶에 대해 책임을 가지고 각자가 독특하고 개별적인 방법으로 성장 · 발달하는 적극적인 과정으로 생각하면서 현재와 미래에 대한 기대, 미래에 대한 의욕으로 행동을 결정한다고 보았다.

로저스(C. Rogers)는 건강한 성격을 지닌 사람은 자기를 수용할 수 있을 뿐 아니라 자기 지도가 가능한 사람으로 보았다. 이러한 사람은 진정한 자기를 있는 그대로 나타내며 감정이나 신념을 감추지 않고 행동의 결과에 대해 책임진다. 현실적 자아에 의해 행동하기 때문에 위장이나 허위적 행동을 하지 않으며 항상 있는 그대로를 경험한다. 타인의 기대를 기다리지도 않고 항상 자기 지도를 위하여 노력하고 발전해 나가는 사람, 즉 삶의 흐름에 완전히 자신을 가진 사람을 건강한 성격을 가진 사람으로 보았다.

매슬로(A. Maslow)는 심리학이 인간의 건강한 면을 이해해야 비로소 인간의 병리적인 것에 대해 이해할 수 있다고 보고 건강한 본성에 더 큰 관심을 가졌다. 그는 주변 세계에 있는 물체와 사람을 객관적으로 지각하고, 세계를 자신이 원하거나 필요한 방식으로 주시하는 것이 아니라 있는 그대로 볼 수 있는 사람을 건강한 성격을 가진 사람으로 보았다. 이들은 자기 본성에 대하여 매우 수용적이므로 자신을 왜곡시키거나 변조할 필요가 없으며, 마음을 풀고 자신에 대해 편안함을 느낀다. 세속적인 욕구를 부끄러워하거나 변명하며 받아들이지 않고 사랑과 소속, 자존감 등 각 단계를 받아들이며, 자신뿐 아니라 타인의 결점 더 나아가 인류 전체의 결점에도 관대하다. 그리고 삶의 모든 측면에서 솔직하고 직접적인 방식으로 행동하며 정서를 숨기지 않고 정직하다. 즉, 자기 본성에 자연스럽게 따르며 자기 일을 사랑하고 그 일이 자기에게 자연스러운 일임을 느낀다. 이러한 내용을 바탕으로 인간의 자아실현의 중요성을 강조하였다.

프랭클(V. Frankl)은 심리적 건강을 위해 의미에의 의지(will to meaning)를 중요시해야 한다고 강조하였다. 쾌락이나 행복은 삶에 즐거움을 더해 주는 것일 뿐 삶의 목표는 아니라고 지적하고, 행복은 추구함으로써 얻을 수 있는 것이 아니라 의미를 이행하면서 외부의 목표를 달성할 때 자발적으로 따라온다는 것이다. 그는 건강한 성격을 지닌 사람은 자신에게 초점을 맞추는 것으로부터 초월하고 의미와 목적을 찾는 몰두하는 동안 자아실현이 자연스럽게 수반된다고 보았다.

앞서 제시한 건강한 성격특성에 대해 정의하려던 성장심리학자들도 일관된 심리적 건강의 규정이나 묘사는 없고 차이점이 있지만, 다음과 같은 몇 가지 공통적 속성이 있다.

첫째, 심리적으로 건강한 사람은 자신의 인생을 의식적으로 통제한다. 건강한 사람은 항상 이성적으로는 아니더라도 의식적으로 자기 행동을 직시하고 자신의 운명에 책임을 질 수 있다.

둘째, 심리적으로 건강한 사람은 자신의 강점과 약점, 덕과 악을 인식하고 일반적으로 관대하게 받아들인다.

셋째, 심리적으로 건강한 사람은 자기가 아닌 어떤 것이 되려고 가정하지 않는다. 타인이나 상황이 요구하는 사회적 역할을 수행하는 것과 진정한 자아의 역할을 혼동하지 않는다.

넷째, 심리적으로 건강한 사람은 과거에 얽매이지 않고 현재에 초점을 맞춘다.

다섯째, 심리적으로 건강한 사람은 조용하고 안정된 것보다는 새로운 목표와 새로운 경험을 위한 인생의 도전과 흥분을 갈망한다.

2) 동양 전통사상에서의 성숙한 인격

현대 심리학의 많은 이론들은 이상적 인격의 형성으로 자기실현에 초점을 둔다. 이는 인간의 도덕적 본성이 아니라 주로 인간의 재능 혹은 능력의 실현과 완성에 초점이 맞추어져 있다. 반면, 동양 전통사상에서는 천인합일(天人合一)·물아일체(物我一體)·주객일치(主客一致)를 지향하는 조화에 근거한 인간이념을 갖고 있다. 이는 구체적으로 자연과 인간과의 조화, 정신과 신체와의 조화, 자아와 타인과의 조화, 자아와 사물과의 조화, 자아 존재의 자기 초월을 지향한다.

대표적인 동양 사상인 유가, 도가, 불가에서 말하는 성숙한 인격관은 다음과 같다.

(1) 유가에서의 성숙한 인격관

① 공자의 성숙한 인격관

춘추전국시대에 현존했던 유가 사상의 대표적인 대가인 공자는 그 시대의 도덕적 타락과 사회적 혼란 속에 도덕성 회복을 위해 효제(孝悌)의 교육과 인(仁)을 강조하였는데, 인은 두 '이(二)' 자와 사람 '인(人)' 자를 합한 글자로서 두 사람의 관계를 뜻한다. 공자의 관심은 사람과 관련된 것으로(이미현, 2011), 인간에 대한 사랑의 정신은 공자 사랑의 커다란 특징이다. 또한 건전한 사회질서를 유지하기 위하여 예(禮)를 강조하였다. 이상적인 인간형으로는 인을 바탕으로 예를 실천하는 사람, 즉 천인합일(天人合一)한 사람으로 설명하였다. 공자가 말하는 '하늘이 나에게 덕을 주었다.'의 핵심은 초월적인 천(天)에 있는 것이 아니라 바로 나의 속에 내재되어 있는 인간의 본질로서의 덕(德)에 있기 때문에 인간의 모든 덕을 포괄하는 명칭으로서 인(仁)의 개념이 제시된다. 공자의 인은 천명이 내려와 인간에 내재한 본성이므로 인간을 이해함에 있어서 인간의 본질인 인을 통해서만 이해될 수 있는 것이다. 또한 본성(本姓)에 근거하여 본성대로 살아가며 행하는 것이 예(禮)인 것이다. 이에 공자는 사리사욕에 대한 욕심을 버리고 공공의 이익을 위한 사회적 질서인 예를 회복시키는 사람, 즉 '극기복례위인(克己復禮爲人)'이라고 하였다(정규훈 외, 2003).

② 맹자의 성숙한 인격관

맹자는 이상적 인간을 역사적 존재, 도덕적 존재로서 자기 완성을 한 인격자를 말하였다. 이는 자기가 역사적 존재라는 것을 깨닫고 역사적으로 자기에게 부여된 사명을 다하며 도덕적으로 인간에게 부과된 '사람의 도리'를 다해서 우러러 하늘에 부끄럼이 없고 구부리어 땅에 거리낌이 없는 사람이라고 하였다(정규훈 외, 2003). 따라서 위로는 '하늘의 이치'를 알고 그것을 본받아

아래로 '사람의 도리'를 꿰뚫을 줄 알아야 한다. 이러한 이상적 인간으로 선비(士)·대인(大人)·군자(君子)·성인(聖人)이라 하였다. 맹자는 도덕성 발휘 여부로 성인의 성립 기준을 삼았으며, 사람을 평가하는 기준으로서 선(善)을 내세웠다. 인간의 본성이 선하다는 뜻은 모든 사람이 태어나면서부터 도덕적으로 완전하다는 것이 아니라 단지 개인이 태어날 때 그의 본성 속에 자연적으로 선한 부분이 내재해 있다는 것을 의미한다. 사단(四端)은 선을 싹 틔우는 4개의 단서로 측은지심(惻隱之心)·수오지심(羞惡之心)·사양지심(辭讓之心)·시비지심(是非之心)으로 나뉜다. 이는 선천적으로 내 자신 속에 내재되어 있던 것이고, 성인은 이러한 사단을 최고로 발전시킨 사람을 의미한다. 사람의 저마다 숨겨져 있는 사단을 끄집어내어 발현시킬 수만 있다면 누구나 '성인'이 될 수 있다. 즉, 모든 사람이 보편적인 도덕적 가치인 사단을 내재하고 있다는 것으로 하여 성인과 평범한 사람들이 본성적으로 차이가 없다고 보았다(이미현, 2011).

(2) 도가에서의 성숙한 인격관

도가는 인위적인 모든 것을 비판·부정하면서 최초의 자연으로 돌아갈 것을 주장한 중국 고대의 철학파로, 도, 자연, 자연적 질서는 완전한 것, 본래의 것, 가장 이상적인 것이므로 개인이든 사회든 무위로서의 본래 상태를 회복하는 것이 궁극의 목표라 하였다(정규훈 외, 2003). 도가 사상의 대표적인 학자인 노자와 장자가 말하는 이상적인 인간상은, 첫째, 무위무욕(無爲無欲)하게 살아가는 성인, 둘째, 무아지경(無我之境)에 이른 지극한 사람, 셋째, 소요의 경지에 이른 참된 사람, 세속으로부터 초연한 지극한 사람을 말한다. 이러한 이상적 인간은 장자가 말하는 세상에 동떨어져 있으면서도 홀로 유유자적하게 살아가는 참된 사람이 아니라 속세 속에서 살면서 아무런 마음 없이 살아가는 사람이다. 즉, 이상적인 사람은 세속과 초세속 모두에서 초연하다(이미현, 2011).

(3) 불가에서의 성숙한 인격관

붓다(Buddha)라는 말은 '모든 것을 아는 사람' 또는 '지식 있는 학자'라는 의미를 가지고 있는데, 중국어로 번역이 될 때 이를 '불타(佛陀)' 또는 '각자(覺者)'라 하였고, 우리는 이를 '부처'라고 부른다(정규훈 외, 2003).

요한손(Johansson, 1970)은 아비달마(Abhidhamma)로부터 아라한의 속성(personality attributes of the Arhat)을 발췌하였다. 불타의 성숙 이념관이라고 할 수 있는 아라한의 18가지 심리적 속성은 다음과 같다. ① 모든 사람에 대해 공명정대함, ② 어떠한 상황에서도 평온한 마음을 가짐, ③ 민활하고 빈틈없음, ④ 평범하고 따분한 일 속에서도 기쁨을 찾음, ⑤ 강한 연민의 정을 가짐, ⑥ 사랑에 찬 친절을 보임, ⑦ 신속하고 정확하게 지각함, ⑧ 침착하고 솜씨 있게 행동을 취함, ⑨ 모든 사람에게 자신을 개방함, ⑩ 다른 사람의 요구에 민감함, ⑪ 감각적 욕망을 탐닉하지 않음, ⑫ 어떤 종류의 불안이나 공포도 없음, ⑬ 어떤 것이 절대로 옳다든지 절대로 그르다든지 하는 독단에 빠지지 않음, ⑭ 상실, 불명예, 고통, 비난 등 어떤 상황에서도 혐오를 갖지 않음, ⑮ 육욕과 분노의 감정에 빠지지 않음, ⑯ 고통과 고뇌의 경험을 극복함, ⑰ 인정, 쾌락, 칭찬의 욕구에 빠져 있지 않음, ⑱ 생존에 최소한 필요한 것 이외에는 탐욕을 갖지 않음 등이다.

이 18가지 중 10가지는 성숙한 인간으로서 지녀야 할 속성들이고, 나머지 8가지는 극복하여 지니지 말아야 할 속성들이라고 할 수 있다(김광웅, 2007 재인용).

4. 성격의 측정

성격을 측정하기 위해 심리검사를 사용하는 데는 여러 가지 이유가 있다. 첫째, 임상장면에서 심리적 장애를 진단하기 위해 성격검사가 광범위하게 사용되고 있다. 검사 결과에만 의존해서 진단을 내리지는 않지만, 이러한 성격척도는 임상적 진단 결정에 매우 유용하다. 둘째, 다양한 일상적인 문제를 경험하고 있는 사람을 대상으로 하는 상담 장면에서 성격검사가 필요하다. 즉, 내담자의 진로 선택이나 대인관계 부적응적 행동패턴을 변화시키는 데 도움을 주기 위해 성격검사를 실시하기도 한다. 셋째, 성격검사는 학교기관, 회사, 정부 및 군에서 인사 선발에 활용되고 있다. 이런 경우 성격검사를 사용할 필요성에 대해 논란이 있기는 하지만, 조직 관리자는 지원자의 직업적 적합성을 판단하기 위해 성격척도를 활용하고 있다. 넷째, 성격검사는 다양한 심리연구에서도 사용된다. 경험적 연구를 실행하기 위해서는 엄격한 측정이 필요하다. 예컨대, 자녀 양육 방식과 내향성 간의 관계를 연구하려고 할 때 내향성을 정확하게 측정할 수 없다면 연구도 할 수 없을 것이다(오세진 외, 2005).

심리검사는 성격, 지능, 적성 같은 인간의 다양한 심리적 특성들을 파악하고자 하는 목적을 가지고, 다양한 도구를 이용하여 이런 특성들을 양적 · 질적으로 측정하고자 평가하는 일련의 절차를 말한다. 심리검사를 통해 각 사람들의 개인차를 파악할 수 있으며, 또한 심리적인 과정 자체에 대한 이론적인 통찰을 얻을 수도 있다. 개인에 대한 심리평가는 심리검사를 통해 얻어진 정보를 중심으로 면담, 행동관찰, 개인력 등에서의 자료를 참조하여 종합적인 평가를 내리는 전문적인 과정이며, 한 인간에 대한 포괄적인 이해가 목적이다.

심리검사의 도구의 구조화 여부에 따라 크게 객관적 검사(objective test)와 투사 검사(projective test)로 구별할 수 있다. 객관적 검사는 구조화되어 있고 채점과정이 표준화되어 있으며 해석의 규준이 제시되어 있는 검사를 말한다. 평가하고자 하는 특정 영역에 초점을 두고 측정할 수 있도록 구성된 검사로 개인의 독특성보다는 개인이 지니고 있는 공통적 특성이나 차원을 기준으로 상대적인 위치를 비교 · 평가하는 것이다. 대표적인 검사로는 MMPI,

MBTI, 에니어그램, 이고그램 등이 있다. 투사 검사는 비구조적 검사 과제를 통해 개인의 독특성을 최대한 이끌어 내려는 목적을 갖는다. 개인의 다양한 반응을 도출하기 위해 가능한 한 간단한 지시 방법을 사용하며 검사자극 또한 불분명하고 모호한 특징이 있다. 대표적인 검사로는 HTP, Rorschach, TAT 등이 있다.

정신건강이나 적응을 다루는 심리학 분야의 중요한 과제 중 하나는 건강한 성격을 형성하기 위해 어떻게 해야 하는가이다. 사람의 성격은 각양각색이며, 개인차가 있다. 하지만 대부분의 사람들은 건강하고 성숙한 삶을 살아가길 바란다. 이는 개인뿐만 아니라 사회의 목표이기도 하다. 이에 교육, 복지, 상담 등 인간의 행복을 추구하는 많은 영역에서 성격의 본질과 특성에 대해 관심을 가지고 이를 규명해 내기 위해 노력해 오고 있다. 더불어 개인적 차원에서도 자신을 개방하고, 예민함을 덜 느끼면서 스스로 자신을 긍정적으로 바라보며 성장하려고 지속적으로 노력한다면, 심리적으로 안녕감을 느끼고 자신의 삶의 질을 높일 수 있을 것이다.

이 장에서는 건강한 성격을 형성하기 위해 성격의 본질과 특성, 부적응적인 이상 성격들에 대하여 알아보았다.

제 4 장

커플관계와 정신건강

사람은 태어나면서부터 자신의 의지와 상관없이 타인과 관계를 맺으며 살아간다. 부모로부터 시작된 인간관계는 형제자매, 친구, 선후배, 이성, 부부, 상사 및 부하와의 관계로 폭이 넓어지면서 인생 초기에 시작된 부모–자녀 관계에서 출발한 조력관계도 함께 넓이지고 성숙하게 된다. 이러한 대인관계의 확장은 자신을 더 건강하게 발달시키고 성장하는 데 도움이 된다. 생산적인 대인관계는 서로의 성장에 도움이 되고 자아존중감을 높여 주며 위로와 즐거움을 준다. 개인이 역경이나 위기를 경험할 때, 의미 있는 사람의 지지는 어려움을 해결할 수 있는 버팀목이 되고 개인의 정신건강에 긍정적으로 기여하여 행복한 삶을 살도록 조력한다. 그러나 생산적이지 않은 인간관계는 불안, 우울, 좌절, 소외, 외로움, 갈등을 경험하게 하며, 타인에 대한 신뢰를 느끼지 못하게 되고 사회생활에 부적응하게 되는 경우도 있다. 고독과 사회적 격리는 정서적 · 신체적 질병을 초래할 수도 있으므로 가족과 또래 등과 같은 주변의 의미 있는 타인과 친밀하고도 생산적인 관계를 맺는 것은 매우 중요하다.

이 장에서는 대인관계의 본질을 살펴보고, 특히 대인관계의 초석이라고 할 수 있는 대인지각을 살펴보고, 이에 따른 매력심리학적 요인과 더불어 커플관계와 사랑의 과정을 살펴보고자 한다.

생각해 볼 문제

첫째, 대인을 지각하는 과정은 어떠한가?
둘째, 호감 형성에 영향을 주는 요인과 호감이 지속되는 과정은 어떠한가?
셋째, 사랑을 구성하는 요소는 무엇이며, 방해하는 요소는 무엇인가?
넷째, 이별 감정을 극복하는 과정은 어떠한가?

1. 대인지각

1) 대인지각의 일반적 특성

대인관계를 유지하는 초석은 타인에 대한 지각과 추론에서 시작된다. 예를 들어 '다리를 꼬고 팔짱을 끼고 말하는 것을 보니, 보나 마나 건방진 녀석일 거야.' 등 순간적인 작은 신호들을 통해서 상대방의 행동을 미루어 짐작하고 이러한 일련의 과정을 귀인이라고 부른다. 이 귀인의 과정은 우리가 상대방을 지각하는 과정에서 가장 복합적이고도 중요한 것으로 상대방 행동의 원인을 추측하고 해석하는 데 활용한다. 하지만 이러한 귀인과정은 자신이 기존에 가진 정보와 경험들로 인해 상대방을 주관적인 입장에서 판단하고 지각하게 된다. 특히 사람들은 아주 짧은 만남 후에도 나름대로의 확신을 가지고 상대에 대한 분명한 인상을 형성하는데, 이는 고정관념(stereotype)과 내현성격이론(implicit personality theory)에서 설명할 수 있다.

고정관념은 어떤 사회적 범주에 대해 사람들이 공유하고 있는 문화적 경험에서 비롯된 도식의 한 유형이며, 개인의 어떤 특징이 특정 인상을 형성할 것이라고 믿는 신념을 말한다. 고정관념 자체는 특정 범주의 사람들을 이해하는 데 필요한 시간과 노력을 절약해 주는 매우 정상적이고 자동적인 인지과정이며, 복잡한 사회적 정보를 단순화시켜 줌으로써 정보 처리에 필요한 시간과 노력을 절약해 준다. 그러나 이러한 고정관념이 대인지각에서 부정확한 기대와 신념을 만들기도 하고, 과잉일반화 오류를 만들기도 한다. 또한 고정관념의 대상이 되는 사람들을 만났을 때 자신의 고정관념적 기대와 일치하는 방향으로 선택적으로 정보를 수집하고 해석하는 경향이 있다. 이로 인해 인종차별, 남녀차별, 지역감정 등 사회적 갈등을 유발하기도 한다.

인상형성의 또 다른 이론으로는 내현성격이론이 있다. 내현성격이론은 성격특성들 간의 관련성에 관한 개인의 신념을 말하는 것으로, 특정한 성격특성을 지닌 사람들이 다른 어떠한 성격특성들도 함께 가지고 있을 것으로 믿는 것이다. 예를 들면, 유머감각이 있는 사람은 외향적이거나 사교적이며 낙천적인 사람일 것이라고 추론하기도 한다. 내현성격이론이 적용되는 성격특성들은 그럴듯한 연관성이 있어 보이기 때문에 사람들은 이런 관련성에 대해 상당한 확신을 갖는 경우가 많은데, 이것 역시 검증되지 않은 정보들이기 때문에 인상형성의 편향을 일으키는 경우가 많다.

2) 대인지각의 대표적인 예외 현상

인상형성 시 모든 정보가 고정관념이나 내현성격이론으로 설명되는 것은 아니다. 예외로 나타나는 현상들로는 다음과 같은 것들이 있다.

(1) 초두효과와 신근성 효과

초두효과(primacy effect)는 처음에 들어온 정보가 나중에 들어온 정보보다 전반적인 인상형성에 강력한 영향을 미치는 것을 말한다. 사회심리학자였던 에쉬(Asch, 1946)는 두 집단의 사람들에게 어떤 인물을 소개하면서 6가지 성격특성을 나열하여 설명해 주었다. 이때 6가지 성격특성은 동일하되 순서를 달리 나열하여 제시하였다.

집단 1	집단 2
지적이다	질투심이 강하다
부지런하다	고집이 세다
충동적이다	비판적이다
비판적이다	충동적이다
고집이 세다	부지런하다
질투심이 강하다	지적이다

그림 4-1 에쉬의 초두효과 실험

출처: Asch(1946).

가상 인물에 대한 소개를 끝내고 두 집단 사람들은 소개받은 사람에 대하여 상반되는 인상을 형성하고 있었다. 첫 번째 집단의 사람들은 두 번째 집단의 사람들보다 소개받은 인물을 더 긍정적이고 성공적인 사람으로 평가하였다. 이는 정보 내용보다는 정보의 순서가 인상형성에 더 큰 영향을 준다는 것을 의미한다. 특히 처음 받아들인 인상의 정보가 전체적인 인상에 영향을 미치는 것을 확인할 수 있으며 처음에 들어온 정보가 나중에 들어오는 정보들을 해석하는 지침을 만들어 준다는 맥락 효과(context effect)에서도 설명할 수 있다. 또한, 첫인상이 강력한 효과를 발휘하기 때문에 뒤에 들어오는 정보에는 주의를 덜 기울이게 되는 경향이 있으며, 처음 들어오는 정보에 비하여 가볍게 취급되는 중요성 절감 현상이 나타나기도 한다.

한편, 초두효과와는 반대로 시간적으로 나중에 제시된 정보가 잘 기억되고 인상형성에 더 큰 영향을 미칠 수도 있는데, 이를 신근성 효과(recency effect)라고 한다. 신근성 효과는 일반적으로 제한적인 경우에서 나타나며 초기 정보가 너무 일찍 제시되어 망각된 상태이거나 최근의 정보가 너무 부각되거나 충격적인 경우에 자주 나타난다.

(2) 부정성 효과

부정성 효과(negativity effect)는 개인 인상에 대한 나쁜 특성과 좋은 특성을 동시에 알려 주었을 때, 나쁜 특성이 인상형성에 더 큰 영향을 미치는 것을 말한다. 즉, 인상형성에서 부정적 특성이 긍정적 특성보다 더 중요하게 인식된다는 것을 의미한다. 좋은 인상을 형성했던 사람이라도 '교활하다'는 부정적 특성 하나가 첨가되면 전반적 인상이 현저하게 떨어진다. 부정적인 면이 인상형성에서 더 큰 영향을 미치는 이유는 부정적인 면은 자신에게 피해를 줄 가능성이 높다고 생각하기 때문에 중요하게 받아들인다고 설명한다. 또한 일상적으로 사회관계에서 사람들은 타인에 대한 평가를 긍정적으로 하는 경향이 높은데, 부정적인 정보가 드러나는 것은 더 주의를 끌게 된다고 설명하기도 한다.

(3) 후광효과

후광효과(halo effect)는 한 가지 긍정적인 특성을 지니고 있는 사람에 대한 인상이 다른 특성들에서도 긍정적일 것이라고 일반화시켜 생각하는 것을 말한다. 이것은 사람들이 신체적 매력을 지닌 사람에 대해 호의적 인상을 형성하는 원인이 되기도 한다. 잘 생긴 사람을 보면 그 사람이 성격도 좋고 지적이라고 생각할 가능성이 많은 것은 이러한 후광효과가 작용한 때문이라고 볼 수 있다.

2. 호감의 형성

이 절에서는 일반적으로 우리가 타인에게 호감을 갖게 되는 일반적인 특성들을 찾아보고, 그러한 특성들이 어떻게 영향을 미칠 수 있는지 검토한다.

1) 신체적 외모

얼굴이나 몸매가 잘 생긴 사람이 타인으로부터 더 높은 호감을 받는 것은 일반적으로 일어나는 현상이다. 특히 외모의 영향이 가장 두드러지게 나타나는 경우는 동성보다는 이성 간의 관계나 관계의 초기에 상대적으로 더 큰 영향을 미친다. 이러한 결과는 신체적 매력이 있는 사람은 성격이 좋거나 다른 좋은 특성을 가지고 있을 것이라고 믿는 후광효과 때문이라고 볼 수 있다. 또 다른 이유로는 매력적인 파트너와 함께 있으면 타인 앞에서 자신의 이미지가 높게 평가된다고 믿는 방사 효과가 원인일 수도 있다. 진화심리학자들은 외모는 건강의 상징으로 여겨졌기 때문에 외모는 호감의 중요한 기준으로 여겨졌다고 주장한다. 역사적으로 기생충이나 전염병이 창궐한 시기일 때 향수 및 화장품의 개발이 높아졌고, 이와 동시에 외모가 중요한 요인으로 평가되었다.

2) 근접성

사람들은 단순히 자주 만났다는 것만으로도 친근감을 느끼고 호감을 경험하는 경향이 있으며, 이를 근접성 효과(proximity effect)라고 한다. 대체로 우리는 익숙한 것을 좋아하는 경향이 있어서 근접성은 친숙성을 증가시킨다. 또한 근접성이 높은 사람일수록 유사성이 높을 가능성이 있다. 자주 마주치는 사람들은 같은 전공이거나 같은 일을 하거나 같은 취미를 가진 사람들일 경우가 많다. 이처럼 단지 자주 접촉하는 것만으로 호감이 증가하는 것을 단순노출 효과(mere exposure effect)라고 한다. 호감의 형성에 이처럼 강력한 영향을 미치는 단순노출의 효과도 한계점이 있는데, 첫인상이 좋거나 적어도 중성적인 경우에는 효과를 발휘하지만 부정적인 인상을 갖고 있는 대상은 만날수록 오히려 호감이 감소하는 현상이 나타나기도 한다.

3) 유사성

우리는 일반적으로 누군가가 자신과 유사한 태도와 가치관을 지니고 있는 것을 알면 편안함을 느끼고 기분이 좋아지기도 한다. 자신과 유사하다는 것은 자신의 견해가 혼자만의 것이 아니라 타인으로부터 타당하다고 인정받는 것이고 보상적(rewarding)이 되기 때문이다. 유사성은 커플관계와 교우관계에서 자주 나타난다. 부부와 연인은 나이, 인종, 종교, 사회계층, 교육수준, 지능, 외모 및 태도 등에서 유사한 경향이 있고, 교우관계에서도 장래 목표나 학교 성적 그리고 정치적 · 종교적 활동 및 불법약물의 사용 등에서도 유사성이 나타난다. 또한 매력의 요인에 있어서 다양한 견해가 있지만, 일반적으로 오랫동안 유지하는 커플관계에서 유사성은 중요한 요인으로 주장되고 있다.

4) 상호성

일반적으로 사람들은 자기를 좋아하는 사람을 좋아한다. 상대방이 자신을 좋게 평가하고 호의를 베풀면 자연스럽게 상대방에게 친절하게 반응하고 상대로부터 받은 만큼 베풀려고 노력한다. 상호성의 원리(reciprocity principle)에 따르면 호감은 호감을 낳고, 사랑은 사랑을 촉진한다. 누군가가 자신을 좋아한다고 믿는다면 상대에게 보다 친절한 행동을 할 것이며 이러한 친절한 행동은 상대로 하여금 보다 긍정적으로 반응하게 자극하고, 이는 자신의 초기 기대를 확증시킨다. 한편 사회심리학자 아론슨과 린더(Aronson & Linder, 1965)는 자신에게 늘 칭찬하거나 긍정적인 관심을 보이는 사람보다는 처음에는 무관심하다가 점차 호의를 보이는 사람을 더 좋아하게 된다는 것을 발견하였다. 비슷한 관점에서 사람들은 일관되게 비난하는 사람보다 처음에는 긍정적인 태도를 보이다가 돌변하여 비난하는 사람을 더 싫어하는 경향이 있다. 이와 같이 상대의 예상하지 못한 칭찬이나 비난이 호감에 더 큰 영향을 미치는 현상을 득실 효과(gain-loss effect)라고 한다.

3. 관계의 지속

호감은 시간이 진전될수록, 타인과 자신의 내면적인 이야기를 나눌 때 보다 더 긴밀해질 수 있다. 즉, 자신의 개인적인 비밀들을 상대에게 공개함으로써 더 친밀감을 증폭시킬 수 있다. 특히 이형득(2003)은 대인관계에서 빼놓을 수 없는 여러 가지 기술 중에서 자기 이해, 자기 수용, 자기 개방이라는 세 가지 기술을 통해서 깊이 있는 대인관계를 이룰 수 있다고 주장하였다. 양명숙과 전지경(2004)은 이를 커플관계에 확장 · 적용하여 커플 이해, 커플 수용, 커플 개방이 이루어질 때 커플관계가 증진될 수 있다고 주장하였다.

1) 자기 성장 및 커플관계 성장의 과정

자기 성장은 효율적으로 일어나는 자기 변화의 과정이다. 김성회(1986)는 매슬로, 로저스 그리고 이형득의 성장이론을 종합해 볼 때, 성장된 인간이란 있는 그대로의 자신을 이해하고(자기 이해), 수용하며(자기 수용), 개방(자기 개방)할 수 있는 사람이라고 하였다. 이와 같은 자기 성장의 노력은 파트너와, 커플관계로 이어질 수 있다. 즉, 자신에 대한 정확한 이해는 파트너와 커플관계의 효율적인 이해를 가져올 수 있는 것을 의미한다. 또한 커플의 관계 증진의 요소에는 나, 파트너, 나-파트너의 관계, 주변 환경 등 복합적인 요인들이 상호작용을 이루고 있어 하나의 메커니즘으로 설명하기는 어렵지만 건강한 사람이 건강한 커플관계를 형성할 확률이 높은 것은 일반적인 특성이라고 할 수 있다. 즉, 자기 자신을 진정으로 사랑하는 사람이 남을 건강하게 사랑할 수 있는 힘을 가지게 되며 이러한 힘을 바탕으로 커플관계는 성장된다고 볼 수 있다.

그림 4-2 커플관계 증진 모델

출처: 양명숙, 전지경(2004).

2) 주고받기의 균형

대부분의 건강한 관계에서는 어느 정도 주고받기(give and take)의 균형이 이루어진다. 이러한 교환이 재미있고 사랑스럽게 이루어진다면 교환을 할 때마다 관계는 더 깊어진다. 또한 균형이 다양한 형태로 이루어진다면 관계는 성장하고 풍성해진다. 예를 들어, 파트너가 데이트하면서 물질적인 선물을 주면, 다른 파트너가 물질적 선물에 대한 보답으로 따뜻한 말과 행동으로 교환을 할 수 있다. 한편, 이러한 주고받기의 균형은 긍정적으로 나타나기도 하지만 부정적으로 나타나기도 한다. 상대가 사랑과 애정을 파트너에게 준다면 사랑과 애정으로 보답하고 싶어지지만, 원망과 상처를 준다면 다시 원망과 상처로 보복하고 싶은 충동을 느끼게 된다. 서로 부정적인 자원을 주고받을 때에는 그 관계가 건강하지 못한 관계로 발전되거나 연인관계가 해체되어 버리는 경우가 많다. 물론 같은 형태의 것들만 교환이 이루어지는 것은 아니다. 물질적인 것을 심리적으로 보상하기도 하고, 심리적인 것을 육체적인 것으로 보상하기도 한다. 또한 어느 한쪽만이 끊임없이 주기만 하고 다른 한쪽이 끊임없이 받기만 한다면, 그 관계는 오랫동안 유지되기가 힘들다. 이에 적절한 균형이 요구되는데, 파트너 간에 서로 주는 양과 받는 양에 대한 기준이 다르기 때문에 갈등이 나타날 수도 있음에 주의해야 한다. 예를 들어, 한쪽 파트너는 상대방에게 많이 주었다고 생각하는데 다른 파트너는 적게 받았다고 생각하는 경우이거나, 또는 다른 파트너로부터 너무 많이 받는다는 생각에 심리적으로 빚을 지고 있다고 느끼게 되는 경우들이다. 따라서 건강한 주고받기의 균형을 유지하기 위해서는 파트너와 끊임없이 대화하며 심리적인 균형을 맞추는 것이 필요하다.

3) 의사소통의 기술

건강한 커플관계는 의지만으로 유지되지 않는다. 커플관계에서도 기술이 필요하다. 특히 상대방의 마음을 공감하고 의사소통하는 기술이 요구된다. 의사소통은 인간이 사람들과 다양한 방식으로 관계를 맺으며 살아갈 때 그 대인관계를 가능하게 하고 유지되게 하는 필수 요인이다. 의사소통을 통하여 인간은 서로에 대한 이해를 넓히고 자신의 느낌과 생각을 전달하며 서로에게 영향을 주는데, 이러한 의사소통은 관계를 개선 혹은 악화에 중요한 영향을 미친다. 사티어(Satir, 1988)는 역기능적 의사소통은 갈등 상황에서 자아 존중감이 위협을 받는다는 생각에서 일종의 방어로 사용되는 것이며, 자신의 내면이 진정으로 원하는 것과 다르게 의사소통을 하고 있어서 갈등 시 대인관계에 있어서 좋지 않은 영향을 가져온다고 하였다. 또한 미국의 가정사역자 아담스(Adams)는 이혼하는 부부들에게는 경제력, 성격, 배우자 폭행, 자녀문제 등 생활전반에 걸쳐 다양한 이유가 있지만 근본적인 이유는 부부간 의사소통 개선의 노력과 갈등 대처 노력이 부족하기 때문이라고 지적하였다.

4. 사랑: 두 영혼의 만남

사랑은 인간의 모든 감정 중에서 가장 복잡하며 강렬하다. 사랑이 무엇인지 적절하게 정의를 내리는 것은 불가능하지만 그 장엄함과 감정적인 역동의 측면에서 볼 때, 사랑은 창조적인 동시에 파괴적이고, 아름다우면서 무서운 것이다. 역사를 통해 보면, 많은 사람들은 사랑을 위하여 자신의 목숨까지도 바쳤다.

BC 4세기 플라톤은『향연』에서 사랑을 '무의식 속의 이상적 이미지와 결합하려는 갈망'으로 정의 내렸고, 이러한 영적 사랑이라는 플라톤적 개념은 수세기 동안 기독교 사회와 이슬람 사회의 사랑에 대한 생각에 영향을 미쳤다.

사랑은 대인관계에서 가장 행복하고 오묘한 감정으로서 가장 황홀하면서도 때로는 가장 고통스러운 체험이다. 또한 사랑은 한 인간과 한 인간이 서로를 강렬하게 원하며 서로 융합시키는 신비스러운 마력을 지니고 있다. 칼 융(Carl Jung)은 '아니마'와 '아니무스'를 모든 인간의 정신 속에 묻혀 있는 여성 원형(아니마)과 남성 원형(아니무스)으로 보았다. 그는 갓 잉태된 인간의 태아가 양성을 지니고 있다고 하였고, 반대 성의 원형이 우리의 무의식 속에 존재한다고 보았다. 즉, 개인은 남성성과 여성성을 구분하는 이분법적인 성역할에 대한 개념이 아니라, 양성을 지닌 독자적인 두 가지 차원으로 이해되어야 한다고 하였다. 사랑을 추구하는 일은 자신의 양성이 재결합하려는 갈망, 분리된 자아를 타자 안에서 발견하고 싶은 갈망에서부터 시작된다고 보았다. 파트너와의 결합이 불만족스러운 이유는 아직 완전한 짝을 찾지 못하였기 때문이며, 이는 자신 내의 아니마–아니무스와의 갈등과도 일맥상통한다. 영혼의 만남이란, 향수에 가까운 갈망과 같아서 마치 전(全) 생애에서 완전한 사랑을 경험한 것 같은 느낌을 준다. 이는 자신의 아니마-아니무스가 파트너의 원형과 서로 잘 맞는 합의점에 도달한 것으로 해석할 수 있다.

1) 사랑의 구성요소

(1) 스턴버그의 사랑의 구성요소

스턴버그(Sternberg, 1986)는 사랑의 구성요소를 친밀감과 열정, 결심/헌신이라는 3가지 요소를 삼각형의 모델을 제시하면서, 이 요소들이 모두 균형 있게 포함되어 있어야 진정한 사랑이라고 할 수 있다고 설명하였다. 첫째, 친밀감은 사랑하는 관계에서 나타나는 가깝고, 연결되어 있으며 결합되어 있다는 느낌을 일컫는다. 이는 사랑하는 관계에서 경험하는 따뜻함과 같은 느낌들이 포함된다. 둘째, 열정은 사랑하는 관계에서 낭만, 신체적 매력, 성적인 몰입 같은 것들로 이끄는 욕망을 말한다. 많은 관계에서 성적 욕구가 열정의 주요 부분을 차지하기도 하지만, 다른 요구들, 즉 자아존중감, 타인과의 친화, 타인에 대한 지배, 타인에 대한 복종, 자아실현 같은 욕구들이 열정의 주요 부분을 구성하기도 한다. 셋째, 결심/헌신 요소는 어떤 사람을 사랑하기로 하는 결심과 사랑을 지속시키겠다는 헌신을 의미한다. 스턴버그는 사랑의 유형을 [표 4-1]의 척도와 삼각형 모형으로 설명하면서, 커플관계에서 삼각형을 비교해 봄으로써 합치 정도를 확인 할 수 있다고 주장하였다. 그는 두 사람의 삼각형에서 합치가 클수록 만족감이 증가하며, 차이가 많이 나타날수록 불만족감이 증가할 것으로 해석하였다.

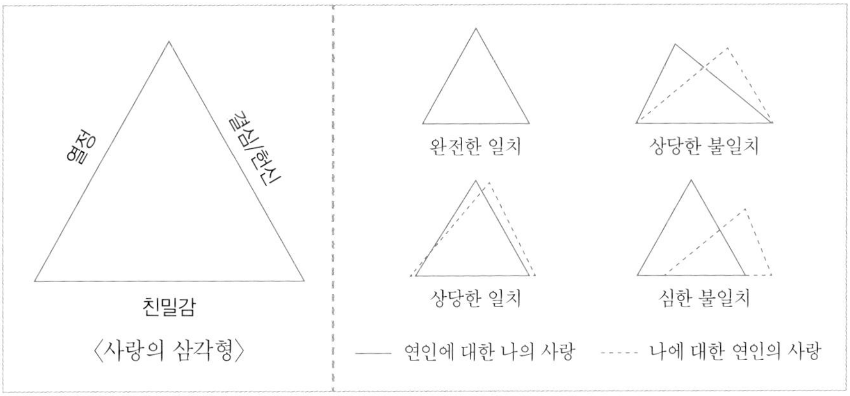

그림 4-3 '사랑의 삼각형'에 대한 두 연인 간의 비교

출처: 장선철(2007).

표 4-1 사랑의 삼각형 이론 척도

- 다음의 문장들은 현재 파트너에 대한 자신의 마음을 기술한 것입니다. ○○는 파트너의 이름을 뜻합니다. 각 문장이 ○○에 대한 당신의 상태를 잘 나타내는 정도를 다음과 같이 적절한 숫자에 표해 주십시오.

번호	문항	전혀 아니다			그렇다			매우 그렇다		
1	나는 ○○의 행복을 위해서 적극적으로 지원한다.	1	2	3	4	5	6	7	8	9
2	나는 ○○와 따뜻한 관계를 맺고 있다.	1	2	3	4	5	6	7	8	9
3	나는 힘들 때 ○○에게 의지할 수 있다.	1	2	3	4	5	6	7	8	9
4	○○는 힘들 때 나에게 의지할 수 있다.	1	2	3	4	5	6	7	8	9
5	나는 ○○와 나의 모든 것을 공유할 의향이 있다.	1	2	3	4	5	6	7	8	9
6	나는 ○○로부터 상당한 정서적 지지를 받고 있다.	1	2	3	4	5	6	7	8	9
7	나는 ○○에게 상당한 정서적 지지를 주고 있다.	1	2	3	4	5	6	7	8	9
8	나는 ○○와 말이 잘 통한다.	1	2	3	4	5	6	7	8	9
9	나는 내 인생에서 ○○를 매우 중요시한다.	1	2	3	4	5	6	7	8	9
10	나는 ○○와 친밀감을 느낀다.	1	2	3	4	5	6	7	8	9
11	나는 ○○와 편안한 관계를 느끼고 있다.	1	2	3	4	5	6	7	8	9
12	나는 ○○를 정말 이해하고 있다고 느낀다.	1	2	3	4	5	6	7	8	9
13	나는 ○○가 나를 정말 이해하고 있다고 느낀다.	1	2	3	4	5	6	7	8	9
14	나는 내가 ○○를 정말 신뢰한다고 느낀다.	1	2	3	4	5	6	7	8	9
15	나에 관한 매우 개인적인 정보를 ○○와 공유하고 있다.	1	2	3	4	5	6	7	8	9

번호	문항	전혀 아니다			그렇다			매우 그렇다		
16	○○를 보기만 해도 나는 흥분된다.	1	2	3	4	5	6	7	8	9
17	나는 낮에도 ○○에 대해서 생각하는 나 자신을 자주 발견한다.	1	2	3	4	5	6	7	8	9
18	○○와 나의 관계는 정말 낭만적이다.	1	2	3	4	5	6	7	8	9
19	나는 ○○가 매우 매력적이라고 느낀다.	1	2	3	4	5	6	7	8	9
20	나는 ○○를 이상화하고 있다.	1	2	3	4	5	6	7	8	9
21	나는 ○○처럼 나를 행복하게 만드는 사람을 상상할 수 없다.	1	2	3	4	5	6	7	8	9
22	나는 다른 어떤 사람보다도 ○○와 함께 있고 싶다.	1	2	3	4	5	6	7	8	9
23	○○와의 관계보다 더 중요한 것은 이 세상에 없다.	1	2	3	4	5	6	7	8	9
24	나는 ○○와 신체적으로 접촉하는 것을 특히 좋아한다.	1	2	3	4	5	6	7	8	9
25	○○와의 관계에는 마술적인 점이 있다.	1	2	3	4	5	6	7	8	9
26	나는 ○○를 찬미한다.	1	2	3	4	5	6	7	8	9
27	나는 ○○ 없는 인생을 생각할 수 없다.	1	2	3	4	5	6	7	8	9
28	○○와 나의 관계는 열정적이다.	1	2	3	4	5	6	7	8	9
29	낭만적인 영화나 책을 볼 때면 ○○를 생각하게 된다.	1	2	3	4	5	6	7	8	9
30	나는 ○○에 대해서 공상을 하곤 한다.	1	2	3	4	5	6	7	8	9
31	내가 ○○에 대해서 염려하고 있다는 것을 알고 있다.	1	2	3	4	5	6	7	8	9
32	나는 ○○와의 관계를 지속시키기 위해 최선을 다하고 있다.	1	2	3	4	5	6	7	8	9
33	다른 사람이 우리 사이에 끼어들지 않도록 나는 ○○에 대해 헌신할 것이다.	1	2	3	4	5	6	7	8	9
34	나는 ○○와의 관계가 흔들리지 않을 것이라는 점에 대해 자신감을 가지고 있다.	1	2	3	4	5	6	7	8	9
35	나는 어떤 난관에도 불구하고 ○○에게 헌신할 것이다.	1	2	3	4	5	6	7	8	9
36	○○에 대한 나의 사랑은 남은 인생 동안 계속되리라고 예상한다.	1	2	3	4	5	6	7	8	9
37	나는 ○○를 위해서 강한 책임감을 느낄 것이다.	1	2	3	4	5	6	7	8	9
38	○○에 대한 나의 사랑은 확고한 것이다.	1	2	3	4	5	6	7	8	9
39	나는 ○○와의 관계가 끝나는 것을 상상할 수 없다.	1	2	3	4	5	6	7	8	9
40	나는 ○○에 대한 나의 사랑을 확신한다.	1	2	3	4	5	6	7	8	9
41	나는 ○○와의 관계가 영원히 지속될 것이라고 생각한다.	1	2	3	4	5	6	7	8	9
42	나는 ○○와 사귀는 것을 잘한 결정이라고 생각한다.	1	2	3	4	5	6	7	8	9

번호	문항	전혀 아니다				그렇다				매우 그렇다
43	나는 ○○에 대한 책임의식을 느낀다.	1	2	3	4	5	6	7	8	9
44	나는 ○○와의 관계를 계속 유지할 작정이다.	1	2	3	4	5	6	7	8	9
45	설혹 ○○와 갈등이 생긴다 해도 나는 여전히 우리 관계를 유지할 것이다.	1	2	3	4	5	6	7	8	9

〈결과 해석〉

※ 채점 : 1번에서 15번까지의 점수를 합산하시오. 이 점수가 당신의 친밀감 점수입니다. 16에서 30번까지의 점수를 합산한 것이 당신의 열정 점수입니다. 31번에서 45번까지의 점수를 합산한 것은 당신의 결심/헌신의 점수입니다.

※ 세 구성요소의 점수를 각각 세 변으로 하여 삼각형을 그려 보세요. 당신의 사랑의 삼각형은 어떠한 모양을 하고 있습니까? 어떤 구성요소가 가장 크고 어떤 구성요소가 가장 작은가요? 이것은 당신의 사랑에 대해 무엇을 의미하고 있나요? 당신의 파트너는 어떠한 삼각형 모양을 하고 있나요? 서로의 삼각형의 모양의 일치 정도는 어떠한가요? 두 삼각형 모양은 커플관계에서 어떻게 나타나나요?

출처: 권석만(2001).

(2) 리의 분류

사회학자 리(Lee)는 광범위한 면접과 자료 감소기법, 여러 문학적 자료에 근거하여 여섯 가지 사랑에 대한 개념을 구분하였다. 이는 에로스(eros), 스트로게(storge), 루두스(ludus), 마니아(mania), 프래그마(pragma), 아가페(agape)이다. 첫째, 에로스는 열정적인 사랑으로 불리며, 시각적인 신체적 매력과 육체적인 자극을 필요로 하는 관계를 원하는 것이 특징이다. 둘째, 스트로게는 친구 같은 사랑으로, 함께 많은 시간과 활동을 공유하는 우정과 같은 사랑을 느끼는 사람들의 사랑 방식이다. 셋째, 루두스는 유희적 사랑을 의미하며, 사랑을 일종의 게임이라고 생각하여 사랑에 빠지거나 헌신할 의사가 없는 정서가 자제된 사랑을 보여 준다. 넷째, 마니아는 소유적인 사랑의 특성을 지니고 파트너에 대한 의존성과 질투심이 두드러지는 것이 특징이다. 사랑할 필요를 강하게 느끼면서도 사랑은 힘겹고 고통스럽다는 생각에 사랑하기를 두려워한다. 다섯째, 프래그마는 실용적 · 논리적 사랑이라고 불린다.

과도한 감정의 표출이나 질투심 등 사랑에서 나타나는 소비된 감정을 배제하고 현실적인 사랑을 추구하는 유형이다. 여섯째, 아가페는 열정적인 사랑과 친구 같은 사랑이 결합한 유형으로, 헌신적 · 타인 중심적 · 자기 상실적 사랑 유형으로 사랑을 선물 혹은 책임이라고 여기는 사람들의 사랑 방식이다. 이는 신(god)의 인간에 대한 사랑이라고 할 수 있고, 자신의 가장 소중한 부분까지도 사랑의 대상을 향해 기꺼이 내어줄 수 있는 유형이라고 볼 수 있다.

2) 사랑을 방해하는 요소

(1) 완벽한 사랑의 추구

건강한 커플관계는 완벽한 상대를 발견하는 데 있는 것이 아니라 함께 성장하고 건강한 관계를 형성하고자 하는 의지와 태도에 달려 있다. 완벽한 사랑을 추구하는 사람은 사랑을 오래 지속시키거나 건강한 관계를 형성하기 어렵다. 타인이 평가할 때 그가 모든 것을 다 갖춘 사람일지라도 자기 자신을 긍정적으로 바라보지 못한다면 만족감보다는 부족감을 느끼게 되기 쉬운 것처럼, 완벽한 사랑을 추구하는 사람은 커플관계에서 만족감이나 행복감을 느끼기 힘들다. 또한 완벽한 사람만이 사랑할 수 있고 사랑받을 자격이 있는 것이라는 생각은 파트너에게 자신을 있는 그대로 개방하기보다는 만들어진 자신으로 보여 주고자 하며, 파트너의 모습 그대로 이해하고 수용하기보다는 자신이 원하는 모습에 맞추어 주기를 기대하기 때문에, 커플관계로 인해 생기는 불안이 높아지고 이로 인해 커플관계가 힘들고 외롭고 고독해질 수밖에 없다. 이에 건강한 커플관계는 인간이 완전한 존재가 아님을 인정하고, 서로의 부족한 부분을 보완하며 이해하고 성장하는 것이 중요하다고 볼 수 있다.

(2) 거부에 대한 두려움

거부에 대한 두려움이 있는 사람은 상대방으로부터의 거절에 대한 불안으로 사랑 자체를 시도하는 것을 힘들어한다. 자신은 사랑받을 수 없는 사람이라거나 자신을 사랑하는 사람은 불행해질 것이라는 잘못된 귀인으로 스스로를 학대하기도 한다. 거부에 대한 두려움은 있는 그대로의 자신을 볼 수 없게 만들고, 다른 사람의 사랑도 받아들일 수 없도록 만든다. 이러한 과정에서 사랑받지 못하는 이유가 자신에게 있다고 생각하여 자신은 무가치하고 불필요한 존재라고 느끼게 되기 쉽다. 이들은 합리적인 사고의 전환을 통해 있는 그대로의 상황을 보고 조망할 수 있는 통찰을 갖는 것이 중요하고, 자신이 지니고 있는 장점과 긍정적인 가치를 발견하고 인정하는 경험이 요구된다.

(3) 분개하고 남을 비방하는 태도

커플관계에서 분개하고 남을 비방하는 태도는 타인의 장점이나 노력보다는 실수나 단점에 더 집중하는 경향이 있다. 상대방이 자신의 단점에 대하여 이야기하면 방어적 태도를 취하여 상대방을 공격하거나 비난하며, 자신에게는 문제가 없으며 상대방이 잘못되었다는 태도를 취함으로써 관계를 악화시킨다. 이러한 태도는 낮은 자존감이나 열등감에서 기인하는 경우가 많고, 자신의 불만족스러운 현실이 타인에 의해 만들어진 것이라는 생각하는 태도를 지니는 경우가 많다. 일반적으로 건강한 사람들은 현재 처해진 상황이 힘들고 고통스러울지라도 자신이 선택한 부분을 인정하고 책임질 줄 안다. 또한 타인의 피드백을 겸허히 받아들이고 존중할 수도 있다. 이에 분개하고 남을 비방하는 태도를 지닌 사람들은 자신의 삶의 주인공이 자신임을 인정하고 스스로 건강한 방법을 선택하여 책임질 수 있는 자세를 갖는 것이 요구된다. 또한 피해자로서의 역할에 빠져 있지 말고 자신이 분개하고 비방하는 태도가 또 다른 누군가에게는 가해자임을 알아차리는 것도 필요하다.

3) 생산적 사랑

사랑에 대한 정의는 사랑은 섬광과 같은 순간적인 것이나 어느 한순간에 생기는 것이 아니라 수많은 경험을 통하여 이루어지는 감정적 느낌의 표현이라 할 수 있다. 즉, 사랑은 상대방을 성장 · 발전시키는 동시에 자신의 욕구를 충족시켜 주는 동일시가 내포된 영속적인 감정적 애착이라고 표현할 수 있다. 사랑을 받고자 한다면 사랑받고 싶은 그 마음을 상대방에게 표현해야 한다. 그러면 상대방은 사랑을 주고자 하는 마음이 생겨나고 두 사람의 관계는 더욱 친밀해진다. 사랑을 획득하기 위해서는 때로 치열한 노력이 필요하다.

프롬(Fromm, 1956)은 사랑의 대상이 다르고, 사랑의 깊이와 질이 다를지라도 생산적 사랑의 기본적 요소는 동일하다고 주장하였고, 그 생산적 사랑의 기본적인 요소로 관심, 책임감, 존경, 지식을 제시하고 있다. 첫째, 사랑에서의 관심은 아기에 대한 어머니의 사랑에서 명료하게 나타난다. 생산적 사랑에서의 상대방에 대한 관심은 삶에 대한 적극적인 관여를 통해 생명과 성장을 돕는 역할을 한다. 둘째, 사랑에서의 책임감은 외부로부터 개인에게 부과된 의무가 아니라 자신의 일이라고 느끼는 스스로의 요구에 대한 반응이다. 이러한 책임감은 인간 능력의 성장과 발달에 관심을 갖고 사랑하는 것을 의미한다. 셋째, 사랑에서의 존경은 상대방이 자신 그대로 성장하며 발전하여야 한다는 것을 인식하는 것을 의미한다. 착취가 없으며, 자신에게 봉사해 줄 것을 바라지 않고, 온전히 상대방을 위하여 성장하고 발전하기를 원한다는 것을 의미한다. 넷째, 사랑에서의 지식은 인간에 대한 이해와 관계에서의 역동, 사랑하는 방법 등에 관한 지식 등 사랑에도 기술이 필요하며 지식이 요구된다. 이에 프롬(Fromm, 1956)은 사랑에는 관심, 책임, 존경, 지식의 요소들 간의 상호 관련을 통해 사랑이 표출된다고 주장하였고, 이 중 하나라도 없다면 그것은 생산적 사랑이 아니라고 하였다.

5. 이별의 감정 극복하기

1) 이별의 극복 단계

이별의 감정이 극복되기 위해서는 여러 단계가 있다. 이별의 감정은 다양한 감정들이 더해져서 커플 간에 불만족스러웠던 사건이나 파트너와의 대립 혹은 의사소통의 단절 등 해결할 수 없었던 실망과 환멸감 등이 내면에서 받아들여지면서 서서히 이루어진다. 이렇게 커플관계를 마친다는 것은 치유되어야 할 상처를 만드는 것이다. 개인에 따라 이별의 감정을 치유하는 시간과 단계가 다를 수 있지만, 일반적으로 다음의 3단계로 나누어 설명할 수 있다.

- 제1단계: 상실의 단계
- 제2단계: 수용과 치유의 단계
- 제3단계: 성장의 단계

특히 파트너에게 일방적으로 이별을 통보받는다면 상실의 단계는 더 오래 지속될 수 있다. 상실 초기에는 일반적으로 현재 일어나고 있는 일들을 부정하게 되고, 점차 커플관계가 끝나가고 있다는 생각을 하게 된다. 영원할 것이라고 믿었던 커플관계가 이별로 넘어간다는 것을 느끼면서 엄청난 공황을 느끼게 된다. 하지만 이러한 감정은 개인에 따라 다르게 나타나며, 이별을 통보받은 사람에게만 있는 것이 아니라 이별을 통보한 사람에게도 마찬가지로 나타난다.

먼저, 상실의 단계에서는 깊은 슬픔과 애도, 두려움에 빠져 있기 때문에 이별을 딛고 새로운 가능성을 탐색하기 힘들다. 대부분 많은 사람들은 우울감과 슬픔, 배신감, 무기력 등으로 인해 오랜 기간에 걸친 애도의 시간을 보낸다.

많은 사람들은 이러한 감정이 올라오면 계속 이 상태에 머무를 것같은 두려움을 경험하지만, 상실의 단계에서 상실의 감정을 깊게 느끼고 슬픔에 빠져 있는 것은 정상적인 현상이며, 때로는 깊은 슬픔으로 인해 상처가 더 빨리 회복되는 것을 관찰할 수 있다. 이는 깊은 슬픔을 통해 진정한 자신과 접촉하는 시간을 갖게 될 수 있기 때문이다. 이후 어느 시점에서는 커플관계가 정말 끝났다는 인식이 조용히 일기 시작한다. 이는 두 번째 수용과 치유의 단계로 성장해 왔음을 의미한다. 자신이 알고 싶지 않아서 억누르려 했던 감정이나 자신의 모습, 커플관계의 모습 등이 의식의 표면에 떠오르는 미묘한 순간이다. 이 과정에서는 자신의 모습을 돌아보며 사실을 직면하고 받아들이기 시작한다. 이 과정에서는 종신형을 받을 만큼 잘못한 자신의 모습을 떠올리며 자기비난을 하기도 하고, 상대방에 대한 비난도 함께 일어난다. 이러한 과정은 자연스러운 단계이며 왜 이별할 수 밖에 없었는지에 대한 통찰을 불러일으키기 때문에 충분히 비난하고 연민에 빠지는 시간이 요구된다. 하지만 이 과정에 고착되어 상대에게 희생되었다고 느끼며 자기 연민에 빠져서 여러 해를 고통 속에서 지내기도 한다. 이러한 과정에서는 자신이 살아온 환경과 가족사 등이 연결되어 나타나기 때문에 더 고통스럽고, 자신뿐만 아니라 부모, 형제, 환경 등에 대한 원망이 나타나기도 한다. 긍정적인 성장은 자신의 삶의 전반을 뒤돌아보며 재해석하고, 역경이 있었음에도 불구하고 잘 지내 온 자신을 재평가하는 것이 필요하다. 또한 이러한 과정에서 상담 전문가의 도움이 요구되기도 한다. 한편 이별을 선언한 쪽보다 이별을 통보받은 파트너가 먼저 감정을 정리하는 경우를 자주 관찰할 수 있는데, 이들은 선택의 여지가 없고, 살아날 방법을 찾아야 하기 때문에 커플관계 과정에서의 애정과 이별을 해석할 방도를 더 빨리 찾아낸다. 정서적 해결의 지점까지 가기 위하여 극복해야 할 감정들을 빨리 헤쳐 나간다. 마지막으로, 성장의 단계에서는 이별을 통해 무엇을 배웠는지 생각하고, 자기 성찰의 시간을 갖으며 자기 계발에 힘쓴다.

우리는 살아가면서 누구나 이별을 경험한다. 이별의 경험은 아프고 슬프고 고통스럽지만 그러한 과정을 잘 극복함으로써 성숙된 새로운 인간관계로의 성장이 이루어진다. 자신에게 이별의 고통을 안겨 준 파트너가 때로는 기억하기조차 싫은 존재로 평가되기도 하지만, 다시 생각해 보면 그들은 우리가 결코 쉽게 경험할 수 없는 삶의 가치를 알려 준 스승이었고, 우리를 그 전보다 더 성숙하고 성장하게 만들어 준 훌륭한 파트너였음은 분명하다.

2) 이별을 극복하기 위한 태도

일반적으로 이별은 고통스러운 과정이다. 이에 현재 느끼는 고통을 최소화하기 위하여 파트너와 사랑했던 순간을 부인하거나 인정하지 않거나 잊어버리고 싶어 하기도 한다. 킹마(Kingma, 2000)는 이별의 과정에도 의식이 필요하다고 주장하면서 이별을 위한 의례를 다섯 단계로 설명하였다. 또한 건강한 이별의 과정에서는 사랑에 빠지던 처음부터 커플관계의 과정을 전부 다시 느껴 보는 것이 중요하며, 연습의 각 단계를 통하여 이별의 감정에서 자유로워지기를 권고하였다. 킹마가 제시한 이별을 위한 연습의 5단계는 다음과 같다(Kingma, 2000).

(1) 연습 1: 사랑 이야기를 말하기

- 어떻게 사랑에 빠졌는지 말해 보라. 파트너와 어디서 만났고, 무엇에 끌렸으며, 마음속 깊이 있는 소망이나 욕구와 공명을 일으킨 것이 무엇이었는가?
- 사랑의 초기에 대해 말해 보라. 첫 만남, 처음으로 둘만 있게 되었을 때의 기대를 포함해서 당시에 가졌던 느낌을 기억해 내고 적어 보라. 당신은 좋은 느낌 때문에 이 애정에 대한 많은 기대가 생겼을 것이다. 그 기대는 의식적인 것일 수도 있고 무의식적인 것일 수도 있다. 그중 일부는 합당하고 훗날 이루어졌을 것이며, 일부는 빗나갔을 것이다. 마지막에

일어난 일은 잊어버리고 처음으로 돌아가서 느낌과 기대를 적도록 하라. 애정 속에서 무엇이 일어나리라고 기대했는가?

- 내가 '실패의 단서'라고 부르는 것에 대해 적어 보라. 어느 사랑이나 처음에는 결국은 뭔가 잘못될 거라는, 즉 애정이 영구히 지속되지 않으리라는 작은 단서가 느껴지다가 나중에는 잊혀지게 된다. 이것은 아주 기묘한 것일 수도 있다.

(2) 연습 2: 진실한 이야기를 말하기

- 사랑이 시작되었을 때 삶이 어땠는지 적어 보라. 둘이 만났을 때 당신은 무엇을 이루고자 하였고, 상대는 무엇을 이루고자 하였는가? 사업을 시작하려고 했는가? 아이를 갖고 싶어 했는가?
- 애정이라는 견지에서 어떤 위치에 있었는지 말해 보라. 새로운 사랑을 기다리고 있었는가? 이별한 지 얼마 안 되었는가? 다른 사람과 사랑하고 있었는가?
- 자신의 발달과업은 무엇이었는가? 상대의 발달과업은 무엇인가? 받지 못했던 어머니(아버지)의 사랑을 바랐던가?
- 상대에게 어떤 도움이 되었는가? 상대가 당신에게 준 도움은 무엇인가?
- 실패의 단서는 궁극적으로 어떻게 밝혀졌는가?
- 당신의 사랑을 소설이나 영화로 만든다면 제목은 무엇이 좋은가? (예, 과유불급, 밤에 지나쳐 간 두 척의 배, 과도한 소주, 큰 기대)
- 애정이 없어진 진정한 이유는 무엇인가? 이 이유는 발달과업의 완수와 관계가 있을 것이다. 무엇을 끝마쳤는가? 상대는 무엇을 끝마쳤는가?

(3) 연습 3: 종말을 직면하기

- 뭔가 툭 끊어졌다. 뭔가 툭 끊어진 시점으로 돌아가라. 전환점이 된 것은 무엇이었는가? 당신에게 이별의 시발점이 되었던 말, 사건, 만남 또

는 배신은 어떤 것이었는가?

- 신포도 목록을 만들어 보자. 상대방과 잘 되지 않은 이유들의 목록을 작성해 보자.
- 독설 편지를 작성해 보라. 상대에 대한 자기의 분노를 최고 강도로 하고, 상대에 대한 자기의 가장 악랄한 의향과 상대에게 재앙이 일어나라는 자기밖에 모르는 소망을 표현하는 편지를 쓰는 것이다. 독설 편지의 목적은 이런 강렬한 느낌들을 자기 자신이나 남을 아무도 해치지 않고 환상 속에서 표현하게 하는 것이다.
- 낭패감을 떠올려 보라.
- 고백 편지를 작성하라. 자기의 진정한 과오를 스스로 인정할 뿐만 아니라 상처를 받은 사람에게 고백하는 것도 중요하다. 파트너에게 범한 모든 과오를 사과하는 편지를 작성하라. 정직하게 쓰고 아주 명백하게 사과하라. 이 편지의 목적은 자기 양심을 깨끗하게 하는 것이지 상대에게 보여 주려는 것이 아니다.
- 용서 편지를 작성하라.

(4) 연습 4: 선물받기

파트너에게 다 주고 아무것도 못 받았다고 느낄지도 모르겠지만, 진정으로 생각해 보면 최소한 그동안 친구가 되었던 것이 얻은 것임을 알게 될 것이다. 헤어진 파트너에게 감사편지를 써 보라. 이 편지는 상대에게 보여 주는 것이 목적이 아니다. 이 애정을 통해서 얻은 선물이 무엇인지 확인해 보는 것이다. 구체적으로 어떤 선물을 받았는가?

(5) 연습 5: 현실을 재정의하기

앞으로는 감정을 어떻게 처리할 것인가? 구체적으로 어떻게 행동하고 지낼 것인가?

- 재정의 의례: 상대에게 새 정체성을 만들어 주어라. 당신과 친근하게 애정을 나누는 관계가 아니더라도 없어지지 않고 남아 있을 본질적인 면은 무엇이었고, 지금은 어떤가?
- 전선 새로 그리기: 지금 이 순간 당신의 발달과업이 무엇인가? 심리적으로 자라나고 있는 곳은 어디인가? 다음에 만나게 될 상대에게서 얻어야 할 중요한 것들은 무엇인가?

3) 이별식

우리는 중요한 일이 있을 때마다 의식을 한다. 가벼운 의식에는 생일파티, 파트너와의 100일 기념, 1주년 기념행사 등에서 결혼식, 장례식 등 인간의 발달과정에서의 중요한 의식에 이르기까지 끊임없이 의식이 행해지고 있다. 이러한 의식의 기능은 세대 간 문화를 전수하고 당사자 간의 관계형성에 도움을 주기도 하며, 감정을 해소하는 기능을 지니기도 한다. 이별식은 이별의 과정 중 이별을 정리하는 의식이다. 이 의식은 이별의 과정에서 경험하는 감정의 치유와 관계의 마무리를 할 수 있도록 도와준다. 이별식은 파트너와 함께 이별의 과정에서 할 수도 있고, 각자 따로 개인이 할 수 있으며, 오래 전에 관계를 끝낸 사람들이 스스로 치유의 마지막 단계에서 사용할 수도 있다.

킹마(Kingma, 2000)는 파트너와 함께 이별식을 할 수 있다면 다음과 같은 방법을 사용해 볼 것을 추천하였다. 상대와 함께 시간과 장소를 결정하여라. 시간은 맑은 날을 선택하며, 서로의 추억이 있는 곳이어도 좋고, 공원이나 레스토랑의 조용한 방이나 교회처럼 모두에게 낯선 곳도 좋다. 다만 불필요하게 부정적인 감정을 일으키지 않는 곳이어야 한다. 사랑의 처음에서 마지막까지의 과정을 되돌아보며 서로에게 질문을 나누고 누구든 충분히 이야기할 수 있는 시간을 허용하라. 서로에 대한 질문은 서두르지 말고 천천히 여유를 가지고 대답을 기다려주는 것이 필요하다.

이별식에서 다루면 좋은 질문들

- 나와의 관계에서 사랑에 빠지게 된 순간은 언제였나요?
- 우리 사이에서 당신이 느끼는 제일 좋았던 때가 언제였나요?
- 어떤 사건이나 경험이 신뢰를 무너뜨리고 내게서 멀어지게 되었나요? 우린 그 문제를 해결한 건가요? 아니면 당신은 그 일로 아직도 괴로워하고 있나요?
- 같이 지내면서 가장 좋았던 것은 무엇이었나요?
- 우리의 애정이 당신에게는 어떤 의미였나요? 무엇을 배운 거죠? 내가 당신에게 준 것 중에 제일 중요한 것은 무엇이었나요? 우리가 사랑하고 나서 당신에게는 어떤 변화가 일어났나요?
- 나에게 도저히 말할 수 없었던 상처는 무엇인가요?
- 당신 입장에서 우리가 헤어져서 가장 좋은 게 무엇인가요?
- 다른 사람과는 다시 커플관계를 할 수 없을 것만 같은 마음이 드는 건 무엇인가요?

출처: Kingma(2000)

많은 사람들은 이별식의 과정에서 자신이 파트너에게 간과했던 정보나 감정들을 알게 된다. 또한 많은 감정들이 일어나지만 이러한 감정들에서 명료한 감정들을 알아차리게 되고, 파트너가 자신에게 준 애정과 상처를 받는 것이 무엇인지 명료해지게 되면서 더 쉽게 이별을 할 수 있게 된다. 모든 의식이 끝나면 인사하고 각기 다른 방향으로 가거나, 각자의 길을 떠나는 것이 필요하다. 이러한 혼자만의 시간을 가짐으로써 이별식에서 불러일으킨 감정들을 느끼며 감정이 주는 의미를 알아차리는 것이 필요하다. 이러한 과정에서 개인에 따라서는 조용한 곳에 가서 노트나 일기장에 이 감정들을 적어 보고 미래에 대한 희망을 적어 보고 싶어질 수 있다. 이별은 헤어짐을 전제로 하지만 새로운 관계를 시작하는 것일 수도 있기 때문에 불행할 필요는 없다. 건강한 이별식은 새로운 커플관계로의 초석이라고 할 수 있다.

6. 새로운 커플관계로의 전이

대부분의 사람들은 처음 맺은 커플관계에서의 파트너와 삶의 마지막까지 로맨틱한 관계가 지속하는 것은 상당히 드문 일이다. 일반적으로 우리는 살아가면서 많은 파트너를 만나고 다양한 실패의 경험과 혹독한 성장을 경험한다. 이러한 커플관계의 성장은 미혼의 삶에서 끝나는 것이 아니라 결혼 후에도 끊임없이 변화하고 성장한다.

새로운 커플관계로의 전이는 설레는 과정이면서도 고통스러운 과정이 될 수 있다. 특히 결혼 후 새로운 커플관계로의 전이과정은 자신뿐만 아니라 가족 등 다양한 사람들과의 역동 속에서 이루어지기 때문에 더 복잡하고 때로는 더 조심스럽다. 새로운 커플관계로의 전이 자체를 좋다 나쁘다고 이분법적으로 말할 수는 없지만, 과정지향 심리학 관점에서 관계치료를 설명한 민델(Mindell, 1987)은 인간은 각기 다른 파트너를 만날 때마다 새로운 역할이 형성된다고 설명하면서 기존의 파트너와 행복감을 느끼지 못했던 사람도 새로운 파트너를 만나면서 행복감을 느낄 수 있으며, 파트너와의 관계역동은 사람마다 달리 나타날 수 있다고 주장한다.

커플관계에서의 새로운 전이과정에서 스스로 다루어져야 할 질문들을 살펴보면 다음과 같다. 첫째, 자신의 커플관계에 대한 이해가 잘 이루어져 있는가? 자신에 대한 이해는 건강한 커플관계에서 매우 중요하다. 새로운 전이과정에서 자신의 커플관계의 형태가 어떠한 모습이었는지 점검하고 실패한 요인들을 분석하면서 건강한 커플관계 형성에 집중하는 것이 필요하다. 파트너 선택에서의 중요하게 여기는 것이 어떠한 것이 있었는지, 관계가 지속되면서 자신의 모습에서 역기능적인 것은 어떠한 것이 있었는지, 의사소통 패턴은 어떠하였는지 등을 살펴본다면 성장하는 커플관계를 형성할 수 있을 것이다. 둘째, 이전 파트너들과 건강한 이별이 이루어졌는가? 앞서 설명하였듯이, 커플관계에서 이별은 매우 중요한 과정이다. 건강한 이별이 이루어지지 않았다면, 이전 파트너와의 관계가 현재의 커플관계에 중요한 역할로 남아 지속적으로 역기능적인 영향을 미치게 되기 때문이다. 이에 이별을 통한 성장은 새로운 커플관계로의 전이에 훌륭한 밑거름이 될 수 있다. 셋째, 자신의 새로운 커플관계로 인하여 파생되는 의미 있는 사람들과의 관계는 어떻게 변화되는가? 특히 결혼 후 새로운 커플관계로의 전이는 이전 파트너와 자녀에까지 영향을 미치는 과정이 될 수 있다. 이에 건강한 전이가 될 수 있도록 조심스럽게 다루어져야 한다. 자녀의 발달단계에 맞추어 자녀에게 자신의 커플관계 전이를 설명해 줄 필요가 있으며, 일방적으로 자녀에게 이해를 바라기보다는 상호작용의 과정으로 설명하고 대화하는 것이 필요하다. 일반적으로 자녀는 부모가 새로운 파트너를 맞이하는 것에 거부 반응을 가질 수 있다. 자녀로서도 부모가 한 인격체로서 갖는 커플관계를 존중해 줄 필요가 있으며, 부모로서 자신의 욕구를 버리고 일방적으로만 희생하도록 요구하는 것도 바람직하지 않다. 의미 있는 사람들과 깊은 대화를 통해 커플관계를 이해시키고 발전해 나가는 것이 더욱 요구된다고 볼 수 있다.

우리 인간은 중요한 타인들과의 관계 속에서 성장하고 발전한다. 특히 커플관계는 삶의 과정에서 매우 중요한 의미를 지니고 있으며, 삶에 깊은 영향을 준다. 삶의 긴 여정에서 건강한 커플관계를 형성하고 유지하기 위해서는 의미 있는 노력과 끊임없는 알아차림이 요구되며, 이러한 과정에서 삶은 더욱 풍성해지고 행복해질 수 있을 것이다.

이 장에서는 건강한 커플관계 형성하고 유지하기 위한 대인관계 이해와 지각, 그리고 커플관계 이해를 위한 다양한 내용들을 살펴보았다. 또한 전인적인 측면에서의 커플관계는 사랑과 이별을 포함하고 있어서 건강한 헤어짐의 과정도 살펴보았다.

제5장

성(性)과 정신건강

이 장에서는 현대사회와 성과 관련된 정신건강에 대하여 알아보고자 한다. 과거에는 동서양을 막론하고 성(性)은 기피하는 주제였다. 성에 관하여 언급할 수 있는 주제는 성윤리와 도덕관이었다. 성윤리나 도덕관은 교육, 결혼, 가정 등의 사회문제와 연결되어 있으며, 인간의 성행위란 단지 종족 번식을 위한 수단으로서 자손을 갖기 위해서 행해져야 하고 그 외의 성행위는 죄악시되는 분위기가 지배적이었다. 하지만 오늘날은 자유로운 형태로 성을 논의할 수 있으며, 자유로이 성을 표현할 수도 있다. 또한 서로 동의만 하면 자유로운 형태의 성행위를 할 수 있으며, 이를 매우 개인적인 문제로 간주하는 경향이 있다.

사회구조의 변화는 남녀의 성역할에 변화를 초래하였다. 여성의 사회참여 비율이 높아지고, 가부장적 가족구조가 변화함에 따라 전통적인 성에 대한 가치관도 변화되었다. 성에 있어서 남녀의 공동 책임과 상호주의라는 개념이 부각되면서, 성행위의 결과에 대해 남녀가 공동으로 책임을 져야 하고, 성역할에 대한 인식도 점점 변화되어 가고 있다. 이에 남녀 모두 건강한 성의식을 갖추고 건전한 성행동을 위해서는 성에 대한 올바른 이해가 선행되어야 한다.

이 장에서는 발달학적인 관점에서 성의 개념과 의미를 이해한 다음, 성 관련 장애에 대해 논의하고, 건강한 성문화를 형성하기 위한 방안과 더불어 성폭력에 대한 예방과 대책 등에 대하여 살펴보고자 한다.

생각해 볼 문제

첫째, 건전한 성문화를 형성하기 위하여 어떠한 노력이 필요하다고 생각하는가?
둘째, 성과 사랑에 대한 남녀의 차이로 인해 나타날 수 있는 이성교제 시 문제들은 무엇이 있는가?

1. 발달학적인 성

1) 성의 개념과 의미

우리말의 '성(性)'이라는 용어는 섹스(sex)와 젠더(gender), 섹슈얼리티(sexuality)로 나타낼 수 있다. 섹스(sex)는 개인이 태어나면서부터 구분된 생물학적인 성을 뜻한다. 어원상 라틴어 동사 'secare'에서 유래되었는데, '자른다(to cut or divide)'는 뜻을 지니고 있다. 즉, 남녀로 구분 짓는다는 뜻의 의미로 사용된다.

생물학적 차원의 섹스와는 달리 심리적 · 사회적 측면에서 남녀를 구분하는 경우 젠더라는 용어를 사용한다. 젠더(gender)는 사회문화적 · 심리적으로 남성성(masculinity) 혹은 여성성(femininity)의 상태를 의미하는 것으로 개인이 출생한 이후에 사회문화적 · 심리적인 환경에 의해 학습된 후천적으로 주어진 남녀의 특성을 의미한다. 전통적으로 생물학적인 성과 사회적 성이 일치하는 경우를 정상적으로 여겼으나, 시대가 변화함에 따라서 생물학적인 성과 사회적 성이 일치하지 않는다고 하여 건강하지 못하다거나 비정상적이라고 보지는 않는다. 예를 들어, '남성적인 여성' 혹은 '여성적인 남성'이라고 말할 때 생물학적인 성과 사회적인 성이 일치하지 않지만, 그러한 사람이 비정상이라거나 건강하지 않다고 말하지는 않는다. 사회적 성과 관련된 개념인 성역할(gender role)은 특정 문화에서 여성이나 남성이 수행하도록 기대하는 역할이며, 성역할 고정관념은 모든 남성과 모든 여성은 분명한 심리적 · 행동적 특성을 가지고 있다고 지나치게 일반화하거나, 지나치게 단순화한 믿음이다. 사회적 성인 젠더는 사회가 변화되어 감에 따라서 그 시대에 적합한 여성, 남성으로 구분되는 젠더의 실체가 재정의 되어야 할 필요가 있다.

앞에서 언급했던 섹스라는 용어가 원래 생물학적으로 남녀를 칭하는 단어에 불과했으나 18세기부터 그 의미가 다소 확장되어 종족 보존의 과정까지도 의미하게 되었다. 그러나 시대가 바뀌면서 대부분의 근대인들은 섹스를 단순히 성기 또는 성기의 접촉에 의한 행위로 국한시켜 이해하는 경향이 있다. 그래서 이러한 섹스의 의미가 원래의 의미에서 변질된 것과 구분하기 위해 19세기에는 섹슈얼리티라는 용어가 등장하였다. 섹슈얼리티(sexuality)는 우리나라에서 '성(性)'으로 표현되기도 하고 '성성' 또는 '전성(全性)'으로 표현되기도 하는데, '性'이라는 글자가 지니는 원래 의미는 마음(心)과 몸(生)을 동시에 표현하고 있다(김용미 외, 2006). 다시 말해, 성은 성적인 쾌락이나 성행동 등의 생물학적 측면을 가지고 있을 뿐 아니라 성에 대한 가치관, 태도 등 정신적인 측면도 포함하는 전체적인 인간 그 자체를 뜻하는 것이다(윤가현, 1999). 이 용어는 종족 보존은 물론 성교나 성기, 남녀의 성행동뿐만 아니라 그와 관련된 심리적 · 사회적 · 문화적 요소인 성(性)에 대한 감정, 태도, 규범, 이해, 가치관, 행동방식 등을 모두 포함하는 포괄적 의미로 사용되고 있다.

이렇듯 성은 생식과 본능의 생물학적 차원을 넘어 사회문화적 결산물이라 할 수 있다. 인간의 성은 신체적 · 사회적 · 심리적인 여러 가지 차원으로 구성되어 있으며, 개인의 성 특성은 개인이 속한 사회의 제도, 관습 및 문화의 영향을 받아 형성된다. 또한 개인에게 내재된 성에 대한 이해와 태도는 사회의 성의식에 영향을 미쳐 성에 대한 사회적 태도나 규범을 형성하게 된다. 이러한 순환적인 과정을 통해 개인의 성과 사회의 성은 상호작용하면서 변천하게 된다(이정우, 김명자, 계선자, 2001).

2) 성의 사회적 구성: 성각본

성각본(sexual script) 이론은 인간의 성행동이 생물학적 본능보다는 사회화에 의하여 학습된다는 전제와 성(性)에 대한 우리의 자아개념, 지식, 가치관, 태도가 형성되는 과정과 그것들이 성행동에 미치는 영향에 초점을 둔다.

성각본이라는 용어를 처음 정의한 가그논과 사이먼(Gagnon & Simon, 1973)은 TV 드라마에 등장하는 사람들이 각본대로 행동하는 것에서 힌트를 얻어 사람들이 성적인 행동을 하는 경우에도 각본대로 표현하다고 보았다. 상징적 상호작용론의 주요 개념인 '내면화된 상징적 의미(internalized symbolic meanings)'에 근거한 이 이론은, 우리가 사회적 상호작용을 통하여 언제, 어디서, 누구와, 어떠한 성행동을, 왜 하는지를 규정하는 성각본을 형성하고 그에 따라 행동한다고 설명한다. 성각본이라는 개념은 성이 무엇인지를 정의하고, 성과 관련된 상황을 어떻게 인식하며 그러한 상황에서 어떻게 행동해야 하는지를 설명하는 문화적으로 생성된 메시지에 의해 성이 학습된다는 것을 의미한다. 한 개인의 성각본은 출생 후부터 시작되는 사회화 과정, 공식적 교육 그리고 개인적인 경험을 통하여 구성되며, 따라서 부모, 친구, 파트너, 대중매체, 종교, 문화에 의해 영향을 받는다(임정빈, 정혜정, 1997). 개인의 성각본은 성과 관련된 다음의 몇 가지 질문을 통해 파악할 수 있다(김용미 외, 2006 재인용).

- 누구와 성행위를 할 것인가?(파트너의 연령, 성별, 자기/타인 등)
- 어떠한 성행위를 받아들일 수 있는가?(혼자, 반드시 파트너와 함께)
- 파트너와 어느 정도 헌신하는 관계에서 성행위를 할 것인가?
- 언제 성행위를 할 것인가?(성행위의 적절한 연령, 타이밍 등)
- 어디에서 성행위를 하는 것이 적절할 것인가?
- 왜 성행위를 한다고 설명할 것인가?(쾌락/자녀 출산)

성각본은 시대에 따라 다르고 또 남녀에 따라 다르게 나타나는 경향이 있다. 개인마다 독특한 성각본을 발전시키기도 하지만, 아동기의 공통적인 경험과 사회적인 메시지로부터 공동의 문화적 성각본이 만들어지기도 한다. 여성과 남성은 서로 다르게 사회화되고 양육되기 때문에, 여성과 남성이 상이한 규범을 나타낸다. 여성은 사랑과 성을 연결시키도록 학습되므로, 이성과의 관계에서 성애를 발전시키는 경향이 있다. 남성은 성과 친밀한 관계를 반드시 연결시키지 않는다. 파트너를 많이 가진 여성 그리고 성적 활동을 많이 하는 여성은 타락한 여성으로 여기는 반면, 이러한 남성은 오히려 능력이 있는 것으로 여겨진다. 시대에 따라 다르게 나타나는 성각본의 주도적인 두 가지의 지류는 전통적인 가부장적 성각본(traditional patriarchal sexual script)과 표현적 성각본(expressive sexual script)이다(임정빈, 정혜정, 1997). 전통적인 가부장적 성각본은 자위행위나 동성애를 인정하지 않고, 나이든 부부의 성관계를 꺼려 하거나, 여성의 성은 남성에 비해 보수적이어야 한다거나, 성은 남성이 주도해야 한다거나, 혼전 순결의 이중적 기준이 가능하다는 등의 태도를 고수한다.

가부장적 성각본

가부장적 성각본은 가부장제 사회체계로부터 비롯되었다. 가부장제 사회에서는 자손과 유산 등이 남성 혈통을 통해 유지되고, 사회 · 경제 체계는 남성에 의해 지배된다. 가부장제 사회의 특징은 남성 혈통을 보존하기 위하여 수많은 신념, 가치, 태도, 행동을 발전시킨다는 것이다. 전통적인 가부장적 신념이나 가치, 태도 등은 매우 보수적으로 보이나, 현대인의 성에 대한 태도는 여전히 이 각본의 영향을 받고 있다. 가부장적 성각본의 몇 가지 기본 가정을 소개하면 다음과 같다.

① 남성은 여성과 여성의 성을 포함하여 사회의 모든 것을 소유한다. 또한 일부일처제 결혼으로 여성을 성적으로 소유함으로써 그 자녀들도 합법적으로 남성의 소유물이 된다.
② 성은 순전히 생물학적 기능만 가지며, 성의 유일한 가치는 자녀 출산 기능이다. 그러므로 성교만이 적합한 성행위이다. 다른 형태의 성행위(예, 키스, 애무, 자위)와 나이 든 배우자 간의 성관계는 자녀 출산과 관계가 없으므로 적절하지 않다.
③ 남성은 선천적으로 '성적 충동'을 가지고 태어나고, 여성은 본질적으로 성적으로 수동적이다.
④ 오르가슴을 통한 성적 긴장의 방출이 남성에게는 필요하지만 여성에게는 필요하지 않다.
⑤ 아내와의 성관계에서 성적 욕구가 충족되지 않은 남성은 혼외관계에서 성적 욕구를 충족할 수 있다. 그러나 여성이 혼외관계에서 성행위를 하는 것은 용납될 수 없다. '나쁜' 여성만이 외도를 통해 성적 욕구를 만족시키며, 또는 성행위를 주도하는 역할을 한다.
⑥ 여성은 남성에게 경제적으로 의존하기 때문에, 자기 남편이 늘 행복하도록 해야 한다. 성행위를 원하지 않을 때도 남편이 원하면 성관계를 참아 주어야 한다.

출처: Lamanna & Riedmann(1988).

반면, 표현적 성각본은 성을 단지 생물학적인 만족으로 보기보다는 성행위를 통하여 친밀하게 서로를 의사소통하는 데에 더 많은 관심을 가진다(Pietropinto & Simenauer, 1977). 점차 많은 여성들이 육체적인 성적 즐거움을 가치 있게 여기며, 남녀 모두의 성행동은 정서적 유대와 신체적 만족 양쪽에 역점을 두는 추세로 바뀌고 있다(Hunt, 1974).

표현적 성각본

여성의 경제적 독립이 증가하고, 인구 억제에 대한 관심이 증가하였을 뿐 아니라 새로운 피임법이 개발되는 등 여러 가지 사회적 변화의 결과에 따라 가부장적 성각본과는 다른 새로운 성각본이 출현하고 있다. 이것을 표현적 성각본이라고 하는데, 그 기본 가정은 다음과 같다.

① 성은 남성과 여성 모두가 인간적임을 표현하는 기초이다. 모든 사람은 자신의 성적 자아(sexual self)를 표현할 자유가 있다. 일방적인 성의 소유는 인정되지 않는다.
② 인간의 성적 활동은 순전히 생식을 위한 생물학적 '충동'만이 아니다. 그것은 인간 간의 의사소통과 친밀감을 향상시키는 주요 수단이며, 성인들 간에 이루어지는 모든 형태의 성적 활동은 인정될 수 있다.
③ 여성과 남성의 성적 욕구와 능력은 근본적으로 똑같다. 여성도 남성과 마찬가지로 성적 흥분과 오르가슴을 느낄 수 있다.
④ 오르가슴을 통한 성적 긴장의 방출은 남성뿐 아니라 여성에게도 중요하다.
⑤ 모든 사람은 성적 쾌락을 추구할 정당한 권리가 있다. 여성과 남성 모두에게 성은 육체적인 즐거움을 제공할 뿐 아니라 두 사람 간의 정서적 유대를 강하게 할 수 있다.
⑥ 부부 간의 성은 부부 모두에게 의미 있는 것이어야 한다.

출처: Lamanna & Riedmann(1988).

이처럼 성관계를 누가 먼저 시작하고, 어디서, 언제, 어떤 순으로 할 것인가의 문제들도 모두 성각본에 따라 상이하다. 따라서 상대방의 성각본이 서로 일치하지 않는 경우 관계 내에 상당한 갈등이 존재하게 된다.

3) 성적 건강의 기준

성은 인간에게 있어 가장 기본적인 동기이며 본능이고, 적절하고 바람직한 성생활은 우리에게 활력과 생동감을 주는 매우 중요한 삶의 한 영역이다. 성은 종족 보존을 위한 생식 기능의 역할은 물론 상대방과의 성행위를 통해서 서로 사랑의 감정을 교환하고 확인하게 된다. 세계보건기구(WHO)는 개인이 성적인 건강(sexual health)을 유지하는 데 관심을 두고 성적 건강을 개인의 인성, 의사교환 능력 및 사랑의 감정을 키워 주기 위하여 신체적 · 정서적 · 정신적 · 사회적 영역 등에서 개인의 성적인 존재로 통합되는 것이라고 정의하고 있다(Byer & Shainberg, 1994).

성적인 건강의 기준도 시대에 따라서 조금씩 달라지고 있는데, 그 기준의 내용은 세계보건기구에서는 『국제질병 및 건강문제 분류(International Classification of Disease and Related Health Problems: ICD)』 그리고 미국정신의학회(American Psychiatric Association: APA)에서는 『정신질환의 진단 및 통계편람(Diagnostic & Statistical Manual of Mental Disorders: DSM)』으로 발간하고 있다. 성적 건강에 대한 기준은 범세계적으로 모든 질병을 망라한 ICD보다도 정신질환을 전문적으로 분류한 미국정신의학회의 DSM에 의존하는 경향이 더 높다. DSM-5에서는 성적 활동에 있어서 어떤 심각한 곤란을 겪게 되거나 또는 비정상적인 성적 취향 때문에 개인적 고통은 물론 사회적 문제가 초래되는 성과 관련하여 나타나는 다양한 문제를 3가지의 독립적인 범주, 즉 성 불편증, 성기능 장애, 성도착 장애로 나누어 제시하고 있다. 〈표 5-1〉은 성 관련 장애의 범주와 주요 진단 특징을 나타낸 것이다(김청송, 2017).

표 5-1 성 관련 장애의 범주와 주요 진단 특징

성 관련 장애의 범주	주요 진단 특징
성 불편증	자신에게 주어진 생물학적 성과 자신이 경험하고 표현하는 성역할 간의 불일치가 6개월 이상 지속적으로 나타나서 심한 불편함(또는 불쾌감)이 초래되는 경우 * 참고: 현재의 증상들이 성 불편증의 진단기준에 부합되지만, 증상의 기간이 6개월 미만일 경우 미분류형 성 불편증으로 분류된다.
성기능 장애	성적 욕구의 단계, 흥분 단계, 절정 단계, 해소 단계의 4단계 성반응 주기에서 해소 단계를 제외한 나머지 단계에서 어떤 비정상적인 반응이 6개월 이상 지속적으로 나타나는 경우
성도착 장애	성행위 대상이나 성행위 방식에서 비정상성을 나타내는 장애로서, 이러한 증상(변태성욕, 이상성욕)이 6개월 이상 지속적으로 반복되는 경우

출처: 김청송(2017).

2. 성 관련 장애

1) 성 불편증

성 불편증(gender dysphoria)은 자신이 가지고 태어난 생물학적 성과 자신이 경험하고 표현하는 성역할 간의 불일치로 인해 지속적으로 불편함(또는 불쾌감)이 초래되는 경우를 말한다. 성 불편증은 아동의 경우와 청소년 및 성인의 경우 등 2가지로 구분되는데 사회, 학교 또는 다른 중요한 기능 영역에서 심각한 고통을 겪거나 부적응적 증상들이 초래되는 경우 성 불편증으로 진단된다. 성 불편증은 DSM-IV에서 성 정체감 장애(gender identity disorder)로 명명되었던 것이다. 성 정체감은 자신이 남성인지, 아니면 여성인지 분명히 알고 있는 감정 상태를 의미한다.

성 불편증을 지닌 사람은 반대의 성 정체성을 가지고 있고, 태어난 자체의 몸 구조를 가지고 삶을 사는 데 큰 불편함(또는 불쾌감)을 느낀다. 즉 신체적인 성별과 정신적인 성별이 일치하지 않아 일상생활에 큰 고통이 초래된다. 가족, 동성의 또래, 사회적 기대나 역할과의 갈등 때문에 대인관계나 학교생활, 직장생활을 비롯한 생활 전반에 걸쳐 지장이 초래되며 어려움을 겪게 된다. 이로 인해 다른 성에 대한 지속적 소망, 자연적으로 타고난 생물학적(또는 해부학적) 구조에 대한 거부, 이성의 옷을 입는 행위, '다른 성처럼 행동하기'를 나타낸다. 청소년과 성인은 성전환 수술을 받거나 또는 준비하려는 시도를 나타내기도 한다. 성 불편증은 자신의 해부학적 성 특징을 부정하고, 이성의 성을 희망한다는 점에서 흔히 성전환증(transsexualism)이라고도 한다.

성 불편증은 동성애와 다르다. 동성애(homosexuality)는 동성인 사람에 대해서 감정적 · 신체적 애정과 흥분을 느끼거나 또는 성적 욕구를 충족시키기 위해 성행위를 하는 경우를 말한다. 남성이 남성에게 향하는 것을 게이(gay)라고 하고, 여성이 여성에게 향하는 것을 레즈비언(lesbian)이라고 한다. 이 두 경우의 동성애자는 성 불편증이 없다. 극히 일부 동성애자 중에는 성 불편증을 겪는 사람도 있지만 이들을 제외한 동성애자들은 자신의 생물학적 성이나 성역할에 대해 불편함이 없고, 성전환을 원하지도 않는다. 동성애는 과거에 정신장애로 간주된 적이 있었지만, 미국정신의학회는 1973년 동성애를 정신장애의 분류체계에서 삭제하였다. 이는 많은 동성애자들의 사회적 적응이 양호하고, 동성애가 독특하지만 정상적인 개인의 성적 성향이자 생활방식임을 인정한 것으로 볼 수 있다. 성 불편증 역시 많은 논란이 있다. 성 결정은 사람의 선호 문제이지 정신적 문제가 아니라는 것이다. 그러나 성 불편증은 경우에 따라 정신과적 치료(또는 내과적, 외과적)를 필요로 한다는 점에서 DSM-5에서 정신장애로 포함되었다.

2) 성기능 장애

정상적인 성행위에는 남녀 모두 성적 욕구의 단계, 흥분 단계, 절정 단계, 해소 단계의 4단계 성반응 주기가 나타난다. 첫번째로 성적 욕구의 단계(desire stage)는 성행위를 하고자 하는 욕구를 느끼며 서서히 성적 흥분이 시작되는 단계이다. 성적인 욕구는 흔히 다양한 외부적인 자극에 의해서 촉발되며, 때로는 내면적인 상상에 의헤서도 유발된다. 두 번째로 흥분의 고조단계는 성적인 쾌감이 서서히 증가하고 신체생리적인 변화가 나타나는 단계이다. 남성의 경우는 음경이 발기되고, 여성의 경우는 질에서 분비물이 나오며 성기 부분이 부풀어 오른다. 세 번째로 절정 단계(orgasm stage)는 성적인 쾌감이 절정에 달하는 극치감을 경험하는 단계이다. 마지막으로 해소 단계(resolution stage)는 성행동과 관련된 생리적 반응이 사라지면서 전신이 평상시 상태로 돌아가는 단계이다.

[그림 5-1]은 남녀의 성반응 주기를 나타낸 것이다. A형은 남녀 모두에게 전형적인 유형으로 오르가슴에 도달해서 원상 복귀한다. B형은 남녀 모두에게 나타나는 유형으로 성적 각성이 고조기에 머물고 오르가슴에 도달하지 못한다. 그러나 남성보다는 주로 여성에게 보편적인 유형이다. C형은 남성의 다음 오르가슴이 가능해지기까지의 기간 중 여성은 다중 오르가슴을 경험한다(유영주 외, 2007).

여기에서 주목해 볼 수 있는 남녀의 성반응 주기의 특성을 살펴보면, 남성들의 성반응 주기는 빨리 흥분기에 도달하게 되고, 사정과 더불어 최고조기인 오르가슴기에 도달한 이후에 급격하게 원상 복귀하는 반면에, 여성의 흥분기는 대체로 남성보다 느리고, 오르가슴기에 도달하기까지도 남성보다 더 많은 시간이 필요한 경우가 많다. 이에 남녀의 성반응 주기는 남녀에 따라 개인차가 있지만, 대부분의 경우 남성은 사정과 더불어 오르가슴을 느끼는 반면, 여성은 오르가슴 없이 성교가 끝나는 경우도 많다. 따라서 남녀의 성교

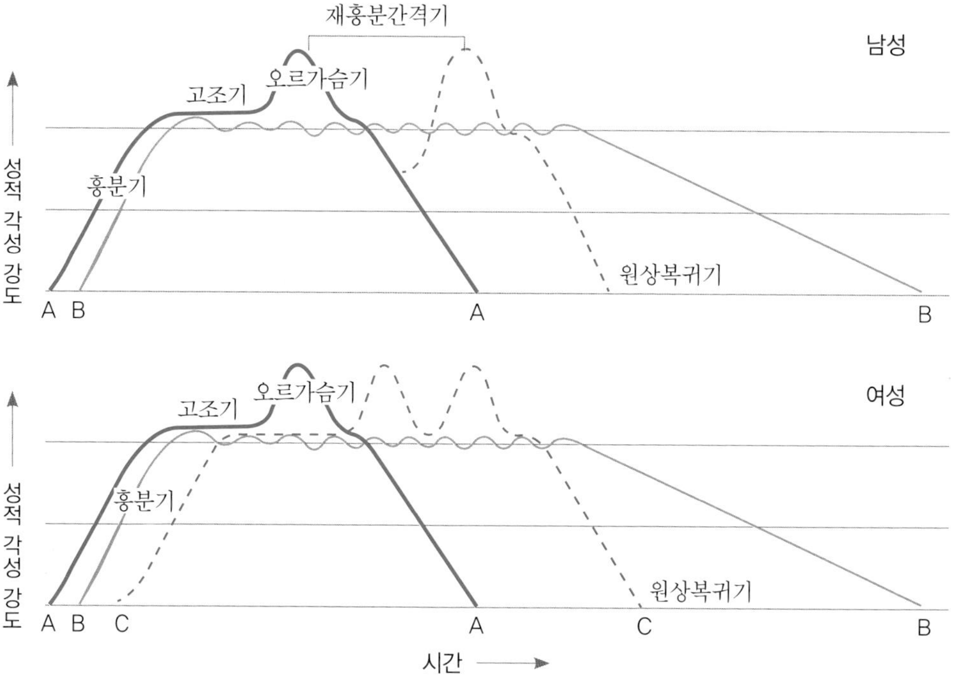

그림 5-1 남녀의 성반응 주기

출처: 유영주 외(2007).

시에는 이러한 차이점을 인식하여 배려하는 성행동 태도가 필요하다. 주로 남성의 경우에 여성의 홍분기의 반응을 위해 전희(foreplay)와 사정 이후에 여성을 위한 후희(afterplay)를 배려할 수 있는 매너가 요구된다.

이러한 4단계 성반응 주기에서 해소 단계를 제외한 나머지 3단계에서 어떤 비정상적인 반응이 나타나는 경우를 성기능 장애(sexual dysfunction)라고 한다. 성기능 장애는 7개의 하위 유형이 있는데, 남성은 남성 성욕감퇴 장애, 발기장애, 조루증, 지루증이 있으며, 여성은 여성 성적 관심 및 홍분장애, 여성 절정감 장애, 생식기-골반 통증/삽입 장애가 있다.

성기능 장애로 진단되기 위해서는 공통적으로 장애의 지속 기간이 6개월 이상이어야 하고(남성, 여성 모두 포함), 증상이 대부분의 성행위(대략 75~

100%, 10번 중 7.5번 이상) 시에 나타나야 한다(남성 성욕감퇴 장애, 여성 생식기-골반 통증/삽입 장애는 제외). 증상의 심각도는 개인적으로 느끼는 고통의 정도가 가벼우면 경도, 중간이면 중등도, 심각하면 중증도로 구분된다(단, 조루증만 증상의 심각도를 사정 시간으로 평가함).

성기능 장애는 발생 원인에 따라 평생형, 획득형, 일반형, 상황형으로 구분된다(단, 여성 생식기-골반 통증/삽입 장애는 평생형과 획득형 2가지로만 구분함). 평생형(lifelong type)은 성적 기능이 시작될 당시(흔히 사춘기)부터 성기능 장애가 지속적으로 있어 온 경우를 말한다. 획득형(acquired type)은 정상적인 성적 기능이 이루어지다가 여러 가지 원인에 의해 어떤 시점부터 성기능 장애가 발생된 경우를 말한다. 일반형(generalized type)은 특정한 자극, 상황, 대상(예, 배우자, 애인, 성적 파트너)과는 관계없이 전반적인 상황에서 성기능 장애가 나타나는 경우를 말한다. 상황형(situational type)은 성기능 장애가 특정한 자극, 상황, 대상에만 제한적으로 나타나는 경우를 말한다.

이 외에도 성기능 장애는 파트너 요인(예, 파트너의 성적 문제, 건강 상태 등), 관계적 요인(예, 불량한 의사소통, 성적 활동의 욕구 차이 등), 개인의 취약성 요인(예, 불량한 신체상, 성적 또는 정서적 학대의 과거력), 다른 정신장애의 동반(예, 우울증, 불안 등), 스트레스 요인(예, 실직, 사별 반응 등), 문화적 또는 종교적 요인(예, 성적 활동이나 즐거움에 대한 금기로 인한 억제, 성에 대한 태도 등), 의학적 요인(예, 예후, 경과, 치료와 관련된)에 의해 발생하기도 한다. 이렇게 성기능 장애의 원인은 다양하지만, 그 핵심은 심리적 요인에 있다. 성기능 장애는 공통적으로 굴욕감과 좌절감, 죄책감, 자기가치감의 상실, 삶의 의욕 저하 등 사람을 불행에 빠뜨릴 수 있다. 〈표 5-2〉는 성기능 장애의 하위 유형과 주요 진단 특징을 나타낸 것이다(김청송, 2017)

또한 성기능 장애는 물질/약물치료로 유발된 성기능 장애(예, 물질중독이나 물질금단 동안 또는 그 직후에, 또는 치료약물을 투약한 후에 성기능 장애가 두드러지게 나타나는 경우)의 진단기준도 함께 제시하고 있다. 따라서 성기능 문제가

표 5-2 성기능 장애의 하위 유형과 주요 진단 특징

장애범주	하위 유형	주요 진단 특징
남성 성기능 장애	남성 성욕감퇴 장애	성적 욕구가 지속적이며 반복적으로 결여되어 있는 경우
	발기장애	성행위를 하기 어려울 만큼 음경이 발기가 되지 않아 성교에 어려움이 초래되는 경우
	조루증	여성의 질에 성기를 삽입한 후 매우 빠른 시간(약 1분 또는 자신이 원하기도 전에) 내에 사정을 하는 경우
	지루증	대부분의 성행위 시에 사정을 하지 못해 성적 절정감을 느끼지 못하는 경우
여성 성기능 장애	여성 성적 관심/흥분 장애	성적 욕구가 심각하게 저하되어 있거나 성적인 자극에도 신체적 흥분이 유발되지 않는 경우
	여성 절정감 장애	성행위 시에 절정감을 거의 느끼지 못하는 경우
	생식기-골반 통증/삽입 장애	성교 시에 생식기나 골반에 심한 통증이 있거나 질 경련증 때문에 성행위가 고통스러운 경우

출처: 김청송(2017).

약물이나 물질의 사용 또는 오용으로 인해 더 잘 설명된다면 '물질/약물치료로 유발된 성기능 장애'로 올바르게 진단되어야 한다. 한편 성기능 장애가 있기는 하지만 어느 유형의 진단기준이 가장 적절한지 구별할 수 없을 만큼 충분한 정보가 없거나 모순되는 경우 미분류형 성기능 장애로 분류된다. 예컨대, 첫째, 정상적인 흥분과 절정감을 느꼈음에도 주관적으로 성적인 감정이나 에로틱한 정서를 느끼지 못했다고 호소하는 경우, 둘째, 성기능 장애가 어떤 원인에 의해 유발된 것인지를 판단하기 어려운 경우 모두 '미분류형 성기능 장애'로 분류된다.

3) 성도착 장애

성도착 장애(paraphilic disorder)는 성행위 대상이나 성행위 방식에서 비

정상성을 나타내는 장애이다. 흔히 이상성욕, 변태성욕, 성적 일탈(sexual deviation)로도 알려져 있다. 성도착 장애는 이상한 성적 환상(공상)을 가지고 있거나 어떤 이상한 성직 행동 때문에 일상생활에서 심각한 문제가 생긴 것을 모두 포함하고 있다. 성도착 장애는 정상적인 방식으로는 성적 흥분을 느끼지 못하고, '일반적이지 않은 성적 관련 행위로만' 성적 만족을 느끼는 지속적인 증상이다. 성도착 장애는 대부분의 유형이 '동의하지 않은 또는 원하지 않는 상대의 반응'이 꼭 필요하기 때문에 경우에 따라 법적 구속의 대상이 된다. 환자의 대다수는 본인도 병이라는 것을 알지만 그러한 성적 충동을 이겨 내지 못한다. 성도착 장애는 주위 사람에게 피해를 주는 범죄 행위이지만, 본인에게는 고통을 주는 정신질환이기 때문에 반드시 치료가 필요하다.

성도착 장애의 핵심 진단과 특징은 자신의 성적 욕구를 충족시키기 위해 '부적절한 대상이나 목표'에 대한 강한 성적 욕망과 성적 환상 또는 성적 행위를 '6개월 이상' 지속적이며 반복적으로 나타내고, 이로 인해 스스로 심각한 고통을 겪거나 사회적, 직업적 또는 다른 중요한 기능 영역에서 심각한 부적응적 증상들이 초래되는 경우 성도착 장애로 진단된다. 아울러 성도착 장애는 일반적으로 거의 대부분 남자에서만 진단되며, 성도착 장애는 대부분 법적 구속의 대상이 될 수 있다는 점이다.

성도착 장애는 관음장애(voyeuristic disorder), 노출장애(exhibitionistic disorder), 접촉마찰 장애(frotteuristic disorder), 성적 피학장애(sexual masochism disorder), 성적 가학장애(sexual sadism disorder), 아동성애 장애(pedophilic disorder), 성애물 장애(fetishistic disorder), 의상전환 장애(transvestic disorder)의 8가지 하위 유형이 있다. 이 외에도 임상적인 관심을 받을 만큼 다양한 '기타 성도착 장애'가 있다. 〈표 5-3〉은 성도착 장애의 하위 유형과 주요 진단 특징을 나타낸 것이다(김청송, 2017).

표 5-3 성도착 장애의 하위유형과 주요 진단특징

하위 유형	주요 진단 특징
관음장애	다른 사람이 옷을 벗거나 성행위를 하고 있는 모습을 몰래 훔쳐보는 증상(훔쳐보는 사람의 연령이 18세 이상이어야 함)이 6개월 이상 반복되는 경우
노출장애	자신의 성기를 낯선 사람에게 노출시키는 증상이 6개월 이상 반복되는 경우
접촉마찰장애	동의하지 않는 상대방에게 성기나 신체의 일부를 접촉하여 문지르는 증상이 6개월 이상 반복되는 경우
성적 피학장애	상대방으로부터 고통이나 굴욕감을 받고자 하는 증상이 6개월 이상 반복되는 경우
성적 가학장애	상대방에게 고통이나 굴욕감을 느끼게 하려는 증상이 6개월 이상 반복되는 경우
아동성애 장애	사춘기 이전의 아동(보통 13세 이하)을 상대로 성적인 행위를 하는 증상이 6개월 이상 반복되는 경우
성애물 장애	이성의 물건(예, 속옷, 스타킹)에 집착하는 증상이 6개월 이상 반복되는 경우
의상전환장애	이성의 옷을 입음으로써 성적 홍분을 느끼는 증상이 6개월 이상 반복되는 경우
기타 성도착 장애	성도착 장애의 특정 진단기준에는 부합되지 않지만, 별도로 임상적인 관심을 받을 만큼 성도착 장애와 관련된 증상이 나타나는 경우

출처: 김청송(2017).

3. 성인지와 건강한 성문화

주체적이고 건강한 성(性)이란 우선 자신의 성적 표현이 자존감을 높여 주어야 하며, 상대방을 잃을까 하는 염려나 두려움에서가 아닌 스스로 원하고 자발적인 성관계여야 한다. 또한 두 사람의 성관계가 만족스럽고 즐길 만한 것이라고 느껴져야 하며, 어떠한 성병도 파급시키지 않는다는 확신이 서야

한다. 그리고 무엇보다 중요한 것은 성관계를 통하여 만들어지는 생명을 소중하게 여기고 책임질 수 있다는 자신감이 있어야 한다. 다음은 주체적이고 건강한 성관계를 위하여 사전에 점검해야 할 질문들이다(정현숙, 유계숙, 2008).

- 나의 성행동은 나 자신과 파트너에게 신체적 · 심리적으로 어떠한 부정적 영향도 주지 않을 것인가?
- 성관계로 인하여 성에 대한 태도와 두 사람의 성관계에 부정적인 영향은 미치지 않을 것인가?
- 성관계로 인하여 얻을 수 있는 성병에 대하여 잘 알고 있는가?
- 성관계 후 야기될 수 있는 성병과 임신 및 자녀양육에 대처할 준비가 되어 있는가?
- 우리의 성관계는 법적으로 받아들여지는 것인가?

남녀 두 사람은 이성으로서 그리고 서로 다른 개인으로서 각자가 소유하는 성(性) 개념이 다를 수 있고, 이러한 성 개념에 대한 커플 간의 불일치가 긴장과 갈등을 초래한다. 따라서 상대방이 생각하는 성 개념을 이해하고, 쌍방의 의미 체계를 수렴하는 노력이 필요하며, 이 과정에서 성행위의 본질과 범위, 성에 대한 언어적 · 비언어적 의사소통, 피임과 같은 실제적 문제 등에 관한 의사결정이 이루어진다. 그러나 대부분의 성과 사랑의 문화는 남성이 여성의 세계를 압도하는 관계로 형성되었기 때문에, 남녀 간의 대등한 인격적 교류를 불가능하게 한다. 이것이 성과 사랑의 갈등과 좌절, 남녀 간의 대립과 반목, 그리고 여성의 고통과 피해를 야기하는 근원이며 상처를 낳을 수 있다. 성과 사랑의 이데올로기는 성차별적 사회 원리와 문화에 개인의 본능, 감정과 심리를 깊숙이 동화시켜 자연스럽고 당연한 것으로 수용하게 만드는 기능을 한다.

오늘날 성과 사랑은 상업주의와 물질 만능주의에 의해 인간적인 본질이 파괴당하는 위험에 처해 있다. 사회에서 한 인간의 소외가 사랑의 부재로 나타나며, 특히 성이 범죄와 폭력의 무기로 전락되어 인권을 침해하는 위협적인 요소로 변질되고 있다. 그러나 성과 사랑이 권력과 자본의 제물로 만드는 사회 구조로부터 해방되어 인간의 상호 의사소통을 풍부하게 하는 진정한 언어가 되어야 한다(박충선, 정미영, 박찬웅, 2003).

- 남녀가 성과 사랑의 대등한 주체가 되어야 한다.
- 여성이 사랑을 받는 수동적인 존재로 규정되는 문화를 지양해야 한다.
- 성과 사랑이 결합되고, 육체와 정신, 감성과 이성이 조화롭게 통합되는 성문화를 지향해야 한다.
- 시장의 원리가 배제된 성과 사랑의 문화를 정립해야 한다. 자본주의의 논리가 배제된 새로운 성과 사랑의 문화 속에서 이성교제나 결혼이 이루어질 수 있도록 해야 한다.

서로를 소유하지 않고 구속하지 않는 관계에서 사랑은 창조적 힘을 얻을 수 있다. '사랑은 자유의 소산'이지 지배의 소산이 아니다. 즉, 상대의 자유를 구속하거나 간섭할 권리를 의미하는 것이 아니며, 더욱이 상대의 소유물로 예속되는 구실을 주는 것은 아니다. 젊은 세대는 기존의 성과 사랑의 문화 간의 모순과 파괴적인 요소들을 제거하기 위한 변화를 시도해야 하며, 이는 개인적인 차원뿐 아니라 사회개혁과 문화운동 차원에서 동시에 이루어져야 한다. 그 구체적인 실천과제와 방법들을 성인지적 관점에서 여성과 남성의 이해와 요구가 다름을 전제로 사회적 조건이나 상황 및 현상이 여성과 남성에게 어떻게 작용하여 영향을 미치는가를 파악하여 양성평등한 대안을 모색하고 행동에 직접 옮기는 것이 남녀평등의 사회를 추구하는 우리 모두에게 중요한 의미를 가진다.

1) 성폭력에 대한 예방과 대책

일반적으로 성폭력이라 함은 '성(sexuality)'과 '폭력(violence)'의 결합이라 할 수 있는데, 성폭력의 정의에 대해서는 심리적 · 사회문화적 · 법적 · 여성학적 등의 다양한 측면에서 규정되고 있으며, 성폭력의 유형이나 범위에 있어서도 그 견해에 다소 차이가 있지만 성폭력을 규정 짓는 가장 중요한 요인은 힘의 차이를 이용해 상대방의 의사와 관계없이 성적 자기결정권을 침해하였는지에 대한 행위의 강제성 유무로 규정된다(여성가족부, 2016). 성희롱, 성추행(강제추행), 성폭행(강간) 등 성에 관련한 범죄를 아우르는 개념으로, 언어적 성희롱과 음란성 메시지, 불법 촬영 등 상대방의 의사에 반해 가해지는 모든 신체적 · 정신적 폭력을 포함한다. 또한 일상생활에서 막연히 느끼는 불안이나 공포, 행동의 제약도 넓은 의미에서 성폭력에 해당할 수 있다.

성폭력은 인류의 역사가 시작된 이래 동서고금을 막론하고 언제 어디서나 발생되어 왔으며, 최근에도 국내는 물론 해외에서도 성폭력이 빈번하게 발생되고 있다. 현대의 인터넷 및 대중매체 등의 발달로 인해 성에 대한 정보가 용이해졌으며 성에 대한 인식도 변화되고 있다. 성에 대한 정보는 성의식을 변화시켰을 뿐만 아니라 성에 대한 해방을 촉진하는 역할을 하고 있으나, 급격한 정보의 범람은 정상적인 방법의 욕구 충족이 아닌 성적일탈도 함께 가져와 성적 혼란을 가져왔고, 그러한 혼란은 급격한 성범죄의 증가를 초래하였다(김규남, 2007).

지난 10년 동안 강력범죄(흉악) 중 살인, 강도, 방화 범죄는 감소 추세를 보이고 있는 반면 성폭력 범죄는 약 2배나 증가하였으며, 성폭력 범죄를 10개의 하위 유형으로 세분하여 발생 건수의 구성비를 살펴보면, 강간이 2007년 18.5%로 나타났으며, 이후 증가하여 2009년에는 22.6%였으나 2016년 감소하여 18.4%로 나타났다(검찰, 2017). 최근 성폭력 범죄의 급격한 증가는 강간, 강간 등 상해/치상 등과 같은 심각한 유형의 범죄보다는 스마트 폰 등 전

자기기 사용이 보편화되어 카메라 등을 이용한 범죄와 추행 범죄가 늘어났기 때문이며, 성폭력 범죄에 대한 사회적 인식의 변화와 더불어 피해 신고의 증가에 의한 것으로 볼 수 있다(박유범, 2019).

현대사회에서 성폭력 범죄는 점차 흉포화될 뿐 아니라 성별 및 연령 등을 가리지 않고 발생하는 등 범죄의 유형이 다양해지고 있으며, 성폭력 피해는 타 범죄 피해보다 피해자에게 미치는 피해가 광범위하고 정신적 후유증을 발생시킨다는 점에서 사회적 측면에서 성폭력 방지를 위한 체계적이고 효과적인 대책이 필요하다.

(1) 성희롱

성희롱은 영어의 'sexual harassment'를 우리말로 번역한 것으로, 사전적으로는 "성에 관계된 말과 행동으로 상대방에게 불쾌감, 굴욕감을 주거나 고용상에서 불이익을 주는 등의 피해를 입히는 행위"라 정의되고 있다(방신정, 2018). 성희롱은 굉장히 포괄적인 개념이며 그 정의 역시 학자들에 따라 다양하게 내려지고 있는데, 연구자들은 공통적으로 성희롱을 자신의 의사에 관계없이 강제적으로 가해지는, 원치 않은 성적 속성을 띤 시각적 · 언어적 · 신체적 형태의 언행이라 보고 있다. 또한 이로 인해 상대의 불쾌감이나 굴욕감과 같은 심리적 · 신체적 · 경제적 · 물질적 피해를 초래하는 행위이며, 상대적으로 지위와 힘을 가진 자가 자신보다 약한 자에게 상대방이 원하지 않는 성적 언행을 가함으로써 적대적으로 환경을 조장하거나 다양한 형태의 성희롱 행위 수용 여부가 개인의 고용 및 인사상의 불이익으로 나타나는 것을 포함한다(김정인, 최상진, 손영미, 2001).

성희롱에 관한 법적 조항이 대부분 직장에 초점을 맞춰 '지위를 이용하거나 업무 등과 관련하여' '고용상의 불이익'이라는 요건이 붙어 있어 지위를 이용하거나 업무 등에 관련되어 있을 경우, 즉 주로 수직적인 관계에서 발생한 원치 않은 성적 언동만을 성희롱으로 인정하고 처벌할 수 있다. 따라서 학교에서 학생이 성희롱의 행위자일 경우나 지위나 업무가 개입되지 않은 수평적인 관계(친구 집단 내 관계 등)에서의 성희롱 문제는 법적으로 명확한 규정이 없어 비교적 법의 사각지대에 있어 왔다(방신정, 2018). 이에 이러한 문제를 보완하기 위해 기존에는 처벌이 어려웠던 메신저와 채팅상에서의 성희롱을 포함하여 지위 또는 업무 관련성, 공연성, 성적 욕망 유발, 만족 등을 배제하고 반복적 성적 언동을 통해 상대방에게 성적 굴욕감이나 혐오감을 느끼게 했다면 처벌 대상이 되게 하는 「성폭력범죄의 처벌 등에 관한 특례법」이 2018년 12월 18일부터 시행되고 있다. 이렇게 법적으로도 성희롱의 범위를 적극적으로 넓히고 가해자의 의도나 언동보다는 피해자의 입장을 더욱 고려하여 성희롱을 인식하고자 노력하는 움직임이 나타나고 있다.

성희롱 예방을 위한 남녀 직장인 10계명

1. 음담패설을 삼간다.
2. 평소 동료들 간에 존칭을 사용한다.
3. 성희롱으로 인한 불쾌한 감정은 분명히 표현한다.
4. 상대방의 싫다는 표현을 진지하게 받아들인다.
5. 회식 때 술시중이나 블루스를 강요하지 않는다.
6. 직장에서 인터넷 음란 사이트를 보지 않는다.
7. 직장 동료의 신체에 대해 성적인 평가나 비유를 하지 않는다.
8. 불필요한 신체 접촉을 삼간다.
9. 고정된 성역할을 강조하는 말을 하지 않는다.
10. 주위에 피해자가 있을 때는 적극적으로 돕는다.

출처: 박충선, 정미영, 박찬웅(2003).

성희롱 피해자의 대응방법

1. 거부의사를 분명히 표시한다.
   상대방과의 관계가 불편해질 것을 걱정해서 거부의사를 명확히 하지 않으면 자칫 성희롱을 용인하거나 이에 동조하는 의사로 받아들여질 수 있다.
2. 가해자에게 편지를 쓴다.
   성희롱 거부의사를 직접 표시하기 어려운 경우에는 중단을 요구하는 편지를 쓴다. 나중에 증거 자료가 될 수 있으므로 당시의 상황을 정확히 기록하고 내용증명우편으로 보내어 적법한 증거 자료로 활용할 수 있도록 하는 것이 좋다.
3. 사과할 것과 손해배상을 요구한다.
4. 증거 자료를 남긴다.
   - 성희롱을 거부했음에도 불구하고 거부 의사가 받아들여지지 않을 경우에는 법적으로 해결할 필요가 생길 수 있다.
   - 성희롱을 당한 날짜, 시간, 장소, 구체적인 내용이나 목격자나 증인, 성적인 언어나 행동에 대한 느낌 등을 구체적으로 기록해야 한다.
5. 업무 수행 내용에 대한 사본을 보관한다.
   법적인 문제가 발생하면 상대방은 피해자의 직장에서 업무 능력이나 실적 등을 문제 삼을 수 있으므로 미리 자신의 업무 수행에 관한 기록이나 그 밖의 증거 자료의 사본을 보관해 두는 것이 좋다.

출처: 이창복(2018).

(2) 성추행

성추행(sexual infamies)은 강간이나 성적으로 희롱하는 것으로 매우 포괄적으로 정의하고 있으며, 일반적으로 강제추행을 의미한다. 이는 폭력이나 협박을 수단으로 한다는 점과 일정한 성적 수치심을 야기하는 신체적 접촉을 요한다는 점에서 성희롱과 차이가 있으며, 「성폭력범죄의 처벌 등에 관한 특례법」에 따르면 강제력을 수반하지 아니한 성적 추행에 있어서 장소적 특성으로 인해 이를 처벌하고 있다(김은희, 2011). 따라서 현행 법상 성추행은 삽입을 제외한 성적인 신체 접촉을 통해 성적 모욕을 느끼게 하는 행위로 정의되고 있다. 성추행을 일상적인 남녀관계 혹은 인간관계에서 나타나는 친밀함의 표현과 구분시켜 주는 기준은 그것이 원하는 행위인지, 원하지 않는 행위인지이다. 원하지 않는 행위란 피해자에게 바람직하지 않거나 불쾌한 것 혹은 위협적인 것으로 간주되는 행위로 스스로 자청하거나 부탁하지 않은 행위를 말한다(김은희, 2011). 구체적으로 성추행의 의미와 내용, 범위를 어떻게 볼 것인가는 그동안 성문제를 다루어 온 단체들마다 조금씩 차이를 갖는데, 공통적으로 합의되고 있는 직장 내 성추행은 직장에서 일어나는 원치 않는 성적 행위의 부과로 규정된다(Poter & Laler, 1967). 성추행 경험에 따른 스트레스에 대한 반응으로 불쾌감, 치욕감, 두통, 위장병, 불면증 등의 정신적 · 신체적인 증상 등을 초래한다. 또한 조직적인 차원에서는 직무 수행의 저하, 생산성의 저하, 인간관계 손상을 경험하며, 더 나아가 생산적인 것에 사용해야 할 예산과 시간을 다른 곳으로 유출함으로써 조직이나 국가 전체적으로 경쟁력을 약화시키는 결과를 초래한다(김유경, 2016). 이에 성추행 피해자의 스트레스를 완화시키고 긍정적이고 적절한 대처를 사용하여 스트레스를 예방하고 관리하는 것이 중요하다.

(3) 성폭행

상대방의 동의 없이 일방적으로 성관계를 맺는 행위로, 강간과 강간미수를 말한다. 피해자에게 심각한 정신적 · 육체적 피해를 주는 성폭력으로 우리나라에서는 「형법」, 「성폭력범죄의 처벌 등에 관한 특례법」 등에 따라 처벌하고 있다. 성폭행은 법률적 용어인 강간과 통용되고 있으며, 강간은 "상대방의 동의 없이 성기, 손가락 혹은 물체를 이용하여 구강, 질 그리고 항문을 통해 삽입을 시도하는 행위"를 일컫는다(이소영, 2003). 성폭행의 개념에 대해서는 학문적 배경에 따라 그 유형과 범위에 다소 차이가 있지만, 핵심이 되는 것은 개인의 성적 자기결정권을 침해하였는지에 대한 행위의 강제성 유무이다(박군자, 2015).

성폭행은 흔히 성적 욕구 통제의 실패로 인해 발생하는 성적으로 동기화된 범죄라고 잘못 알려져 있으나, 성폭행은 생물학적 요인보다는 사회문화적 요인의 영향으로 인해 발생하는 범죄이다(손현희, 2018). 즉, 성폭행은 생물학적으로 억제할 수 없는 성욕에서 비롯된 것이 아니라 왜곡된 성문화, 불평등한 사회적 구조 속에서 발생하는 힘, 통제력, 지배성 충족의 욕구에 의해 동기화된 범죄이다(김시업, 김정인, 2005; Clarke & Stermac, 2011). 성폭행 피해자는 육체적 부분보다 오히려 심리적 · 정서적 부분이 더 커서 그들이 겪는 심리적 · 정서적 부분은 미래에 대한 예측 불확실성, 우울증, 무력감, 수치심, 불신, 이질감을 느끼게 된다. 이는 피해자 개인의 인생 전반에 있어서 큰 문제일 뿐만 아니라 향후 피해자가 가해자가 되는 상황이 발생할 수 있다(장하나, 2014).

2) 성적 자기결정권

지난 20년간 성적 자기결정권에 대한 사회적 관심과 변화는 사회적 의식의 변화를 가져왔다. 사회가 급변하는 동안 성적 문제는 가치 혼동으로 인한 교착 상태에 빠져 성문제를 남성적 가부장제의 전통적 시각, 페미니즘적인 시각, 현대의 자유주의적 시각이 혼재되어 극명하게 대립된 상태에서 입법자가 수범자의 일반적 의식에 합치되는 입법을 하거나 사법부가 이를 존중하는 사법적 판단을 하기란 매우 어려운 일이었다. 성적 자기결정권은 이러한 문제를 해결하기 위한 설득력 있는 이론적 기준이 되었다(김근수, 2011).

성적 자기결정권은 "개인 스스로 선택한 인생관 등을 바탕으로 사회 공동체 안에서 각자가 독자적으로 성적 가치관을 확립하고 이에 따라 사생활의 영역에서 자기 스스로 내린 성적 결정에 따라 자기 책임하에 원하는 상대방과 원하는 방법으로 성관계를 가질 권리"(헌법재판소에서 2009년 11월 26일 결정됨)를 의미한다. 성적 자기결정 개념의 사용은 개인의 선택과 결정의 영역을 넓힐 수 있는 능력의 향상과 평등한 성적 의사소통을 학습하는 정치적 실천의 장으로 성교육의 목적과 내용을 새롭게 구성하기 시작하였다. 성에 관한 자율성은 적극적으로 자신이 원하는 성생활을 스스로 결정하고 이에 동의하는 다른 사람과 이를 함께 할 것을 결정할 권리를 의미하고, 소극적으로는 자신이 원하지 않는 사람과의 성관계를 거부할 자유에 관한 권리를 의미한다(강성영, 2009). 「헌법」은 개인이 향유하는 인격권과 행복추구권(「헌법」 제10조)을 보장하고 남녀가 법 앞에 평등(「헌법」 제11조)함을 천명하고 있으며, 성적 자기결정은 인격적 자유와 존엄성에 포함된다. 성적 자기결정권은 성적 자기결정권자로서의 여성, 남성 그리고 제 3성에 각각 성문제에 대해서 자신의 문제를 해결하는 방식과 과정을 자신이 결정하고 자신이 수행할 수 있는 당연한 권리라는 뜻을 가지고 있다. 성희롱과 강간은 가해자가 피해자의 성적 자기결정권을 침해하는 행위이고, 피해자는 가해자로부터 성적 자기결정권을 침해당하는 것이다. 성희롱 역시 주변 상황이 어찌됐건 희롱을 당하는 사람의 성적 자기결정권이 침해되는 행위이다(김연주, 2006). 여전히 성폭력이 발생하는 사회문화를 변화시키기 위해서는 우리 사회의 성 이중 규범에 대한 비판적인 성찰과 더불어 남녀 모두의 자기결정권과 성적 자율성에 대한 사고의 전환이 필요하다.

사랑하는 사람들끼리 느끼는 성욕은 지극히 자연스러운 본능이다. 그러나 성욕이 아무리 자연스러운 것일지라도 두 사람의 성 개념이 다를 수 있고, 긴장과 갈등을 초래할 수 있다. 따라서 상대방이 생각하는 성 개념을 이해하고, 쌍방의 의미 체계를 수렴하려는 노력을 통해 성인지적 관점에서 건강한 성문화를 정착시킬 수 있도록 노력해야 한다.

이 장에서는 발달학적인 관점에서 성의 개념과 의미에 대한 이해와 더불어, 성 관련 장애에 대해 논의하고, 건강한 성문화를 형성하기 위한 방안에 대하여 알아보았다.

제 6 장

중독과 정신건강

동물은 자신에게 이로운 것과 해로운 것을 본능적으로 감별한다. 안전과 생존, 생산을 위한 행동을 한다. 그런데 인간은 자신의 행동을 통해 너무나 확연히 예상되는 유해한 결과를 알고 있음에도 반복하며 스스로를 파괴해 간다. 신체적 질병을 일으킬 것을 알면서도 술을 마시고, 가족적으로나 직업적으로 큰 손상을 입을 줄 알면서도 도박에 빠지기도 한다. 인간의 행동 중 중독은 스스로를 파괴하는 대표적인 행동이다. 자기 파괴적 행동은 현대인의 삶에서 빈번하고 자주 일어난다. 이러한 행동들이 반복되고 유지되다 보면 만성적인 상태에서 중독과 관련된 여러 가지 문제들을 일으키게 된다. 많은 경우 중독은 자기 자신뿐 아니라 관계된 사람들의 안녕을 해친다.

알코올 중독, 담배중독, 약물중독, 도박중독, 인터넷 중독, 일중독, 쇼핑중독, 섹스중독, 운동중독 등 중독이라는 용어는 중독이 된 대상에 대해 태도와 사용범위가 이상(異常)적일 때 사용하게 된다. 정상과 이상을 구분 짓는 중요한 기준 하나는 그 상태로 말미암아 발생하는 부적응 상태이다. 역설적이게도, 중독과정 초반에는 기쁨, 안정, 행복을 추구하는 동기에서 시작하는데, 중독 대상에 대해 갖는 과도한 집착과 통제력 상실, 그 결과 발생되는 여러 문제들은 중독과정이 진행됨에 따라 자신과 주변을 고통 속으로 몰아가고 급기야는 삶을 무너지게 만든다. 행복해지기 위한 행위가 불행을 초래하게 되는 것이다. 우리는 유기체의 건강과 행복을 추구해 가는 본래적인 속성을 거스르는 인간행동을 어떻게 이해할 수 있는가? 몸과 마음이 망가지는 것을 알면서도 멈추지 않는(혹은 못하거나) 행동을 어떻게 이해할 수 있는가? 또한 이러한 행동을 어떻게 예방할 수 있는가?

이 장에서는 현대인의 정신건강을 위협하는 중독의 개념과 중독의 단계, 중독의 종류를 알아봄으로써 중독행동을 이해하고 예방할 수 있는 방법들을 살펴본다.

생각해 볼 문제

첫째, 중독이란 무엇이며, 왜 중독되는가?

둘째, 중독의 종류에는 어떤 것들이 있는가?

셋째, 중독을 예방하는 실천적 방법에는 무엇이 있는가?

1. 중독의 개념

1) 중독의 의미

중독의 영어표기 'addiction'은 '~의 노예가 되다'라는 뜻을 갖고 있는 라틴어 'addicere'에서 유래되었다. 버나드와 크루팻(Bernard & Krupat, 1994)이 중독을 "특정 습관, 기호 또는 행동에 스스로 빠지거나 자신을 내맡기는 것"이라고 정의한 것은 이러한 상태를 잘 묘사한 정의이다. 노예의 신분에서는 자신에 대한 권리를 잃어버리게 되는 것처럼, 중독 상태에서 중독자는 대상에 대해 사용이나 행위를 조절할 수 있는 능력이 상실된다. 중독을 "특정한 행동이 자신이나 주위에 폐해를 초래해서 이를 조절하려 하지만 통제력을 읽고 반복하는 행동"이라는 김교헌(2007)의 정의를 살펴보면, 중독이란 부적응 상태이며 이에 대한 자기 조절 의지와 능력 면에서 통제력 상실로 인해 그 상태에서 쉽게 벗어나지 못하는 상태임을 의미한다 하겠다.

중독에 대해 구체적으로 알아보기 전에 중독과 함께 사용되거나 유사한 의미로 사용되고 있는 용어들에 대한 정의를 제시하면 다음과 같다(박상규 외, 2009).

중독과 관련된 용어

- 오용(misuse): 규정에 따르지 않고 임의로 물질의 사용 방법과 사용 목적을 달리하는 것
- 남용(abuse): 감정, 사고, 행동의 인위적 변화를 일으키기 위해 물질을 사용하는 것
- 중독(intoxication): 물질에 의한 생리적 중독

- 의존(dependence): 물질이나 행위에 대한 의존성이 생겨 내성과 금단증상을 보이는 상태
- 내성(tolerance): 이전의 동일한 효과를 얻기 위해서는 물질의 사용량이나 행동의 강도나 빈도를 증가시켜야 하는 상태
- 금단증상(withdrawal symptoms): 약물 사용이나 활동을 중단하였을 때 나타나는 견디기 어려운 고통스러운 증상

2) 중독의 특징

자신과 주변을 파괴시키며 피해를 주고 있다는 것을 인식하고 있음에도 불구하고 특정 행동을 멈추거나 조절하지 못하는 중독 증상은 중독 대상과 관계없이 대체로 유사한 특성을 갖고 있다. 중독의 과정, 중독의 보상, 중독의 영향 측면에서 공통점이 있는데, 구체적으로 살펴보면 다음과 같다(Nakken, 2008).

첫째, 중독은 점진적인 과정을 거치며 진행된다. 일반적으로 중독은 특정 행동이 문제가 될 때까지 오랜 시간이 걸린다. 중독은 단 한 번의 경험 혹은 하루아침에 갑자기 생기는 것이 아니다. 나켄(Nakken, 2008)은 중독이 되는 과정을 [그림 6-1]과 같이 도식화하였다.

중독의 과정에서 중독자는 불쾌한 감정이나 특정 상황이 발생하여 괴로움을 겪는다(A). 중독자는 이 괴로움을 피하거나 위안을 받고자 중독행동을 실행하고 싶은 욕구를 느끼게 된다(B). 중독행동의 실행은 기분이나 상황의 변화를 일으켜 기분이 좋아진다(C). 하지만 그 실행은 기분이나 상황의 변화를 가져오는 것뿐만 아니라 죄책감, 후회 등의 감정을 일으키게 된다(D). 그로 인한 고통감은 다시 실행에 대한 욕구를 발생시키게 되고, 이 고리는 무한 반복하며 순환된다.

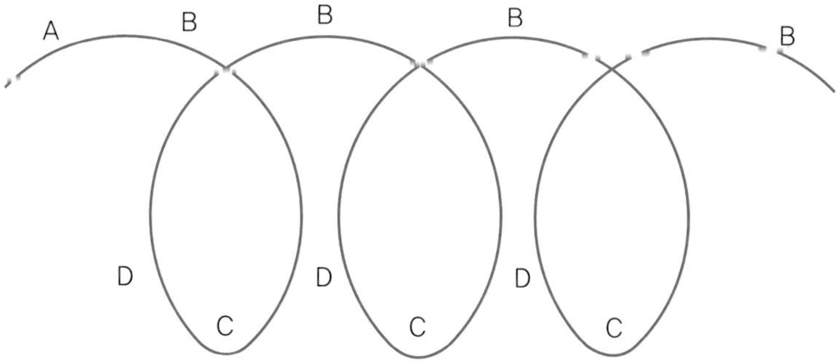

A: 괴로워진다 → B: 실행을 해야 할 욕구를 느낀다 → C: 실행을 하고 기분이 나아지기 시작한다 → D: 실행을 했기 때문에 괴로워진다 → 무한 반복

그림 6-1 중독의 순환

출처: Nakken(2008).

이러한 특정 행동은 오랜 시간과 반복을 통해 중독자의 삶에 안착된다. 이후에 여러 단계들을 거치면서 중독으로 인한 영향은 개인의 내면적 변화뿐 아니라 외적인 변화들을 초래한다. 먼저, 중독자의 내적 성격에 현실적이며 균형을 유지하는 자아와 갈등을 초래하게 되는 중독적 인격이 자리하게 된다. 그나마 내적 충동과 현실 사이에 균형을 유지하기 위한 힘을 갖고 있던 자아의 기능이 약화되고 중독적 성격의 지배를 받게 되면서 중독자의 생활과 관계의 변화들이 생긴다. 중독자는 시간이 지남에 따라 중독 물질이나 행동에 대한 의존을 발달시키고 결국 내성(tolerance)이 생기게 된다. 원하는 기분 변화를 위해 더 많은 물질과 더 잦은 행동을 필요하게 된다. 이런 변화는 생활의 상당 부분을 중독행동에 할당하게 되면서 가정, 교우, 직업, 사회적인 문제들이 발생된다. 또한 시간을 거치면서 점차 중독자의 삶 전체를 무너뜨리며 보다 심각한 문제들을 일으킨다. 법적인 문제, 영적인 문제들은 중독자를 피폐하게 만들고 주변 사람을 절망하게 한다. 이러한 점진적인 과정에 대해서는 다음 절에서 보다 자세히 다룰 것이다. 이처럼 중독은 짧은 시간과 단편적인 행동이 아닌 시간의 흐름을 두고 반복되며 발달하는 특성을 갖고 있다.

둘째, 중독은 강력한 보상 체계가 작동된다. 중독자가 그 폐해를 알면서도 중독행동을 하도록 만드는 강력한 유인력의 보상체계는 보통 기분전환, 황홀감으로 경험된다. 중독행동을 통해 작동되는 뇌의 보상 체계는 일반적인 행동을 통해 얻어지는 만족감과 그 보상 강도에서 상당한 차이를 갖기 때문에 일상적인 행동으로는 좀처럼 만족감을 갖지 못하게 된다. 강력한 황홀감을 경험하게 되면 일상적인 만족감으로는 채워지지 않게 된다. 기분전환과 황홀감은 중독자가 과도하게 탐닉하게 만드는 핵심적 원인이 된다.

셋째, 탐닉 활동의 종류와 정도는 체질이나 성격과 같은 개인적 특성뿐 아니라 가용성, 사회경제적 혹은 문화적인 요인들에 의해 영향을 받는다 (Orford, 2001). 중독의 많은 경우가 그렇다. 알코올 분해효소가 적은 체질의 사람은 알코올 섭취를 신체적으로 제한하기 때문에 알코올 중독이 될 가능성이 낮다. 여가 없이 열심히 일만하는 성격의 사람은 승진과 같은 사회적 인정을 받게 되면서 일중독으로 진행될 가능성이 크다. 극도의 긴장감과 스트레스 상황에 반복적으로 처하게 되는 사람은 긴장감과 스트레스 상황을 통제할 수 있을 것 같은 권능감을 느끼게 해 주는 약물에, 그리고 경제적으로 안정되고 시간적 여유가 많아 권태와 무료함으로 고통스러운 사람들은 권태와 무료함을 없애 줄 황홀감을 주는 다양한 마약류에 중독될 가능성이 높아진다. 여가 시간의 대부분을 인터넷 게임을 하며 보내는 또래집단 속의 청소년은 인터넷게임중독에서 안전할 수 없고, 물질주의가 만연한 사회에서는 단시간에 큰돈을 얻을 수 있을 것 같은 도박은 가난한 계층에게 유혹적일 수밖에 없다.

넷째, 중독은 중독자의 내외적 부적응을 초래한다. 생활사건이나 관계에서 경험되는 부적 정서를 회피하거나 둔화시키고자 하는 중독의 실행은 중독자에게 수치심, 죄책감, 후회와 같은 감정과 중독행동을 통제할 수 없다는 무력감을 경험하게 된다. 또한 중독자를 돕고자 하는 주변 사람의 친절은 중독물질을 구하거나 중독행동을 위한 도구로 전락되고 사람은 대상화된다. 이러한 관계는 중독자의 관계적 고립으로 이어진다. 관계의 고립은 중독자에게 중독 대상과의 관계를 더욱 밀접하게 만들고 정당화시키게 된다. 이러한 악순환은 여러 문제들을 일으키게 된다. 물질을 구입하거나 도박을 위한 돈을 구하기 위해 주변 사람에게 경제적 피해를 주거나 때론 불법적인 일에 손을 대기도 한다. 중독행동에 몰두되면서 정상적인 가정생활, 직업적 활동과 사회생활이 깨지게 된다.

3) 중독의 원인

중독의 원인을 아는 것은 중독에 대한 개입과 예방을 위해 필요하며 중요하다. 중독을 설명하는 이론을 통해 개인과 사회 수준에서 어떻게 중독이 일어나는지, 그리고 어떤 메커니즘과 사회적 변화가 예방과 회복의 기초가 되는지를 이해하는 것이다(West, 2001). 중독을 설명하는 대표적 모델인 도덕적 중독 모델, 심리학적 중독모델, 질병모델, 사회문화적 중독모델, 생심리사회적 중독모델을 통해 중독의 원인이 무엇인지 살펴보자.

(1) 도덕적 중독모델

도덕적 중독모델은 중독행동을 개인적 선택의 결과로 이해한다. 중독행동을 선택하는 사람은 의지가 약하거나 비도덕적이기 때문에 중독행동을 선택한다고 바라보는 관점이다. 이러한 접근은 대중이 쉽고 단순하게 중독자를 대하는 태도이면서 법적·종교적 접근이기도 하다. 중독에 대한 법적인 처벌과 비난, 낙인을 용인하게 하는 접근이다(Fisher & Harrison, 2009). 그러나 이 모델은 비난이나 처벌 등에 대한 타당성을 부여할 수는 있겠으나 개입과 예방적인 면에서는 별로 도움이 되지 못한다.

(2) 심리학적 중독모델

개인 요인에 초점을 맞추어 중독을 설명하고자 하는 심리학적 중독모델의 설명은 중독이 심리적 문제에 부차적으로 발생한다는 것이다. 중독행동은 심리적인 문제에 따르는 이차적인 것으로 성폭행이나 이혼, 과업 실패, 가족과의 불화 등으로 인한 분노, 우울, 죄책감, 불안, 외로움, 수치스러움 등 불편한 감정을 완화하기 위한 것이라고 본다. 또 하나, 사회학습이론에서는 스트레스로 인한 즉각적인 감정의 완화와 영향력 있는 모델의 행동을 모델링함으로써 중독행동의 강화를 통해 학습됨을 설명한다(Marlatt, 1985). 예를 들어, 선망하는 선배 가수가 창작의 고통 속에서 대마초를 사용하는 모습은 후배가수에게 학습될 가능성이 높고, 인기 있는 드라마에 나오는 멋진 주인공의 음주와 흡연은 잠재되어 있다가 유사한 상황에서 재현될 가능성을 높인다.

(3) 질병모델

질병모델에서는 중독을 질병으로 간주한다(Jellinek, 1960). 질병으로서의 중독은 비도덕적인 행동을 선택하는 개인에게 도덕적인 관점으로 문제 삼지 않는다. 또한 심리적인 문제로 인한 이차적인 것도 아니라고 본다. 중독은 질병 그 자체로서 일차적이라고 설명한다. 이러한 질병모델은 뇌의 화학작용과 뇌의 변화, 유전적 상속성, 재발률 등 만성질환과 유사한 증거들에 의해 지지된다(McLellan et al., 2000). 즉, 중독도 만성질병의 특성과 유사하다는 것이다. 예를 들어, 알코올 중독의 경우 알코올 내성 증가, 필름 끊김, 몰래 마시기, 음주와 관련된 죄책감의 증상이 있는 초기 단계(혹은 전구증상)는 통제력을 상실하고, 성격 변화, 친구 및 직업 상실, 술 숨기기 등의 증상이 나타나는 중기 단계(혹은 위기 단계)로 진행된다. 이는 이후 해장술, 윤리적 기준 위반, 경련, 망상 등의 증상이 나타나는 후기 단계(혹은 만성 단계)로 진행된다(Jellinek, 1960). 각 단계들은 질병의 진행처럼 전진하며, 속성상 돌이킬 수 없다. 또한 중독의 중간과정에서 음주 행동을 중단한다고 하더라도 초기 단계로 되돌아갈 수 없고, 아무리 오랫동안의 금주 기간이 있다고 하더라도 재발될 수 있어 금주만이 방법이라고 본다.

(4) 사회문화적 중독모델

앞서 살펴본 중독모델들이 대부분 개인내적인 측면에서 그 원인을 찾았다면 사회문화적 중독모델은 개인을 둘러싼 외적 요인들에 초점을 맞추어 중독을 설명하는 접근이다. 알코올 중독 부모는 자녀의 중독을 설명하며 알코올이나 약물 등에 대한 부모의 허용적인 태도가 자녀의 중독과 높은 상관이 있다는 연구들(Lawson, Person, & Lawson, 1983; McDermott, 1984)은 이를 지지한다. 중국인과 유대인의 경우, 법적으로 금지하고 있지 않음에도 불구하고 알코올 중독 비율이 낮다. 이러한 사회의 사람들은 지나친 음주와 그로 인한 부적절한 행동을 허용하지 않는 음주에 대한 문화적 제재를 의식하기 때문이다(Peele, 1989). 반면 음주에 대해 허용적인 우리나라의 사회문화적 요인 역시 알코올 중독의 높은 비율을 잘 설명하며, 지역에 도박장이 생기면서 도박중독의 발생률이 높아지는 것 역시 이 모델로 잘 설명된다.

(5) 생심리사회적 중독모델

앞서 중독을 설명하는 모델들은 모든 중독을 설명하기에 한계들을 갖고 있다. 중독마다 혹은 사례마다 그 원인이 다르기에 치료적 개입을 고려할 때 한 가지 원인만으로는 설명이 충분치 않다. 다양한 생물학적 · 발달적 · 심리적 · 사회적 · 문화적 변수들이 중독에 대한 설명에 고려되는 모델이 생심리사회적 중독 모델이다(Krumpfer, Trunnell, & Whiteside, 1990). 어떤 중독은 유전적 성향과 같은 생리적 요인일 수 있으나, 어떤 중독은 개인의 심리적 · 신체적 고통이 보다 직접적일 수 있다. 또한 어떤 중독의 경우는 환경이 그 원인으로 설명될 수 있다. 따라서 치료적 개입 또한 각 중독의 원인에 따라 다르게 적용되어야 한다는 입장을 갖는다.

2. 중독의 단계

임상현장에서 오랫동안 중독자와 만나며 이들을 도운 나켄(Nakken, 2008)이 중독과정에 대해 제시한 설명은 중독자의 내적 변화를 이해하는 데 도움이 될 것이다. 나켄(Nakken, 2008)은 중독의 과정을 크게 3단계로 나누어 설명하고 있다. 첫 단계는 내면적 변화 단계로 중독행동의 결과 중독성격으로의 변화가 생긴다. 두 번째 단계는 생활방식의 변화 단계로 중독 행위로 인해 생활 전반에 변화가 생긴다. 세 번째 단계는 삶이 무너지는 단계로 중독자가 자기 자신을 통제할 수 없는 상태로 삶에서 중독행동 외에는 아무 것도 중요하지 않게 되는 단계이다. 중독과정은 이처럼 출발점과 도착점이 있고 하강하는 나선형 계단처럼 반복되고 순환하며 진행되는 하나의 과정이다. 각 단계의 특징들을 구체적으로 살펴보면 다음과 같다.

1) 1단계: 내면적 변화 단계

사람은 관계를 필요로 한다. 관계는 자아, 가족과 친구, 공동체, 보다 높은 영적 존재와의 자연스러운 관계를 형성하며 살아가는데, 중독자는 이러한 관계에서 실패한다. 삶의 고통과 스트레스 상황에서 자연스러운 관계를 통해 위안과 지지를 얻지 못한 중독자는 물질이나 행동과의 관계를 통해 필요한 정서적인 만족감을 얻는다. 이후 중독자에게 필요한 위안과 지지는 중독 대상과의 관계 속에서 얻게 되고, 반복되는 충족 경험은 여러 차례 기복을 거치며 중독이 되풀이 된다. 중독자는 불편함을 느낄 때 자연스러운 관계들을 통해 이를 해결하려 하기보다 중독 대상을 찾아 해결하고자 한다. 이러한 순환은 정서적인 갈망을 일으키며, 정신적인 몰두로 이어진다.

이후 중독자는 중독성격으로 성격의 변화를 겪게 된다. 중독성격은 자아

(self)와 내면의 중독자(addict)로 구성된다. 성격 중 정상적이고 조절 가능하며 인간적인 면인 '자아'의 힘이 약화되면서 중독으로 인해 변화시킨 성격의 측면인 '중독성격'이 점차 지배하게 된다. 중독 성격으로 변화하게 되면 중독 행동을 지속하고 그것에 점점 더 몰두하게 된다. 또한 특정 중독 대상에게서 충족되지 않는 경우 그 대상을 옮겨 간다. 중독과정 중 끊임없이 자아와 내면의 중독자 사이의 갈등이 발생하며 이 갈등에서 승자는 예외 없이 내면의 중독자이다. 싸움이 지속될수록 내면의 중독자는 점점 더 강해지고 중독성격이 더 많은 통제력을 확보한다.

결국, 내면의 중독자가 자아를 장악한다. 중독자는 자신의 내부에서 통제력 상실에 대한 조짐을 느끼게 되는데, 1단계에서는 행동보다는 정서나 사고 수준에서 통제력이 상실된다. 중독자는 이런 통제력 상실에 대해 수치심을 경험한다. 그럼에도 불구하고 대부분의 중독자는 자신의 상태를 통제할 수 있다고 착각하고 중독자 특유의 사고방식인 '중독논리'를 발달시킨다. 중독논리란 병적인 관계에 대해 제기되는 내면의 의문에 대해 스스로를 정당화하며 대응하는 방법이다. 예를 들어, 도박에 대한 충동을 '그냥 재미로 단 한 번만 할 건데. 뭘!'이라거나 니코틴에 대한 충동을 '인생 한 번뿐인데 이 좋은 걸 꼭 참고 살아야 하나?' 등의 논리로 충동을 설명하고, 행동을 정당화한다. 그리고 중독논리는 중독 관계 사실을 부정하고 문제의 원인이 다른 데 있다고 믿는다. 또한 지금의 상황이 너무나 심각해서 도저히 극복할 수 없다고 생각한다. 예를 들면, 알코올 중독인 사람은 자신의 음주가 문제가 아니라 결혼생활 혹은 배우자가 문제이기 때문에 자신이 음주를 할 수밖에 없는 것이라고 생각한다.

2) 2단계: 생활방식의 변화 단계

중독과 관련된 실행이 즐거움, 흥분과 같은 기분의 변화나 새로운 아이디

어와 자극을 제공하던 1단계와 달리, 2단계에 이르면 매혹은 점점 줄어들기 시작한다. 물질이나 행동이 제공하던 즐거움은 상당 부분 사라지고 중독과정이 일으키는 고통과 좌절을 은폐하고 도피하기 위한 목적으로 중독행동을 실행하게 된다. 정서와 사고 측면에서 의존되던 1단계에서 행동 차원의 의존으로 발전한다. 즉, 중독자는 행동통제력을 잃어 간다. 그러나 중독자는 자신이 행동통제력을 상실했다는 것에 대해 인정하지 않는다. 자신은 통제할 수 있다고 믿고 있거나 설사 지금은 그렇지 못하다 해도 앞으로는 통제할 수 있을 것이라고 스스로를 설득한다. 그러나 자신과 주변 사람의 마음을 배반하는 일이 잦아진다.

중독자는 자신만의 중독의식(儀式)을 만들어 간다. 생일파티(의식)에서 축하노래를 부르고 축하의 인사를 전하며 준비해 온 선물을 전달한 후 음식을 함께 나누어 먹는 일련의 방식이 진행되는 것처럼, 중독자는 자신만의 중독의식을 거행한다. 의식은 자신이 원하는 중독행동의 시간과 순서, 방식을 최적화하여 정착된다. 알코올 중독자가 술을 마시거나 섹스 중독자가 매춘을 하는 행위까지 중독자는 나름의 순서와 과정을 정해진 순서대로 거행한다. 중독의식을 수행하며 중독자는 중독행동 실행 여부에 대한 갈등을 완화하고 수치감과 같은 심리적 긴장이나 스트레스를 해결한다. 중독자는 자신이 만든 중독의식을 믿고 헌신하게 된다.

중독자는 중독행동을 통제하지 못하는 자신에게 큰 수치심을 느끼게 되고 행동을 조절하기 위한 내면의 투쟁이 이어지며, 정서적인 위축과 인간관계에서 문제가 생기기 시작한다. 자연스러운 관계에 집중하지 못하는 중독자는 물질과 행동에 정서적으로 집착하여 다른 사람을 조종하고 물질처럼 대하기 시작한다. 중독자는 친구와 가족 그리고 주변 사람의 염려와 관심을 귀찮아하거나 저항하고 정서적으로 위축되기도 하며 때로 이용하게 된다. 이러한 중독자와의 관계는 중독자에게 애정이 있는 주변 사람을 고통스럽게 하고 위험에 빠뜨리게 된다. 주변 사람은 중독자를 이해하고 도우려는 과정에서 꼬

리표를 붙이게 된다. 하지만 꼬리표는 중독자를 분노하게 하고 한편에서 중독행동에 무책임할 자유를 부여받게 하면서 점점 더 깊은 중독에 빠져든다.

3) 3단계: 삶이 무너지는 단계

독자는 중독행동을 반복하고 지속하면서 강한 고통, 분노, 두려움을 느끼며, 이로 인해 엄청난 스트레스를 받게 되고 삶이 무너지는 3단계에 이르게 된다. 고통에서 멀어지는 시간은 짧아지고 더 크고 지속적인 고통을 겪게 된다. 생명을 위협하는 극단적인 행동들이 중독자 자신뿐 아니라 가족과 친구들을 향해서도 생긴다. 이러한 극단적인 자신의 행동을 이해할 수 없기에 중독행동에 대해 스스로 이해해 왔던 중독논리도 무너진다. 이해하기조차 포기한 중독자의 생활방식은 전적으로 중독의식을 위주로 이루어지고 이에 경직된다.

미해결된 정서적인 문제들과 그로 인한 스트레스 때문에 3단계에 있는 중독자는 정서적인 대응이 무너지고 갑작스러운 감정적 반응으로 울음과 분노발작, 불안 등을 겪는다. 중독자는 줄곧 자신의 중독적 욕구를 채우기 위해 다른 사람을 이용하고 교묘히 다루는 식으로 관계를 유지하며 진정한 인간관계가 무너진다. 그러다 더 이상 다른 사람을 이용할 수도 없게 되면 많은 사람들이 중독자를 떠나거나 버린다. 최종적으로 남아 있는 사람들은 책임감, 동정심, 죄책감으로 중독자를 돌보게 되며 중독자는 그들에게 정신적인 협박을 가함으로써 자신을 돌보게끔 한다.

중독자의 주변에서는 점점 다양한 문제들이 발생한다. 직장에서도 문제가 불거지게 되고, 중독을 유지하기 위해 쓰는 많은 돈으로 인한 재정적 문제, 통제를 벗어난 중독행동으로 인해 법적 문제가 발생하게 된다. 또한 오랫동안의 정서적 · 심리적 스트레스는 직간접적으로 신체에 여러 가지 이상 징후들을 일으키게 된다. 더욱 심각한 것은 중독행동을 통해서조차 내면의 고통을 해결할 수 없게 되어 고통을 끝내고 싶은 마음과 자신의 중독적인 면에 대한 증오와 수치스러움으로 중독관계를 끝내고 싶은 마음에 자살문제를 일으키기도 한다. 더 이상 중독자 스스로는 중독에서 빠져나올 수 없게 된다.

3. 중독의 종류

중독을 분류하는 기준과 범위는 다양하다. 전문가들이 가장 많이 사용하는『정신질환 진단 및 통계편람(Diagnostic and Statistical Manual of Mental Disorders, fifth Edition: DSM-5)』에서는 크게 10가지 물질관련 장애와 도박중독이라는 비물질관련 장애로 분류하고 있다. 관례적으로는 중독 대상을 기준으로 물질중독과 행위중독으로 구분한다. 병리적인 중독으로서 진단하기 위해서는 전문가들의 합의 기준이 필요한데, 종류별 중독의 병리성은 시대나 사회에 따라 그 기준이 다르게 합의될 수 있다.

이 절에서는 관례적인 분류 방식에 따라 구분하여 각 중독에 대해 살펴보고자 한다. 먼저 물질중독으로 알코올 중독, 니코틴 중독, 약물중독으로 나누어 살펴보고, 다음으로 행위중독으로 도박중독, 인터넷 중독, 성중독을 살펴본다.

1) 물질중독

(1) 알코올 중독

알코올은 축하와 위로, 인간관계의 갈등 해결과 촉진, 종교의식, 치료 용도로 사용하는 친숙하고 효과적인 물질이다. 그러나 폭음과 습관적인 알코올 사용은 여러 문제들을 일으킨다. 스스로 조절하려고 하였을 때도 금단증상이 나타나며, 결국 극단적인 악영향을 주게 된다. 중독을 일으키는 여러 물질

중 알코올은 성년 이후의 사람에게는 쉽게 허용되고 때론 장려되면서 중독 가능성을 높이게 된다. 알코올은 중추신경 진정제의 대표적인 물질로서 중추신경계의 전반적인 기능 저하를 일으켜 진정 작용이나 졸음, 나른함 및 혼수상태를 야기한다.

미국정신의학회의 DSM-5에서는 알코올 사용장애(alcohol use disorders), 알코올 중독(alcohol intoxication), 알코올 금단(alcohol withdrawal)으로 구분하였다. 알코올 사용장애는 금단, 내성, 갈망감이 포함된 행동과 신체 증상들로 손상과 고통을 일으키는 알코올 사용의 장애를 의미한다. 알코올 금단은 과도하게 장기적으로 사용한 알코올을 줄이거나 중단한 경우 자율신경계 항진과 불안 등의 증상이 생겨 이로 인해 사회적, 직업적 혹은 다른 영역에서의 문제를 일으키는 경우를 말한다. 알코올 중독은 최근에 알코올 섭취가 있고 섭취하는 동안과 그 직후에 임상적으로 심각한 행동 및 심리적 변화가 있으며 이런 변화로 인해 기능손상, 판단력 손상, 생명을 위협하는 혼수상태 등인 경우이다.

알코올 사용장애 선별검사(Alcohol Use Disorder Identification Test: AUDIT-K)는 세계보건기구(WHO)에서 개발한 검사로 우리나라의 실정에 맞게 표준화한 검사이다. 나의 음주행동의 중독성정도를 점검해 보자.

표 6-1 한국형 알코올리즘 간이선별검사(AUDIT-K)

번호	문항	0점	1점	2점	3점	4점
1	얼마나 자주 술을 마시나	전혀 안 마심	월 1회 이하	월 2~4회	주 2~4회	주 4회 초과
2	술을 마시는 날은 한 번에 몇 잔 정도 마시나	전혀 안 마심	소주 1~2잔	소주 3~4잔	소주 5~6잔	소주 7~9잔
3	한 번에 소주 한 병 또는 맥주 4병 이상 마시는 경우는 얼마나 자주 있는가	없음	월 1회 미만	월 1회	주 1회	거의 매일
4	한 번 술을 마시기 시작하면 멈출 수 없었던 때가 1년 동안 얼마나 자주 있었나	없음	월 1회 미만	월 1회	주 1회	거의 매일

번호	문항	0점	1점	2점	3점	4점
5	지난 1년간 평소 같으면 할 수 있었던 일을 음주 때문에 실패한 적이 얼마나 자주 있었니	없음	월 1회 미만	월 1회	주 1회	거의 매일
6	지난 1년간 술 마신 다음 날 일어나기 위해 해장술이 필요했던 적은 얼마나 자주 있었나	없음	월 1회 미만	월 1회	주 1회	거의 매일
7	지난 1년간 음주 후에 죄책감이 든 적이 얼마나 자주 있었나	없음	월 1회 미만	월 1회	주 1회	거의 매일
8	지난 1년간 음주 때문에 전날 밤 일이 기억나지 않았던 적이 얼마나 자주 있었나	없음	월 1회 미만	월 1회	주 1회	거의 매일
9	음주로 인해 자신이나 다른 사람이 다친 적이 있나	없음		있지만 지난 1년간 없었음		지난 1년간 있었음
10	친척이나 친구, 의사가 당신이 술 마시는 것을 걱정하거나 당신에게 술 끊기를 권유한 적이 있었나	없음		있지만 지난 1년간 없었음		지난 1년간 있었음

〈결과 해석〉

남 0~9점/여 0~5점	정상 음주임
남 10~19점/여 6~9점	위험 음주 단계임
남 20점 이상/여 10점 이상	알코올 남용이나 의존 단계임

출처: 대한보건협회(www.kpha.or.kr)

(2) 니코틴 중독

니코틴(nicotine)은 담배에 포함되어 있는 화학 성분으로 흡연자를 흥분시키거나 기분을 좋게 만드는 중독성 있는 중추신경 흥분제이다. 처음 담배를 피우게 되면 구토나 기침, 어지러움 등이 나타나 니코틴에 접근하는 것을 어렵기도 하지만, 일단 습관이 되면 점차 내성이 생기고 건강에 직간접적 영향을 미친다. 담배를 피우는 당사자뿐 아니라 주변 사람의 건강에 미치는 부정적 영향에 대한 인식이 높아지면서 니코틴 중독에 대한 사회적 대응이 큰 편이라 사회적인 활동에 어려움을 겪는다. DSM-5에서는 담배 관련 장애를 담배사용장애(tabacco use disorder)와 담배금단(tabacco withdrawal)으로 분류하여 진단하고 있다. 담배사용장애는 내성, 조절의 실패, 담배의 갈망, 담배사용으로 인한 중요한 사회적, 직업적 혹은 여가활동에 부정적 영향, 금단증상 등이 나타나는 경우이다. 담배금단은 니코틴을 사용하다가 갑자기 중단하거나 사용량을 줄였을 때, 과민성(좌절 또는 화), 불안, 집중곤란, 식욕증가, 안절부절 못함, 우울한 기분, 불면 등 증상이 나타나며 이로 인해 사회적, 직업적 혹은 다른 중요한 면에서 큰 곤란이 초래되는 경우를 말한다. 금단증상은 보통 마지막 흡연 후 90~120분부터 시작되어 24~48시간에 최고조에 달하였다가 수주 또는 수개월 동안 지속된다.

(3) 카페인 중독

카페인은 현대인이 커피와 콜라, 차, 에너지 음료, 초콜릿과 같이 피로 회복, 단순한 습관이나 기호품으로 섭취하거나 진통제, 감기약, 식품첨가제 형태로 섭취되면서 그 사용이 증가하고 있다. DSM-5에서는 카페인 관련 장애를 카페인 금단(caffeine withdrawal)과 카페인 중독(caffeine intoxication)으로 분류하여 진단하고 있다. 카페인 금단은 지속적으로 매일 카페인을 사용하다가 갑자기 끊거나 줄인 뒤 금단증상이 나타나는 것으로 그 증상은 두통, 현저한 피로나 졸음, 불쾌한 기분, 우울 기분, 과민성, 집중력 저하, 독감 유사 증상 등이다. 카페인 중독은 최근 카페인을 소비했고 사용 중이거나 직후에 이상 징후나 증상이 나타나는 것이다. 증상은 안절부절 못함, 신경과민, 흥분, 불면, 안면홍조, 잦은 이뇨, 위장관장애, 근육연축(떨림), 사고와 언어의 두서없는 흐름, 빈맥 혹은 심부정맥, 지칠 줄 모르는 기간, 정신운동 초조 등이다. 카페인 중독 자가진단검사를 통해 나의 카페인중독 정도를 점검해 보자.

표 6-2 카페인 중독 자가진단 검사

번호	문항	Yes	No
1	커피나 에너지 음료를 하루 4잔 이상 마신다.	☐	☐
2	자주 예민해 지고 불안하다.	☐	☐
3	일을 할 때나 밤을 샐 때 커피나 음료가 필요하다.	☐	☐
4	가슴이 자주 두근거리고 때론 불규칙하게 뛰는 것 같다.	☐	☐
5	수면장애가 있다.	☐	☐
6	속이 자꾸 쓰리고 헛구역질을 할 때가 있다.	☐	☐
7	커피를 마시면 피곤하지 않다.	☐	☐
8	카페인을 섭취해야 지치지 않고 일을 잘 할 수 있을 것 같다.	☐	☐
9	카페인이 없는 다른 음료는 거의 마시지 않는다.	☐	☐
〈결과해석〉 Yes에 응답한 개수가 4개 이상이면 카페인 중독을 의심해 볼 수 있음			

출처: 용인정신병원(blog.naver.com/yongin_mh)

(4) 약물중독

물질중독을 일으키는 여러 물질 중에 일상생활에 친숙한 알코올, 니코틴과 카페인은 앞서 살펴보았다. 그 이외의 물질들은 대부분 마약류들로 각 약물을 사용함에 있어 임상적으로 현저한 손상이나 고통을 일으키는 장애를 보이며, 사용에 대한 강한 욕구, 내성과 금단증상, 사용 조절의 문제를 갖게 된다. 이러한 증상들은 신체적 · 심리적 문제를 유발하거나 악화시키며 사회적 · 직업적인 부분과 여가에서 문제를 일으킨다. 마약류 약물은 중추신경 진정제, 중추신경 흥분제, 환각제로 나누어 살펴보고자 한다.

① 중추신경 진정제

중추신경 진정제는 신체의 반응도를 낮춰 이완감, 진통과 진정 효과, 지루함의 해소, 자존감 증가를 일으킨다. 대표적인 진정제는 아편, 모르핀, 헤로인, 코데인 등이다. 아편의 재료는 양귀비 액즙으로 이를 응결 · 가공한 것이다. 아편에서 주요 활성 성분을 추출하여 개발한 것이 모르핀이며, 모르핀을 화학적으로 변형시킨 것이 헤로인이다. 의료용으로 사용되는 아편은 강력한 진통 효과를 갖고 있으며, 코데인은 기침약 처방에 쓰인다. 의료적 용도 이외의 아편류는 내성이 쉽게 생겨 과다복용 등으로 문제가 되고, 금단증상이 매우 빠르게 나타나며 매우 고통스럽다. 이와 같은 아편류의 마약은 일단 빠져들면 헤어 나오기 힘들 정도로 중독성이 강하다. 거기에 값이 비싸 마약을 구하기 위해 범법 행위로도 이어질 가능성이 높다.

② 중추신경 흥분제

중추신경 흥분제는 중추신경 진정제의 작용과 반대로 중추신경의 기능을 과활성화시켜 활력증가, 다행감, 사교성, 과잉활동, 불안, 긴장, 과각성, 과대성, 분노등을 증가시킨다. 대표적인 흥분제는 필로폰(philopon), 코카인(cocaine), 엑스터시(ecstasy), GHB(gamma hydroxy butyrate; 일명 물뽕)등이다. 필로폰은 우리나라에서 가장 많이 사용되고 있는 마약류로 주로 경구나 주사기 등을 이용하여 정맥으로 투여된다. 엑스터시(일명 도리도리)는 나이트클럽 등 사교장에서 사용하고, GHB는 성범죄에 악용되기도 한다. 코카인은 백색 염산염 가루로 코카나무의 잎을 가공하여 만드는데, 비강으로 흡입하는 경우 빠르게 뇌에 영향을 미치게 된다. 이를 복용하면 지나친 자극성으로 인해 주로 신경과민, 불안감, 피로와 좌절감과 같은 증상이 나타나게 된다. 흥분제류의 약물들은 일주일 내로 빠르게 사용장애로 발전할 수 있어 내성, 과다 수면, 식욕 증가, 불쾌감, 갈망 등 금단증상 등을 경험한다.

③ 환각제

환각제는 중추신경계를 흥분시키기도 하고 억제시키기도 하며, 때론 동시에 흥분과 억제 작용을 일으킨다. 시각, 청각, 후각, 촉각의 감각에 변화를 일으키며, 내적인 사고와 충동을 증가시켜 의식 상태를 변화시킨다. 환각제는 마리화나(대마초), LSD(lysergic acid diethylamide)가 대표적이다. 마리화나는 내성은 약하지만 금단증상이 있고, 습관성 중독이 있다. 마리화나는 감각의 향상, 긴장 완화, 식욕 증진, 다행감, 유머감각의 발현, 단기기억의 손상, 시간 감각의 변형 등을 경험한다. 마리화나는 다른 약물에 비해 그 폐해가 상대적으로 적다고 인식되면서 국가별로 합법화를 하거나 추진하고 있는 나라들이 있다. 금단증상으로는 과민성, 노여움(혹은 공격성), 불안, 우울기분, 안절부절못함, 수면문제, 식욕부진(혹은 체중 감소) 등이 있다. LSD는 강력한 환각효과를 갖고 있어 현실적인 판단능력이 상실되며, 시간 개념의 혼란, 정서 불균형, 자기의 일부가 파괴되는 느낌 등을 경험한다. 이러한 환각 상태에서는 자살, 폭력, 살인 등의 심각한 문제 행동을 쉽게 저지르기도 한다. LSD의 경우 중독되지 않은 상태에서도 중독되었을 때 경험한 지각장애를 재경험하는 환각제 지속성 지각장애(hallucinogen persisting perception disorder)를 나타내기도 한다.

2) 행위중독

행위중독은 특정 행동에 대한 중독을 의미하는 것으로 빈도가 잦고, 행동 통제력을 잃으며, 자신과 주변에 폐해가 생기는 행동들에 중독되었다고 표현한다. 행위중독은 인터넷 중독, 게임중독, 도박중독, 성중독, 쇼핑중독, 운동중독, 일중독, 성형중독, 문자중독처럼 일상적인 행동들과 연결하여 사용한다. 병리적이거나 심각한 정도의 중독으로 진단하거나 문제로 인식하지 않는다 하더라도 우리는 특정 행동의 집착, 반복 등의 특성을 중독이라는 용어로 통용하고 있음을 알 수 있다. 그중 중독의 위험성에 대한 사회적 관심이 모아진 도박중독, 인터넷 중독, 성중독을 중심으로 살펴보고자 한다.

(1) 도박중독

도박이란 불확실한 사건에 돈이나 가치 있는 어떤 것을 거는 행위라고 할 수 있다. 사건의 결과는 우연에 의해 결정되고, 자신이 거는 행위의 결과가 불이익 혹은 위험성을 갖고 있음을 알지만 보통 자신에게 승산이 있을 것이라고 기대하며 내기를 한다. 일상의 가벼운 '내기'는 즐거움과 만족감을 준다. 그러나 우리가 주목하는 도박은 개인, 가족, 사회를 무너뜨릴 만큼 부정적인 결과를 초래한다. 최근에는 그 장소가 온라인상으로까지 확장되면서 도박중독의 위험성도 한층 높아졌다. 특히 IT 강국으로서의 우리나라는 인터넷 도박중독자의 위험이 어느 나라보다 크다.

DSM-5에 따르면, 도박장애는 지속적이고 반복적인 문제적 도박행동이 임상적으로 현저한 손상이나 고통을 일으키고, 지난 12개월 동안 다음 9개의 항목 중 4개 이상인 경우이다.

① 원하는 흥분을 얻기 위해 액수를 늘리면서 도박하려는 욕구

② 도박을 줄이거나 중지시키려고 시도할 때 안절부절못하거나 과민해짐

③ 도박을 조절하거나 줄이거나 중지시키려는 노력이 반복적으로 실패함

④ 종종 도박에 집착함(예, 과거의 도박경험을 되새기고, 다음 도박의 승산을 예견해 보거나 계획하고, 도박으로 돈을 벌 수 있는 방법을 생각)

⑤ 괴로움(예, 무기력감, 죄책감, 불안감, 우울감)을 느낄 때 도박함

⑥ 도박으로 돈을 잃은 후, 흔히 만회하기 위해 다음날 다시 도박함(손실을 쫓아감)

⑦ 도박에 관여된 정도를 숨기기 위해 거짓말을 함

⑧ 도박으로 인해 중요한 관계, 일자리, 교육적·직업적 기회를 상실하거나 위험에 빠뜨림

⑨ 도박으로 야기된 절망적인 경제 상태에서 벗어나기 위한 돈 조달을 남에게 의존함

커스터와 밀트(Custer & Milt, 1985)는 도박(gambling)을 하는 사람들의 특성에 따라 도박가를 전문도박가, 반사회적 도박가, 일시적인 도박가, 심각한 사회적 도박가, 이완 및 회피형 도박가, 강박적 도박가라는 6가지 유형으로 개념화하였다. 도박에 쓰는 시간과 돈을 통제할 줄 아는 전문도박가나 이기기 위한 속임수를 사용하는 반사회적인 도박가는 비교적 소수이며, 이들은 보다 법적인 측면에서 다루어진다. 일시적인 도박가는 여가의 일부로 관광용 도박이나 소액복권 구입을 하는 사람들이다. 이들은 의도한 돈 이상을 잃지 않고 그만둘 수 있는 도박가이다. 심각한 사회적 도박가는 여가의 대부분의 시간과 에너지를 도박을 위해 사용한다. 예를 들어, 스포츠 도박을 위한 팀 전력 비교분석, 경기 관람, 제한된 베팅 금액을 해결하기 위해 여기저기 사이트를 방문한다. 이완 및 회피형 도박가는 생활사건과 관계들에서 발생하는 외로움, 불안, 우울과 같은 부적감정을 도박으로 회피한다. 이 경우 물질사용과 유사하게 뇌의 보상체계가 작동된다. 마지막으로, 강박적 도박가는 도박을 하거나 도박하기 위한 돈을 마련하는 것에 전념하고 스스로 행동을 통제할 수 없게 된다. 때로 도박을 위해 불법적인 행동을 하거나 그 결과를 감당하지 못해 극단적이고 치명적인 행동을 저지르기도 한다.

도박중독 역시 시간을 두고 발달하는 경향이 있다. 초기에는 보통 재미로 시작하지만 시간이 지나면 온통 도박과 도박을 위한 행동에 전념한다. 도박자는 돈을 딸 때도 잃을 때도 모두 멈추지 못한다. 승자가 되었을 때의 쾌감과 극도의 짜릿함은 패자가 되었을 때조차 만회가 가능하고 도박에 중독되는 것에 자신만은 예외라고 착각한다.

(2) 인터넷 중독

인터넷 중독이란 인터넷 사용으로 인해 사회적 · 정신적 · 육체적 · 경제적 문제가 일상생활에 발생하고 자신의 의지대로 통제되지 않는 상태를 의미한다. 인터넷 중독은 인터넷을 통해 접속해서 보내는 활동에 따라 인터넷 게임

중독, 인터넷 도박중독, 음란물 중독, 관계중독, 정보중독 등 다양한 형태로 나타난다. 이제 인터넷은 일상생활에 뻗어 있어 별도로 찾아가는 분리된 영역이 아니다. 버튼 하나로 인터넷에 쉽게 연결되고 인터넷은 우리의 생활을 구성하는 뼈대가 되고 있으며, 이후 현대사회는 그 정도와 양상이 심화될 수밖에 없다. 이런 환경에서 우리는 인터넷 환경에서 나고 자라며 죽는다. 놀이와 일상생활이 인터넷 안에서 이루어진다.

이런 환경은 인터넷을 적절하게 사용할 수 있는 통제력을 쉽게 상실하게 한다. 과도하게 사용하는 경우에 의존을 발달시켜 내성과 금단증상을 갖는다. 일단 인터넷을 시작한 사람은 자발적으로 사용을 중단하지 않으며, 시간이 늘면서 수면시간이 줄어든다. 인터넷 사용에 대한 갈망이 생기고, 하지 못하게 되면 우울, 초조, 공허감등을 경험한다. 인터넷 사용에 대한 몰두로 가족과 친구 등 대인관계에서 갈등과 문제가 발생하고, 직업이나 학업 등 생활 전반의 역할수행이 저하된다. 심한 경우 현실과 가상공간의 구분이 모호해지기도 하면서 때론 범죄에 노출되기도 한다(이형초, 2005; Young, 2000). 자신의 인터넷 사용 중독 정도를 성인용 인터넷 중독 자가진단 척도를 통해 스스로 점검해 보자.

표 6-3 성인용 인터넷 중독 자가진단 척도(A척도)

번호	항목	전혀 그렇지 않다	그렇지 않다	그렇다	매우 그렇다
1	인터넷이 없다면 내 인생에 재미있는 일이 하나도 없을 것 같다.	1	2	3	4
2	실제 생활에서도 인터넷에서 하는 것처럼 해 보고 싶다.	1	2	3	4
3	인터넷을 하지 못하면 무슨 일이 있어났는지 궁금해서 다른 일을 할 수가 없다.	1	2	3	4
4	사이버 세상과 현실이 혼동될 때가 있다.	1	2	3	4
5	인터넷을 할 때 마음대로 되지 않으면 짜증이 난다.	1	2	3	4
6	인터넷을 하지 못하면 안절부절못하고 초조해진다.	1	2	3	4

번호	항목	전혀 그렇지 않다	그렇지 않다	그렇다	매우 그렇다
7	인터넷을 하는 동안 더욱 자신감이 생긴다.	1	2	3	4
8	일상에서 골치 아픈 생각을 잊기 위해 인터넷을 하게 된다.	1	2	3	4
9	인터넷을 하면 기분이 좋아지고 쉽게 흥분한다.	1	2	3	4
10	인터넷을 하면 스트레스가 해소되는 것 같다.	1	2	3	4
11	"그만 해야지." 하면서도 번번이 인터넷을 계속하게 된다.	1	2	3	4
12	일상 대화도 인터넷과 관련되어 있다.	1	2	3	4
13	해야 할 일을 시작하기 전에 인터넷부터 하게 된다.	1	2	3	4
14	일단 인터넷을 시작하면 처음에 마음먹었던 것보다 오랜 시간 인터넷을 하게 된다.	1	2	3	4
15	인터넷 속도가 느려지면 금방 답답하고 못 견딜 것 같은 기분이 든다.	1	2	3	4
16	인터넷을 하느라 다른 활동이나 TV에 대한 흥미가 감소했다.	1	2	3	4
17	인터넷을 하면서도 죄책감을 느낄 때가 있다.	1	2	3	4
18	지나치게 인터넷에 몰두해 있는 나 자신이 한심하게 느껴질 때가 있다.	1	2	3	4
19	인터넷 사용을 줄여야 한다는 생각을 끊임없이 한다.	1	2	3	4
20	내가 생각해도 나는 인터넷에 중독된 것 같다.	1	2	3	4

〈결과 해석〉

총 점수	분류	특성
67점 이상	고위험 사용자군	인터넷 사용 시간 조절 어려움. 대부분의 시간을 인터넷을 하며 보냄. 전문 치료를 요하는 병적인 상태
54~66점	잠재적 사용자 A군	맹목적인 인터넷 사용 경향. 최소한의 사회생활, 주변에서 인식할 수준, 인터넷 사용 조절을 위해 외부 지원이 필요한 상태
43~53점	잠재적 사용자 B군	맹목적인 인터넷 사용 경향. 사용 목적 이외의 인터넷 사용 시간 증가, 잠재적인 문제 발생 가능성, 일상생활 유지, 자기관리 필요
42점 이하	일반 사용자군	일반 사용자

출처: 한국정보문화진흥원(2005).

(3) 성중독

성과 관련된 충동적인 욕망을 충족하기 위해 반복적이고 강박적으로 성행위를 수행하여 여러 부정적 결과를 초래함에도 조절에 실패한다는 점에서 중독이라고 부를 수 있을 것이다. DSM-5에는 성중독(sexual addiction)이라는 용어로 명시되지는 않았지만, 성도착 장애(paraphilic disorders)로 성행위의 대상이나 성행위 방식에서 비정상적인 행위들의 진단기준을 제시하고 있다. 성도착 장애에는 옷을 벗는 중이거나 성행위 동안 옷을 벗고 있는 사람을 관찰하는 행동을 보이는 관음장애(voyeuristic disorder), 낯선 이에게 성기를 노출하는 행위를 하는 노출장애(exhibitionistic disorder), 동의하지 않는 사람에게 접촉하거나 문지르는 행위를 하는 접촉마찰 장애(frotteuristic disorder), 굴욕을 당하거나 매질을 당하거나 기타 다른 방식으로 고통을 당하는 것에서 성적 흥분을 얻는 성적 피학장애(sexual masochism disorder), 다른 사람의 신체적 또는 심리적 고통을 통해 성적 흥분을 얻는 성적 가학장애(sexual sadism diorder), 사춘기 이전의 아동들을 상대로 성행위를 하는 아동성애 장애(pedophilic disorder), 무생물의 물체(스타킹, 신발, 여성속옷 등)를 이용하거나 성기 이외의 신체부위에 집착하는 성애물 장애(fetishistic disorder), 이성의 옷을 바꿔 입음으로써 강한 흥분을 느끼는 의상전환 장애(transvestic diorder) 등이 있다.

성행위에 대한 평가는 문화와 처한 맥락에 따라 신중하게 이루어져야 하지만 성행위의 안전성, 타인에 대한 존중, 정직성, 친밀감 증진, 서로의 선택권 보장, 가치관의 부합 여부 등에 대해 긍정의 답을 할 수 없다면 성중독으로 발달해 갈 수 있다. 칸스(Carnes, 1983)는 3단계의 성중독 과정을 제시하였다. 1단계는 자위행위, 음란물 시청, 매춘, 부적절한 성관계 등의 행동들로 수용 가능, 용인 가능한 범주의 정상 행동의 단계이다. 2단계는 노출증, 관음증 등 성도착적 행동들로 타인에게 피해를 주거나 불법적 행동이 나타나는 단계이다. 마지막 3단계는 강간, 근친상간, 아동 성학대, 성폭행 등 심각한 범죄행동으로 심각한 피해의 희생자가 발생되고 가해자는 법적 처벌을 받게 되는 단계이다.

성중독은 에이즈나 성병, 임신이나 낙태의 문제, 강간 혹은 신체적 학대와 같은 신체적인 영향, 수치감, 죄책감, 우울, 두려움과 같은 심리적인 영향, 결혼생활이나 연애에서의 갈등과 같은 관계에의 영향, 직업 상실, 불법 성행위로 인한 법적 문제 등을 일으키며 영향을 미친다.

성중독 선별검사(Sexual Addiction Screening Test-R: SAST-R)를 통해 성중독 상태를 자가 점검해 보자.

4. 중독의 예방과 대처

중독을 예방하기 위해서는 그 원인에 대한 이해가 필요하다. 앞서 우리는 중독의 원인을 설명하는 중독모델을 통해 중독이 발생하는 이유를 개인적인 측면과 사회적인 측면, 개인 내외적인 측면에서 봐야 한다는 입장에서 살펴보았다. 그러나 시간의 흐름 속에서 중독행동이 반복하여 발달하는 중독의 특성을 볼 때 중독을 예방하는 단 하나의 획기적인 방법이란 것은 없다. 따라서 중독 예방을 위해서는 개인적인 측면과 사회적인 측면 모두에서 노력이 요구된다.

우선, 개인적인 측면에서 평상시 자신과 건강한 관계를 맺고 발전시키는 노력을 기울이는 것이 도움이 된다. 중독자는 특정 물질이나 행동과 새로운 관계를 형성함으로써 삶의 고통으로부터 벗어날 수 있는 위안을 얻게 된다. 삶에서 겪는 여러 어려움이 닥칠 때 우리는 자기 자신, 가족, 공동체 혹은 영적 관계 중 최소 한 곳과의 관계 속에서 위안을 얻고 문제를 해결해 가는 힘을 얻게 된다. 하지만 이러한 관계에 실패한 경우 다른 관계를 필요로 하며, 이것이 중독 대상과의 관계의 시작과 유지를 하는 이유가 된다. 부적응적인 관계 속에서 위안과 평화를 찾게 된다면 언제나 중독의 위험에 노출될 수밖

표 6-4 성중독 선별검사

번호	문항	Yes	No
1	정기적으로 포르노나 성적으로 흥분시키는 소설, 잡지, 만화 등을 구입하나요?	☐	☐
2	연애관계가 감정적, 신체적, 학대 관계로 변질되었던 적이 있습니까?	☐	☐
3	자신의 성적 행위가 정상적이라고 느낍니까?	☐	☐
4	파트너 또는 가족이 당신의 성적 행위에 대해 걱정하거나 불평한 적이 있습니까?	☐	☐
5	자신의 성적 행위가 부적절하다고 느끼면서도 고치기 어렵다고 느낀 적이 있습니까?	☐	☐
6	자신의 성적 행위에 대해 죄의식을 가진 적이 있습니까?	☐	☐
7	자신의 성적 행위로 인해 자신이나 가족에게 문제를 일으킨 적이 있습니까?	☐	☐
8	자신의 좋지 않은 성적 행위에 대해 도움을 받으려고 애써 본 적이 있습니까?	☐	☐
9	다른 사람이 본인의 성적 행위에 대해 알까 봐 걱정한 적이 있습니까?	☐	☐
10	당신의 성적 행위로 인해 다른 사람이 정서적으로 상처받은 적이 있습니까?	☐	☐
11	특정한 성적 행위를 멈추기 위해 노력하거나 실패해 본 적이 있습니까?	☐	☐
12	다른 사람에게 자신의 성적 행위 중 어떤 것을 숨긴 적이 있습니까?	☐	☐
13	자신의 성적 행위가 점차 저속해지고 있다고 느낀 적이 있습니까?	☐	☐
14	섹스나 성적 공상을 자신의 문제회피 방법으로 활용하는 경향이 있습니까?	☐	☐
15	섹스 이후, 당신은 우울함을 느낍니까?	☐	☐
16	당신은 종종 피학적/가학적 행동을 드러냅니까?	☐	☐
17	자신의 성적 행위로 인하여 가정생활을 하는 데 어려움을 경험한 적이 있습니까?	☐	☐
18	미성년자와의 성경험이 있습니까?	☐	☐
19	자신의 성욕이 당신 자신보다도 더 강하다고 느낀 적이 있습니까?	☐	☐
20	성욕이나 성적 공상이 자신을 지배하고 있다고 느낍니까?	☐	☐

〈결과해석〉 Yes에 답한 문항의 개수가 6개 이상이면 성중독으로 판단한다.

출처: Carnes, Green, & Carnes(2010).

에 없다. 또한 주체적인 자기 삶의 주인으로서 스스로 선택하고 결정하며 통제할 수 있는 자기 조절 능력을 증진할 필요가 있다. 중독의 어원에서 드러나듯, 중독은 대상 물질이나 행위에 대한 조절에서 실패한 경우로 종속적인 관계를 예방하기 위해서는 정서적 · 인지적 · 행동적 측면에서 자기 조절 능력을 증진해야 한다. 먼저, 정서적 조절력이라 함은 자신의 정서를 자각 · 수용 · 이해함을 의미한다. 정서는 통제나 억압의 대상이 아니라 유기체 경험의 산물인 동시에 적응기제로서 우리는 정서를 자각하고 그대로 수용 · 이해하는 과정에서 조절의 힘을 기를 수 있다. 정서적 자기를 돌보는 일은 중독예방에 핵심적인 방법이다. 다음으로, 인지적 측면에서의 조절이라 함은 실패, 좌절, 스트레스 등에 대한 인지적 대처를 말한다. 힘든 상황에 대해 적응적이고 합리적인 사고로 접근하며 대안적 사고를 발전시킬 수 있는 힘은 중독에 빠질 수 있는 상황에서 힘을 발휘할 수 있게 도울 수 있다. 끝으로, 행동적 측면에서의 조절이라 함은 인간의 기본적인 안전, 안정, 사랑, 행복, 관계에 대한 욕구를 충족할 수 있는 대안들을 개발 · 실천하는 것을 말한다. 인간행동은 결국 유기체의 내적 열망을 위한 것으로, 가장 부적응적인 충족행동인 중독을 예방하기 위해서는 건강하고 다양한 활동과 관계를 만들고 유지해야 한다.

다음으로, 사회적인 측면에서는 중독에 대한 사회적 인식을 환기시킬 필요가 있다. 예방교육과 안전한 환경 조성이 필요하다. 또한 중독의 문제를 개인의 일탈이나 문제로만 보는 것이 아니라 함께 풀어야 할 문제로 접근하는 것이 필요하다. 중독을 일으키는 사회 문화적인 위험요인들에 대한 자각과 더불어 체계적인 예방체계를 갖추어야 한다. 그중 하나가 중독에 있어서 사회문화적인 영향에 대해 올바르게 평가하고 사회적 책임을 충분히 인식하고 접근하는 것이다. 중독물질과 행위에 대한 합법성의 여부, 허용 정도는 나라와 사회마다 다소 차이가 있다. 사회적 · 법적 허용이 중독을 키우는 면도 있으나 불법이나 비도덕적 행위로 간주하여 처벌과 비난으로 접근하는 것 또한 근본적인 문제해결이 안 된다는 비판들을 주의해서 볼 필요가 있다.

일단 중독이 되면 대처는 사후 개입이 되며, 사후 개입은 개별 중독의 특성에 따라 접근할 필요가 있다. 예방은 여러 중독이 갖고 있는 공통적인 측면에 근거해서 이루어지겠지만, 개입은 개별 중독의 특성, 개별 사례의 특성에 따라 접근한다. 또한 중독에 대한 대처를 통해 회복되는 과정이 중독의 시작과 발달을 되돌리는 것과 반드시 일치하는 것은 아니기 때문에 예방과 개입으로서의 대처는 다른 성격을 갖는다(박상규 외, 2009). 중독에 대한 대처는 주로 약물치료, 심리치료, 자조집단으로 진행된다.

이 장에서는 행동에 따른 결과의 심각성을 인식함에도 불구하고 스스로 조절하거나 멈추지 못하는 인간행동인 중독에 대해 살펴보았다.

제7장

자살과 정신건강

우리나라의 자살률이 경제협력개발기구(OECD) 국가 중 가장 높다는 것은 잘 알려진 사실이지만, 우리 사회는 자살의 심각성을 개인의 문제로 치부해 버리거나 어쩔 수 없었던 일이라는 식으로 상황을 무마하려고 하는 것에 더 급급한 모습들이 많다. 자살이라는 것이 지극히 개인적인 행동이며, 최종적으로 결정되고 시도되는 주체가 개인이기는 하지만, 그 개인이 속해 있는 환경을 무시할 수는 없다. 우리 사회는 빠른 경제 성장과 더불어 외형적 성장을 이루어 냈지만 경제적 양극화가 심화되었으며, 경쟁 사회에서의 불안정성이 더 높아지고 있는 상황에서 개인이 느끼는 행복과 만족감은 제자리걸음을 하고 있는지도 모른다. 가족 또한 이전과 달리 응집성은 더욱 낮아지고 있으며, 사회의 개인화가 급속도로 높아지면서 지지를 받을 수 있는 기회는 상대적으로 줄어들고 있는 것이 현실이다. 개인의 자살은 복합적 · 다원적이며, 어떤 면에서는 애매모호하여 쉽게 규명하기에 무척 힘들 수도 있다. 그럼에도 불구하고 우리는 자살에 대한 원인과 실태 파악 그리고 예방과 대처방안에 대해 끊임없이 노력하고 준비하여 적극적으로 개입하여야 한다. 자살은 개인의 삶은 물론 가족, 사회 공동체의 구성원들에게 정신적 · 물질적으로 부정적 영향을 끼치게 되며, 경제적인 손실을 초래하기도 한다. 자살과 관련한 접근은 지역 사회 및 국가 기반의 다면적 지원을 중심으로 자살예방, 자살에 대한 위기개입, 자살 사후개입에 대한 전략적 접근 차원에서 이루어져야 할 것이다.

이 장에서는 우리나라의 자살 실태를 알아보고, 자살의 예방과 대처를 비롯하여 자살생존자에 대한 이해와 도울 수 있는 방법을 살펴보고자 한다.

생각해 볼 문제

첫째, 자살을 예방하기 위한 교육 내용으로 어떤 것들을 다루어야 하는가?
둘째, 자살 위험이 있는 주변인의 징후를 인지한다면 어떻게 대해야 하는가?
셋째, 자살생존자의 정신건강을 위해 무엇을 다루어야 하는가?
넷째, 존엄사와 안락사의 끝나지 않는 논쟁에 대해 당신의 의견은 어떠한가?
다섯째, 인간은 죽음을 선택할 권리가 있는가?

1. 자살의 정의

자살(自殺)이라는 말은 문자 그대로 "자기의 목숨을 스스로 끊음"을 뜻하는 것으로, 스스로 삶을 중단시키는 행위이다. 자살을 뜻하는 'suicide'는 라틴어가 어원으로 sui(스스로, 자기 자신의)와 caedo(죽이다)의 합성어이며, 자신을 스스로 죽이는 것을 뜻한다. 세계보건기구(WHO, 1968)에서는 자살을 "죽고자 하는 의지를 가지고 자신의 생명을 해쳐서 죽음이라는 결과에 이르는 행위"라고 정의하고 있다. 자살로 인한 죽음은 자살에 대한 생각과 동기, 행동의 결과로서 일련의 연속적인 과정으로 볼 때(Cohen, Spirito, & Brown, 1996), 자살에 대한 생각으로부터 시작되어, 자살 시도, 자살의 완료로 구분하여 설명할 수 있다.

1) 자살 생각

자살 생각은 죽음과 관련한 광범위하고 막연한 것(예, '가치가 없다' '세상 살기 싫다' '허무하다')부터 구체적으로 죽음에 대한 의도를 갖는 생각(예, '죽고 싶다.' '나 자살하려고 해.')과 자살 시도와 관련된 행동 계획이 수반된 사고(예, '약을 먹고 죽을 거야.' '이제 사람들에게 마지막 인사를 하고 죽기 위해 떠날 거야.' 등)까지 여러 단계를 포함하고 있다. 자살 생각은 자살에 대한 계획과 자살 시도보다 먼저 나타나지만(Kessler, Borges, & Walters, 1999), 자살 생각이 반드시 자살 시도와 자살의 완료로 이어진다고 할 수는 없다.

2) 자살 시도

자살 시도는 자살에 대한 생각과 계획들이 구체적인 행동으로 표현된 경우로서, 죽으려는 의도를 가지고 자신을 죽음의 위험에 이르게 하는 행동을 하는 것을 말한다. 또한 자살 시도는 정말 죽으려는 의도는 없지만 자살 행동을 통해 타인에 대한 위협과 관심을 얻고자 하는 행동에서부터 자의적 또는 타의적인 개입으로 인해 자살의 완료가 되지 않은 경우까지를 포함한다. 이러한 자살 시도는 자살의 완료와 달리 정식으로 보고가 되지 않기에 정확한 수치를 알기가 매우 어렵다. 『2018 자살예방백서』(중앙자살예방센터, 2018) 내용에 따르면, 자살사망자는 남성(70.6%)이 여성(29.4%) 보다 높으며, 자해 · 자살 시도자는 여성(53.5%)이 남성(46.5%)보다 비율이 높음을 알 수 있다.

3) 자살의 완료

자살로 인한 죽음을 뜻하는 것으로, 자살 행동의 결과가 죽음으로 나타난 것으로서 죽으려는 의도를 가지고 스스로 상해를 입혀 사망(이혜선 외, 2008)한 상태를 설명한다.

2. 자살 실태 및 현황

통계청(2018a)의 사망원인 통계에 따르면, 2017년 기준으로 우리나라 전체 자살 사망자 수는 12,463명으로 자살 사망률은 인구 10만 명당 24.3명으로 전년 대비 1.3명 감소(−5.0%), 10년 전 대비 0.6명 감소(−2.4%)하였다. 1일 평균 자살 사망자 수가 34.1명으로 2016년 36명보다 줄었으며, 자살률은 전 연령에서 감소하였다. 전년 대비 자살로 인한 사망률이 감소하기는 하였으나,

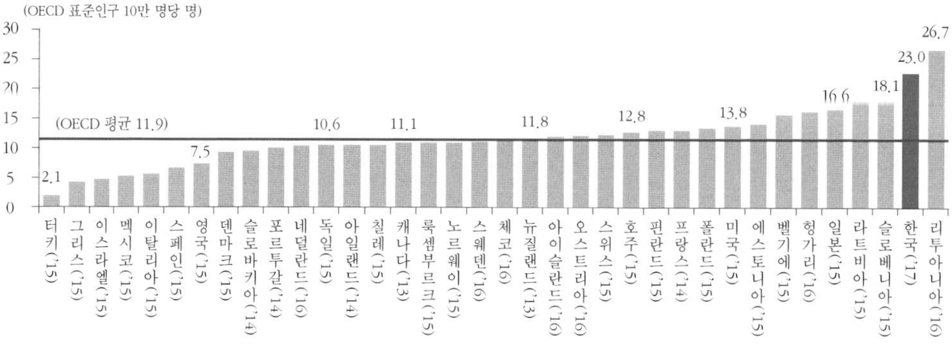

그림 7-1 OECD 회원 국가 자살률 비교

출처: 통계청(2018a).

우리나라는 2017년까지 13년간 OECD 회원 국가 중 자살률이 가장 높은 나라였다. 2018년에는 우리나라보다 자살률이 높은 리투아니아가 가입하면서 2위로 내려왔지만, 여전히 우리는 OECD 평균 11.9명에 비해 2배 이상 높은 자살률을 보이고 있는 것이 현재의 실정이다.

2017년 기준 주요 사망 원인별 사망률을 살펴보면, 자살은 악성신생물(암), 심장질환, 뇌혈관질환, 폐렴에 이어 사망원인 5위를 기록하고 있다([그림 7-2] 참조). 성별에 따른 사망 원인 또한 남녀 모두 악성신생물(암)이 1위이

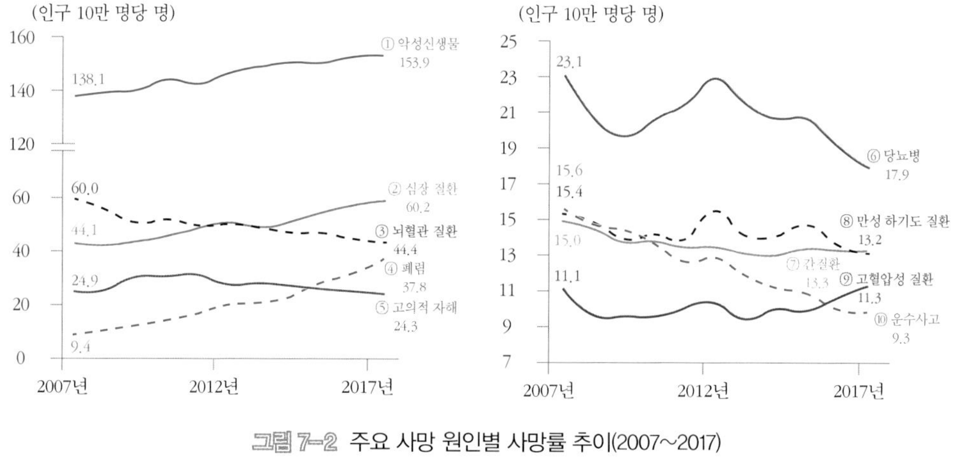

그림 7-2 주요 사망 원인별 사망률 추이(2007~2017)

출처: 통계청(2018a).

며, 남성이 여성보다 순위가 높은 사인은 고의적 자해, 간질환, 만성 하기도 질환(만성기관지염, 폐기종, 만성폐쇄성폐질환, 천식, 기관지 확장증을 포함하는 개념), 운수사고, 추락 순이었다.

자살자 수와 연령별 자살률 추이를 살펴보면([그림 7-3], [그림 7-4] 참조), 2017년 기준으로 자살에 의한 사망자 수는 총 12,463명으로 전년에 비해 629명이 감소(-4.8%)하였으며, 1일 평균 자살 사망자 수는 34.1명이었다. 자살률은 전 연령에서 꾸준히 감소하는 모습을 보이고 있으며, 2011년 이후부터는 70세 이상의 노인 자살률은 큰 폭으로 감소하는 추세이다. 그러나 여전히 10대부터 30대까지는 자살이 사망원인 순위 1위이며, 40대와 50대에서는 사망원인 순위 2위를 차지하고 있는 것으로 확인되었다. 남자의 자살률은 34.9명으로 여자 자살률 13.8명보다 2.5배 정도 높은 것으로 확인되었으며, 자살 사망률은 전년 대비 남자는 3.7%, 여자는 8.2%의 감소하였다.

자살에 대한 또 다른 현황으로 『2018 자살예방백서』(중앙자살예방센터, 2018)에 따르면, 자살 동기는 정신과적 질병 문제(36.2%), 경제생활 문제

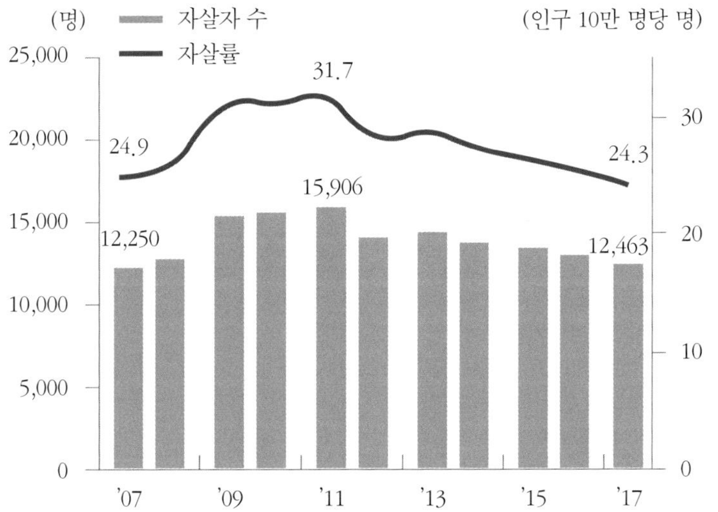

그림 7-3 자살자 수 및 자살률(2007~2017)

출처: 통계청(2018a).

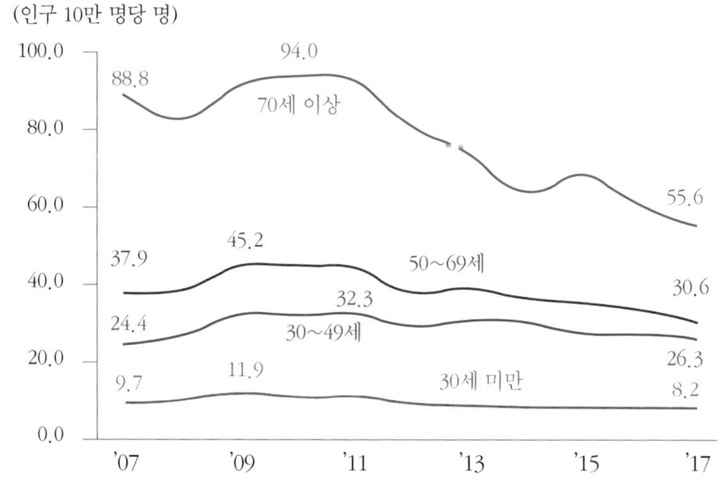

그림 7-4 연령별 자살률 추이

출처: 통계청(2018a).

(23.4%), 육체적 질병 문제(21.3%)의 순으로 나타났다. 또한 성별에 따른 자살 동기로 남성(29.9%)과 여성(51.3%) 모두 정신과적 질병 문제로 인한 자살 사망률이 가장 높았으며, 남성은 경제생활 문제(28.3%), 육체적 질병 문제(22.0%) 순이었고, 여성은 육체적 질병 문제(19.5%), 경제생활 문제(11.5%) 순으로 나타났다([그림 7-5] 참조).

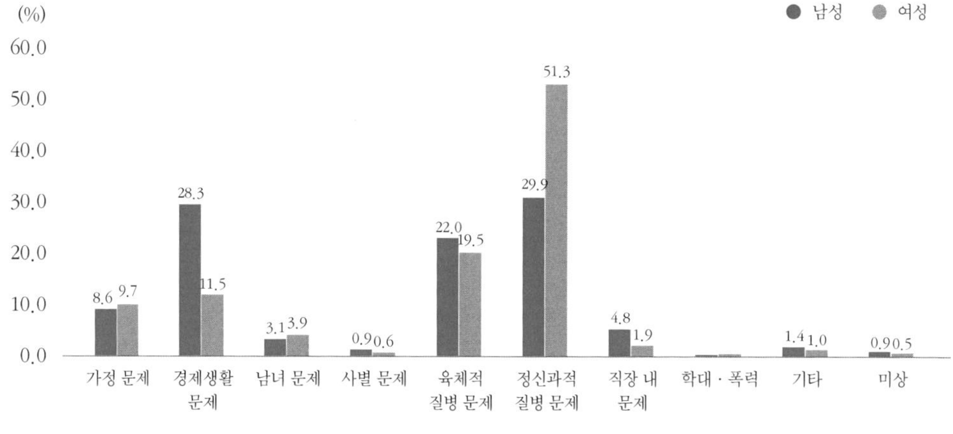

그림 7-5 성별에 따른 동기별 자살 현황

출처: 중앙자살예방센터(2018).

3. 자살에 대한 대처

1) 자살에 관한 생각들

〈표 7-1〉은 우리가 자살 문제에 대해 만연하게 생각하고 있는 것으로 자살의 심각성을 우리 스스로 간과하고 넘어가게 할 수도 있는 견해들을 보여 주고 있다. 따라서 질문 내용을 하나씩 살펴보면서 우리가 가지고 있는 자살에 관한 생각들을 탐색해 볼 필요가 있다.

표 7-1 자살에 관한 생각

번호	자살과 관련한 질문
1	자살에 관해 이야기하는 사람이 죽을 확률은 거의 없다. -아니다. 자살을 생각하고 있는 사람은 자살에 관하여 주변 사람에게 끊임없이 자신의 의도를 비친다. 간접적으로 자신의 의도를 표현(예, '내가 아니어도 이 세상은 똑같을 거야.' '내가 없어진다고 해서 나를 신경 쓰는 사람은 없을 거야.' '나는 왜 사는지 모르겠어.' 등)하기도 하며, 때로는 직접적으로 자살 생각이나 계획에 대해 언어나 행동으로 위협하거나 협박하는 등의 모습을 보이기도 한다.
2	자살을 생각하는 사람들은 정말 죽고 싶은 사람들이므로 그들의 생각을 바꿀 수 없다(멈출 수 없다). -아니다. 대부분 자살에 대하여 이야기하는 사람들을 보면 자신의 삶을 잘 살고 싶은 사람들이 많고, 고통스러운 현재 상황을 벗어나기를 진심으로 원하고 있음을 알 수 있다. 그러나 그들은 미래에 대한 무망감, 자신과 세상에 대한 절망감, 존재의 무가치감, 아무것도 변하지 않을 것이라는 무력감 등을 느끼고 있으며, 자살의 방법이 그 감정에서 해방되는 최선의 방법이라 생각을 한다. 그러므로 이러한 상황을 겪고 있는 그들의 곁에서 돕는 것만으로도 삶의 의욕을 불러 일으켜 주는 씨앗이 되기도 한다.
3	자살을 시도한 사람들은 실제로 죽을 때까지 계속 시도를 한다. -아니다. 약간의 도움만이라도 자살 시도는 줄어들 수 있다. 행복한 삶을 살고 있고 건설적인 삶을 살고 있는 사람이라 하더라도 그들 또한 살면서 한두 번쯤은 자살을 생각하거나 시도한 경험이 있을 것이다. 자살 시도는 멈출 수 있다.

4	만약 친구가(사람이) 정말로 자살하기를 원한다면, 그 누구도 친구의 권리를 멈출 수는 없다. -아니다. 우리 대부분은 다른 사람 또는 친구가 스스로를 해치려고 할 때 이를 막을 권리가 있다고 생각한다. 우리가 이러한 감정을 느끼고 친구들이 위험에 처해 있을 때 예방하려고 하는 이유는 무엇일까? 자살 생각은 좀처럼 변치 않는 느낌이며 생각으로 위기 상황이나 우울한 상태에서 더 자주 빈번하게 느끼거나 생각하게 된다. 그 위기 상황이나 우울한 상태가 끝나더라도 자살 생각을 할 수도 있다. 그러나 그들은 지금 경험하고 있는 고통을 마무리 짓고 싶은 마음이 큰 상태이기에 주변 사람이 조금만 더 관심과 도움의 손길을 뻗는다면 자살은 멈출 수 있다.
5	알코올을 과다 섭취하는 사람은 간접적인 자살 시도자이다. -그렇다. 자신의 문제에 대하여 과도한 감정에 사로잡혀 있는 사람은 이를 탈출(회피)하기 위하여 과도한 음주를 하기도 한다. 약물을 남용하는 사람이나 자살을 하고자 하는 사람들은 종종 비슷한 문제를 가지고 있는데, 실제로는 의도하지 않은 충동적인 자살이 일어나기도 한다.
6	주변 사람들에게 자신의 자살 생각에 대하여 표현하는 것은 자살을 하려는 하나의 원인이 된다. -아니다. 이러한 견해는 자살을 생각하고 있는 사람이 마음을 털어놓지 못하게 하는 원인이 된다. 자살에 대한 생각과 의도를 파악하는 가장 좋은 방법은 자살에 대해 이야기를 할 수 있도록 해 주는 것이다. 자살에 관한 생각을 편안하고 솔직하게 이야기할 수 있도록 돕는 것이 더 효과적이다.
7	자살을 하려는 사람을 돕기 위한 가장 최선의 방법은 자살이라는 생각이 들지 않도록 하고, 삶의 의미를 불어넣어 주는 것이다. -아니다. 자살을 생각하는 사람에게 삶에 대한 의미를 이야기하는 것, 당신이 죽는다면 많은 사람들이 슬퍼할 거라는 점을 말해 주는 것이 필요할 수는 있으나, 이는 단지 낮은 자존감이나 죄책감을 심하게 느끼는 사람에게만 효과적일 수 있다. 더욱이 상대를 자살 생각에서부터 벗어나게 하는 것은 매우 어려운 일이며, 상대의 책임감을 가져오는 행위가 될 수도 있다. 그러므로 자살을 생각하는 사람에게 도움을 받을 수 있는 곳을 알려 주는 것이 더욱 효과적임을 알아야 한다.

2) 자살의 징후

(1) 자살위협(협박)

대부분의 사람들은 자신의 자살 시도에 대한 단서를 준다(예, 유서 쓰기, '내가 없으면 우리 가족이나 친구들이 더 행복할 거야' 등). 이들은 위험 신호를 직접적으로 표현하는 것이므로, 자살위협은 항상 심각하게 고려되어야 한다.

(2) 외상경험

자신의 삶에서 심각한 외상을 경험하는 것으로 다른 징후에 비해서는 횟수가 적게 나타날 수 있지만, 그 결과는 심각할 수 있다. 이와 같은 위기 상황에 놓인 사람은 급격히 자존감을 상실하거나 자신의 미래가 중요하지 않다고 느끼고 살아야 할 가치가 없다고 생각하기도 한다.

(3) 주변인의 상실(사고, 질병으로 인한 사망, 부모의 이혼 등)

주변인의 사망 및 관계상실(예, 부모의 이혼, 이성친구와의 결별, 친한 친구와의 절교 등), 자신이 원하는 성취를 이루지 못하는 등의 경험은 큰 스트레스이며 이는 성인조차 감당하기 어려운 상실이 될 수 있다.

(4) 최근 가족 구성원의 자살(자살생존자)

가족이나 관계에서 주변인의 자살을 경험한 자살생존자(suicide survivors)의 자살률이 최근 꾸준히 증가하고 있다. 가족 구성원의 자살을 겪은 자살생존자는 깊은 슬픔과 우울감, 자살에 대해 알아차리지 못하고 막지 못했다는 자책과 죄책감으로 일상생활의 어려움을 경험하게 된다.

(5) 일상생활 및 태도에서의 급격한 변화

- 학생의 경우, 잦은 지각과 결석, 급격한 학업 능력 저하
- 주어진 과제 완성의 빈번한 실패
- 주변에 대한 관심 저하 및 철수
- 과민성/공격성의 증가
- 죽음 및 자살에 대한 관심

- 자포자기 태도
- 수면의 변화(너무 많이 자거나 혹은 안 자는 행동)
- 식욕 및 체중의 감소
- 외모 및 청결에 신경을 쓰지 않으며, 자신을 돌보는 데 포기한 것 같은 행동

(6) 과도한 음주

자신의 고통스러운 감정에서 벗어날 수 있다는 생각으로 과도한 음주를 하는 모습을 보인다. 과도한 음주는 우울과 충동성을 증가시키기도 하여 실제로 자살을 생각하거나 충동적으로 자살을 시도하기도 한다.

(7) 우울 척도(Center for Epidemiologic Studies Depression Scale: CES-D)

우울 척도는 우울의 지속성을 반영하여 개발된 척도로 총 20문항으로 구성되어 있으며, 이 중 5, 10, 15번 문항의 경우 긍정적 감정 상태를 측정하는 문항으로 채점과정에서 역으로 채점하여 합계를 산출한다.

3) 자살 예방 및 대처

(1) 자살의 위험요인과 보호요인

자살이라는 것은 하나의 요인과 원인으로 결정되는 것이 아니라 개인의 생물학적 · 정서적 · 인지적 등의 내적 요인과 개인을 포함하고 있는 사회환경적인 외적 요인들이 상호적인 영향을 주고받으면서 자살이라는 행동을 하게 되는 것이다. 예를 들어, 자살 행동과 신경생물학적 요인 간의 관계를 살펴보는 연구에서는 신경전달 물질 중 하나인 세로토닌의 부족과 불균형이 자살 행동에 영향을 미치며 공격적으로 행동할 경향성과 자살의 위험성을 예측하기도 한다. 이렇듯 자살 생각 및 행동에 영향을 미칠 수 있는 위험요인은 개

표 7-2 우울 척도(CES-D)

• 다음에 있는 항목들은 지난 일주일간 당신의 상태에 대한 질문입니다. 그와 같은 일이 지난 일주일 동안 얼마나 자주 일어났는지 표시해 주세요.

번호	나는 지난 1주일 동안…	극히 드물다	가끔	자주	거의 대부분
		1일 이하	1~2일	3~4일	5~7일
1	평소에는 아무렇지도 않던 일들이 귀찮게 느껴졌다.	0 ……	1 ……	2 ……	3
2	먹고 싶지 않고 식욕이 없었다.	0 ……	1 ……	2 ……	3
3	어느 누가 도와준다 하더라도 나의 울적한 기분을 떨쳐버릴 수 없을 것 같았다.	0 ……	1 ……	2 ……	3
4	무슨 일을 하던 정신을 집중하기가 힘들었다.	0 ……	1 ……	2 ……	3
5	비교적 잘 지냈다.	0 ……	1 ……	2 ……	3
6	상당히 우울했다.	0 ……	1 ……	2 ……	3
7	모든 일이 힘들게 느껴졌다.	0 ……	1 ……	2 ……	3
8	앞날이 암담하게 느껴졌다.	0 ……	1 ……	2 ……	3
9	지금까지의 내 인생을 실패작이라는 생각이 들었다.	0 ……	1 ……	2 ……	3
10	적어도 보통 사람들만큼의 능력은 있었다고 생각한다.	0 ……	1 ……	2 ……	3
11	잠을 설쳤다(잠을 잘 이루지 못했다).	0 ……	1 ……	2 ……	3
12	두려움을 느꼈다.	0 ……	1 ……	2 ……	3
13	평소에 비해 말수가 적었다.	0 ……	1 ……	2 ……	3
14	세상에 홀로 있는 듯한 외로움을 느꼈다.	0 ……	1 ……	2 ……	3
15	큰 불만 없이 생활했다.	0 ……	1 ……	2 ……	3
16	사람들이 나에게 차갑게 대하는 것 같았다.	0 ……	1 ……	2 ……	3
17	갑자기 울음이 나왔다.	0 ……	1 ……	2 ……	3
18	마음이 슬펐다.	0 ……	1 ……	2 ……	3
19	사람들이 나를 싫어하는 것 같았다.	0 ……	1 ……	2 ……	3
20	도무지 뭘 해나갈 엄두가 나지 않았다.	0 ……	1 ……	2 ……	3

〈결과 해석〉

총 점수	특성
0~20점	우울감을 경험할 때도 있지만 정상 범위에 속해 있다.
21점 이상	우울증 위험군에 해당하므로 전문가와 상담이 필요하다.

출처: 서울시 정신건강브랜드 블루터치(https://blutouch.net)

인의 생물학적 요인에서부터 사회환경적 요인까지 하나의 요인으로 설명할 수 없이 매우 다양하고 복합적이다. 또한 자살 생각과 행동에 위험요인으로 작용하는 특성들이 있다면 자살의 위험을 인충하거나 극복할 수 있도록 하는 보호요인을 설명할 수 있다. 기존의 선행연구에서 밝혀진 자살에 영향을 미치는 위험요인과 보호요인을 〈표 7-3〉과 같이 확인하였다. 자살의 위험요인에 대한 이해 및 치료와 더불어 위험요인을 완화하고 억제하는 보호요인의 강화를 통한 예방 및 대처가 자살을 예방할 수 있는 중요한 하나의 방법이 될 것이다.

표 7-3 자살의 위험요인과 보호요인

요인	내적 요인	외적 요인
위험요인	• 생물학적 요인 • 우울증 및 정신증적 장애 • 약물 및 알코올 남용 • 이전의 자살 시도 경험 • 인지적 왜곡 • 빈약한 문제해결 기술 • 무망감 및 절망감 • 공격성 및 충동성 • 낮은 자기 통제력	• 가족 간의 갈등 • 가족 구성원 및 주변인의 자살 • 가족 해체 경험 • 폭력에 대한 노출 (가정폭력, 학교폭력, 성폭력 등) • 스트레스 사건 • 대중매체(유명인의 자살 등) • 대인관계 스트레스
보호요인	• 자아존중감 • 자아정체감 • 자아탄력성 • 자기효능감 • 긍정성 • 희망감 • 문제해결 자신감	• 부모 및 주변인의 사회적지지 • 부모와의 개방적 의사소통 • 부모의 반응적 양육태도 • 의미 있는 또래관계 • 지역사회의 사회적 관계망 구축 • 자살예방 교육을 통한 인식 개선 및 정보 전달

(2) 자살 예방을 위한 접근

자살 행동을 하기까지 한 개인의 내부에서는 생물학적 특성을 비롯한 내적 · 외적 측면의 다양한 요인들이 복잡하게 서로 영향을 주며 작용하게 된다. 하나의 사건으로 자살 생각 및 행동이 촉발되는 과정은 있을 수 있으나 한 가지의 원인으로 자살을 설명하고 실제 자살을 정확하게 예측한다는 것은 불가능하다. 그렇기에 자살 예방을 한 개인의 몫으로 돌리는 것이 아닌 국가적 · 사회적 체계 안에서의 다양한 접근이 필요하다. 자살예방 국가 행동계획(보건복지부, 2018)에 따르면, '자살예방 및 생명존중 문화 확산'을 국정 과제로 포함시켜, 2022년까지 자살률 20명 이내, 연간 자살자 수 1만 명 이내 달성을 추진 목표로 총 5가지 과제를 추진하고 있다(〈표 7-4〉 참조). 자살은 연간 6.5조 원 규모의 사회경제적 비용을 초래하며 20~40대의 손실 비용이 80%(5.2조 원)을 차지하는 것으로 확인되었다(자살예방 국가 행동계획, 2018). 사망으로 이어지지 않은 자살 시도로 인한 후유증, 자살생존자가 겪는 신체적 · 정신적 손실을 감안하면 자살로 인한 사회적 비용은 추산된 규모보다 훨씬 높을 것으로 예상된다. 이렇듯 자살은 한 개인의 내적 요인에 대한 접근을 통한 예방을 포함하여 사회의 인식 변화, 지역 내에서의 네트워크 구축 등의 다각적인 체계 안에서 예방하는 것이 중요하다 할 수 있다.

표 7-4 자살 예방 국가 행동계획 추진 과제

추진 과제
1 과학적 근거에 기반한 전략적 접근 -5년간(2012~2016년) 발생한 자살 사망자 7만 명 전수조사 -국가 자살 동향 감시 체계 구축 -근거기반 자살 예방 정책 추진을 위한 지방자치단체 지원 -효과성 높은 자살 예방 프로그램 확산
2. 자살 고위험군 발굴을 위한 전 사회적 네트워크 구축 -자살 예방 게이트키퍼 양성으로 자살에 대한 국민 민감도 제고 -사회보장 서비스 제공기관(각 센터) 간 연계 강화를 통한 자살 고위험군 발굴 -우울증 검진 및 스크리닝 강화
3. 적극적 개입을 위한 자살 위험 제거 -자살 고위험군에 대한 빈틈없는 지원 체계 구축 -지역사회 정신건강 서비스 접근성 강화 -자살 촉발 위험요인 제거
4. 사후관리 강화를 통한 자살 확산 예방 -자살 시도자 사후관리 강화 -자살이 되풀이되지 않도록 자살유가족 지원 강화 -유명인 자살 사건 대응체계 구축
5. 대상별 자살 예방 추진 -근로자 및 실직자 자살 예방 -자살 위험이 특히 높은 집단에 대한 고려 강화 -연령별 자살 예방 대책 수립
6. 추진 기반 마련 -중앙 차원의 자살 예방 정책 체계 정비 -자살 예방 홍보 및 캠페인

출처: 보건복지부(2018).

4) 외부 전문가 연계

자살 생각 및 행동을 예방하기 위하여 가정, 지역사회, 국가가 연계될 수 있는 통합적 · 다차원적인 협력 체계가 구축될 필요가 있다. 이를 위해 지역사회 내의 공공기관, 전문상담기관, 자살예방센터, 정신건강복지센터, 종교 및 사회 단체 등의 다양한 네트워크를 활용하는 것이 적극적으로 필요하다. 각 지역마다 설치되어 있는 정신보건기관, 자살예방상담센터, 전문상담기관, 병원, 경찰과의 유기적인 네트워크 형성으로 자살 행동의 예방과 함께 문제의 조기 발견과 자살 시도에 대한 효과적인 개입이 이루어질 수 있도록 체제를 구축해 놓는 것이 발생할 수 있는 자살 사고에 빠르게 대처할 수 있는 하나의 방법이 될 것이다.

특히, 정부에서 마련한 제1차 자살 예방 5개년 종합대책 세부 추진 계획(보건복지부, 2005)에 의해 각 지역에 설치된 정신건강복지센터 및 자살예방센터에서는 지역사회의 정신건강 증진을 위한 다양한 사업들을 진행하고 있으며, 2019년 현재 전국 7개의 광역자살예방센터와 16개의 광역정신건강복지센터가 운영되고 있다(〈표 7-5〉 참조). 이러한 외부 전문기관과의 연계는 자살 예방에서부터 자살 위험성이 높은 대상에 대한 위기상담, 자살 사고 발생 후의 사후 개입까지 구성원들만으로는 어려운 문제들의 해결에 많은 도움을 받을 수 있다. 보건복지부에서는 '자살 예방 국가 행동계획(2018.1.)의 일환으로, 2018년 12월 27일부터 자살 예방 상담전화 1393(특수번호) 서비스를 개통하여 운영하고 있다.

표 7-5 광역정신건강복지센터의 자살 예방 사업 내용

연구/기획	• 해당 지역의 자살 사망 통계 세부 분석을 통한 현황 제시 • 심리적 부검 사업 추진 및 중앙심리부검 사업 협조 체계 구축 • 프로그램 및 지역특성화 자살예방 시스템 효과성 평가 연구 • 기타 자살 예방과 관련한 기초 조사 • 법률에 기반한 광역 단위의 자살 예방 계획 수립 참여
프로그램 개발	• 생애주기별 자살 예방 프로그램 개발
마케팅	• 생애주기별 대단위 자살 예방 교육 및 인식 개선 사업 수행 –온라인 콘텐츠 개발 또는 대단위 오프라인 교육/캠페인 수행 • 자살 예방 서비스 인지도 향상을 위한 광고 · 홍보사업 수행
교육	• 게이트키퍼 교육 • 게이트키퍼 교육자 훈련 운영을 통한 게이트키퍼 확산 • 자살예방 전문가 양성 교육
네트워킹	• 지역 특화적 자살 고위험군 발견, 평가, 사례관리, 치료 연계 체계 구축 –프로토콜, 매뉴얼 개발 보급 및 모니터링 체계 구축 –경찰, 119 네트워킹/보건복지서비스 제공 주체와의 네트워킹 • 민관 협력 자살 예방 서비스 제공 체계 구축 –마케팅, 교육 및 직접 서비스 영역에 걸친 협력 체계 구축 · 적용
직접 서비스	• 24시간 핫라인 상담 및 고위험군 위기대응 체계 조정 업무 수행

출처: 중앙자살예방센터(2018).

5) 자살에 대한 언론 보도 기준

2018년 7월 보건복지부와 중앙자살예방센터, 한국기자협회는 '자살보도 권고기준 3.0'을 발표하였다. 새로운 권고기준을 살펴보면(〈표 7-6〉 참조), 자살 관련 보도에서는 자살이라는 용어에 대한 직접 표현은 자제하고 고인과 유가족을 존중하는 방향으로 개선되었으며, 관련 보도 시 준수해야 할 내용을 구체적으로 제시하였다.

표 7-6 자살보도 권고기준 3.0

1. 기사 제목에 '자살'이나 자살을 의미하는 표현 대신 '사망' '숨지다' 등의 표현을 사용합니다.
2. 구체적인 자살 방법, 도구, 장소, 동기 등을 보도하지 않습니다.
3. 자살과 관련된 사진이나 동영상은 모방 자살을 부추길 수 있으므로 유의해서 사용합니다.
4. 자살을 미화하거나 합리화하지 말고, 자살로 발생하는 부정적인 결과와 자살 예방 정보를 제공합니다.
5. 자살 사건을 보도할 때에는 고인의 인격과 유가족의 사생활을 존중합니다.

4. 자살 이후에 대한 대처

자살은 자기의 목숨을 스스로 끊는 개인의 행동이지만, 가족이나 주변인의 죽음으로 인해 남겨지게 되는 사람이 겪게 되는 비통함과 슬픔은 인생의 가장 커다란 스트레스이며, 이 슬픔은 오랫동안 지속되며 개인의 삶에 영향을 끼치면서 건강한 삶을 유지하는 것이 어렵게 되기도 한다. 자살 예방 및 위기 개입적인 대처도 중요하지만, 자살생존자에 대한 이해와 지원 또한 제2의 자살을 예방하게 되는 하나의 방법이 될 것이다. 그렇기에 자살로 인하여 남겨지게 된 자살생존자에게 적절한 개입을 함으로써 이들이 자신의 삶을 살아갈 수 있도록 하는 것이 매우 중요하다 할 수 있다.

1) 자살생존자로서의 삶

자살생존자(suicide survivors)란 자살로 가까운 사람을 잃게 된 가족, 친척, 지인을 지칭하는 용어(American Association of Suicidology, 2004)로 '생존자'라는 말은 사랑하는 사람을 자살로 사별한 후 죽음과 같은 심리적 · 육체적 고통을 견디며 살아남았다는 의미로 사용된 것이다(Jeffrey, 2003; 김항아, 2016 재인용). 주변 사람의 자살로 인하여 남겨지게 된 사람은 자기 자신을 보호해야 한다는 점을 잊고 있을 때가 있으며, 이는 또 다른 자살로 이어지기도 한다. 가족 구성원의 자살을 경험한 자살생존자의 경우에는 그렇지 않은 사람들보다 약 6~7배 정도 더 높게 자살을 선택할 수 있다(Jeglic, Pepper, & Vanderhoff, 2007). 보건복지부 산하 중앙심리부검센터(2015년)에서 조사한 '심리부검에 대한 대국민 인식조사'에 따르면, 국민의 31.8%가 가족, 친척, 친구, 선후배 등의 자살을 경험한 적이 있으며, 지인의 자살을 경험한 사람은 비경험자보다 높은 24% 정도의 우울감을 경험하는 것을 알 수 있었다. 또한 경험자의 21.3%가 심각하게 자살 생각을 하는 비율을 보임으로써 비경험자의 9.9%보다 훨씬 높은 것으로 나타났다. 자살생존자의 정신건강에 대해 살펴본 송인한(2015)의 연구에 따르면, 자살생존자는 자살이 아닌 사별을 경험하거나 주위의 죽음을 경험하지 않은 사람들에 비해 자살 생각과 우울감이 높은 모습을 보였다. 특히 관계의 형태보다는 관계의 친밀함이 큰 영향을 미치는 것을 알 수 있었으며, 친밀한 관계의 사람을 잃은 자살생존자가 더 심각한 자살 생각을 하고 있음을 알 수 있었다.

가까운 사람의 자살로 남겨지게 된 사람들은 슬픔과 상실감뿐만 아니라 죽음에 대해 믿지 않고 자살이 일어났다는 사실을 부인하기도 한다. 남겨진 사람들은 정서적으로 불안과 비통함 등을 경험하며, 통제에 대한 어려움과 어떻게 대처할지 모르는 데서 오는 두려움 등으로 공황 상태를 겪기도 한다. 또한 자살과 관련된 일로 오명을 남겼다는 데서 오는 부끄러움도 있으며, 자살을 사전에 예방할 수도 있었는데 자신이 죽은 사람의 결정에 기여했다는 생각에서 오는 죄책감 및 우울한 감정을 느끼기도 한다. 이들이 경험하는 자살생존자로서의 슬픔과 충격은 각기 다른 수준이며, 위기 상황은 반복되는 모습을 보이게 된다. 그렇기에 위험 수준에 있는 자살생존자에 대한 이해와 적극적이고 전문적인 접근이 필요하다는 것에 대한 인식이 증가하고 있다. 자살생존자들이 주변 사람의 자살을 수용하고 다시 현실에 재적응하기까지의 4단계에 대해 유형근 등의(2012)의 자료를 바탕으로 재구성하여 〈표 7-7〉에 제시하였다.

표 7-7 자살생존자들의 경험(충격에서 재적응으로 가는 길)

1단계	충격	1시간~하루	부정, 이지화, 객관화
인지적	아무런 생각도 나지 않으며, 오직 자살 사건에 대한 생각 슬픔을 느끼지도 않으며, 자신과 관계없는 상황이라 생각하며 부정		
정서적	무덤덤 → 정서적 감각 상실 → 감정 폭발 → 히스테리 → 무덤덤		
신체적	신체적인 감각을 느끼지 못하거나 현실적이지 않은 느낌 과장된 행동을 하거나 수다스러운 행동		
사회적	관계하고 싶어 하지 않으며 수동적인 모습		
2단계	저항	일주일~3개월	저항, 투사, 동화
인지적	지나간 일을 되풀이하여 기억하는 반추적 사고와 꿈이나 환상, 망각을 경험		
정서적	슬픔, 두려움, 분노, 죄책감, 과민성, 보고 싶음, 열망감 등을 경험		
신체적	신체적 고통, 흉통, 수면장애, 피곤, 매스꺼움, 식욕 및 체중 감소		
사회적	혼자 해결하고 싶기도 하고 한편으로는 도움을 구하고자 함		
3단계	분열, 혼란	3~6개월	회피, 투사
인지적	혼란스럽고 와해된 사고의 경험과 일상생활의 흥미 저하 자살 사건 당시 상황에 초점이 되어 있으며 자존감이 낮음		
정서적	슬픔, 외로움, 우울함, 무의미, 냉소적 반응, 무감각, 괴로움 등을 호소		
신체적	자아 통찰의 감소와 침착하지 못함 질병에 대한 저항력 감소		
사회적	대인관계 철수와 수동적 관계 경향		
4단계	재적응	6개월~2년	회복하기
인지적	현실감각 찾기, 이전 기능 수준으로 돌아가기, 새로운 삶의 의미 찾기		
정서적	슬픔과 행복 함께 경험하기		
신체적	이전의 신체적 수준으로 돌아가기		
사회적	새로운 또는 이전의 대인관계 맺기, 새로운 경험 및 예전의 경험 찾기		

출처: 유형근 외(2012).

2) 자살생존자에 대한 지원

자살생존자에 대한 지원은 인간적인 지지를 제공하여 그들의 슬픔과 고통, 분노 및 죄책감, 상실감 등을 감소시키는 데 있으며, 그들의 삶을 존중하는 데 그 목적이 있다. 최상의 지원은 어느 체계 내에서든 사전에 계획되고 구조화되어 있어 자살 사건이 일어나면 남겨진 사람을 위하여 즉시 개입되어야 한다. 전문적인 교육과 지지를 통해 남겨진 사람을 또 다른 자살로부터 예방하고, 그들의 비통함과 상실감을 돌봄으로써 스스로 자신의 삶을 살아갈 수 있도록 하는 것이 중요하다. 그 첫 단계로 자살생존자가 고인을 마음에서 보내고 자살을 현실로 받아들일 수 있도록 돕는 것이다. 그들의 부정적 대처기제(예, 침묵, 비난, 사회적 고립 등)를 파악하고 이것을 해결할 수 있도록 도울 수 있어야 한다. 특히 자살생존자가 정상적인 애도를 하지 못하고 죄책감이나 수치심에 시달린다면 이것을 건강한 감정표현으로 전환할 수 있도록 해야 한다.

주변 사람의 자살로 인하여 상실을 경험한 가족이나 친척, 지인을 위해서는 사후 관리가 꼭 필요하지만, 많은 사람들이 어떤 도움을 받을 수 있으며 어떻게 접근해야 하는지에 대한 구체적인 정보를 알기가 쉽지 않다. 생명의 전화에서는 2011년도부터 사후 예방의 일환으로 자살자 유가족 지원센터를 운영하고 있으며, 이 사업의 목적은 자살 이후 남겨진 유가족이 심리적인 고통과 사회적 적응의 어려움에서 벗어나 다시금 자신의 삶을 되찾을 수 있도록 돕는 것이며, 또 다른 자살을 방지하려는 것을 목표로 하고 있다. 자살자 유가족 지원센터의 활동 내용과 지원 프로그램을 살펴보면 다음과 같다.

- 자살자 유가족을 위한 집단 활동 프로그램 운영: '희망을 찾아 떠나는 여행'이라는 명칭의 유가족의 회복을 돕기 위해 개발한 애도과정 프로그램으로 주 1회, 총 7주간 진행
- 자살자 유가족 자조모임: 서로 공감하고 위로를 얻을 수 있는 나눔의 시

표 7-8 자살자 유가족 다시 세우기 프로그램 내용

회기	제목	활동 목표
1회기	지금 여기에	• 회원 스스로 프로그램에 대한 참여 동기를 부여할 수 있다. • 회원들 간의 공감대 형성을 통해 유대감을 느낄 수 있다.
2회기	희망 바이러스	• 유가족으로서 느껴 왔던 자신의 감정을 솔직하게 표현할 수 있다. • 슬프고 부정적인 감정을 극복하고 긍정적 사고와 의지를 표현할 수 있다.
3회기	내가 사랑해야 할 나의 삶	• 유가족으로서 경험하는 삶의 변화를 정확하게 표현할 수 있다. • 자신을 이전보다 더 사랑해야 할 이유를 명확히 인식할 수 있다.
4회기	진정한 나를 만나는 시간	• 회원 자신의 성격 및 특성에 대해 이해할 수 있다. • 회원들 간의 성격 및 특성을 상호 이해할 수 있다.
5회기	슬픔을 넘어 사랑으로	• 고인과의 추억 회상을 통해 아름다운 감정을 기억하고 말할 수 있다. • 떠나보내기 의식을 통해 고인에 대한 슬픈 감정을 극복할 수 있다.
6회기	가족은 나의 힘	• 자신과 유가족을 건강하게 돌보고자 하는 의지와 태도를 가질 수 있다. • 지지 자원 접근방법 공유를 통해 문제해결을 위한 실천력을 키울 수 있다.
7회기	변화의 시작	• 프로그램 참여를 통해 변화된 자신의 감정 및 경험을 긍정적으로 표현할 수 있다. • 자조모임 활동을 위한 목표의식 및 동기를 확인할 수 있다.

출처: 생명의 전화(2009).

간으로 매월 1회 연령별(청년, 장년) 자조모임 진행

- 도움 핸드북 및 수기집 제공: 사별 이후 감정 변화에 대한 안내 및 상황에 따라 필요한 정보를 담고 있는 책으로 유가족의 회복을 돕기 위한 핸드북 및 수기집 배포
- 집단상담(힐링캠프)/희망피크닉: 고인에 대한 죄책감으로 인해 여행을

생각지도 못하고 있는 유가족들에게 여행의 기회를 제공함으로써 죄책감에서 벗어나 '지금 여기'를 누릴 수 있도록 도움

- 자살 사후 개입 교육: 자살이 발생한 학교에서 사후 대처가 잘 이루어질 수 있도록 전교생, 사고 발생 학급에 적절한 위기개입을 할 수 있도록 돕는 프로그램 운영

자살 예방을 위한 불안에 대처하는 자세

불안이란 현실적인 스트레스나 위협에 대한 신호이며 정상적인 심리적 반응이다. 때로는 적당한 불안과 긴장이 학업의 능률을 높이기도 하지만, 불안이 지나치게 오래되어 공부나 대인관계 등 일상생활에 지장을 받는다면 이는 심각한 문제가 될 수 있다. 자살을 유발할 수 있는 불안의 증상으로는 근심 걱정, 불길한 생각, 신경 예민, 주의집중 곤란, 두려움, 공포, 떨림, 근육긴장, 심장박동 증가, 소화불량, 설사, 잦은 소변 등이 있다.

1. 긴장 완화를 위한 기법들을 사용해 본다.
   - 팔, 다리, 어깨, 목, 얼굴 등의 근육을 하나씩 힘주어 의도적으로 긴장시킨 후 순간적으로 이완시킨다.
   - 호흡을 아랫배로 천천히 깊게 쉰다.
   - 편안한 곳에서 안정을 취하며 명상한다.
2. 친구와 일상의 스트레스에 관해 이야기한다.
   - 감정의 표현은 정신건강의 기본이다. 자신의 스트레스나 불안에 대해 다른 사람과 이야기함으로써 정서적인 위로나 지지를 얻을 수 있고 억압되었던 감정도 자연스럽게 표출될 수 있다.
3. 불안을 일으키는 잘못된 생각이 있는지 점검한다.
   - 무리한 계획을 세워 정신없이 바쁘게 자신을 몰아대고 있지는 않은가?
   - 생활 속에서 겪는 여러 가지 사건의 의미를 지나치게 위협적인 것으로 과장해서 해석하지는 않는가?

–타인의 인정과 애정에 지나치게 연연하고 있지는 않은가?

–지나치게 완벽하고 높은 성취 기준을 설정해 놓고 있지는 않은가?

4. 전문가와 상담한다.

–혼자서 해결하기가 너무 힘들 때는 상담자와 불안 증상들에 관해 이야기함으로써 불안이 야기되는 상황을 정확히 알고 또 그 상황에 대처하는 방법들을 찾을 수 있다.

출처: 한국자살예방협회(http://suicideprevention.or.kr)

사회 여러 곳에서 죽음의 목소리가 하루에도 몇 번씩 들려온다. 최근 들어 다양한 스트레스 요인들로 인해 정신건강의 어려움을 겪는 사람들이 더욱 증가하고 있으며, 그 결과로 극도의 고통에 처해 있던 몇몇의 사람들은 자살이라는 극단적인 선택을 하기도 한다. 생명의 소중함과 존엄성은 어떤 상황에서도 우선시되어야 하고, 이는 변하지 않는 가치일 것이다. 그렇기에 정신건강은 어느 한 개인이 아닌 우리 모두의 일이며, 최선을 다해 도울 수 있어야 한다. 삶의 과정에서 누구나 겪게 되고 마주하게 되는 스트레스 요인들을 없애는 것이 아닌 스트레스로 인해 발생하게 되는 어려움에 대해 도움을 요청할 수 있도록 하는 것이 중요하고도 필수적인 기술이 될 수 있다. 그렇기에 개인, 지역사회, 국가의 체계적인 차원에서 자살 예방을 위한 정신건강 증진 및 서비스 발전이 더욱 절실히 필요할 것이다.

이 장에서는 현재 우리나라의 자살 실태를 바탕으로 자살의 예방과 대처를 위한 개인적 요인부터 국가적 정책까지 다각적인 차원에서의 접근방법을 살펴보았으며, 자살사고 후 남겨지게 되는 자살생존자에 대한 이해와 도울 수 있는 방법을 살펴보았다.

제3부

대처전략과 정신건강관리

제 8 장

현대 가족 및 다양한 가족형태에 따른 대처

현대의 가족들은 급격한 변화와 더불어 많은 변동을 겪고 있다. 이에 오늘날 정상적인 가족이라는 개념은 이성애에 의한 남녀의 결혼과 그들의 자녀로 구성된 전통적이고 전형적인 형태의 가족만을 안정적이고 건강한 가족이라고 말하지 않는다. 가족에 대한 의식의 변화와 함께 사회제도의 변화 등으로 이미 우리 사회에는 한부모 가족, 재혼 가족, 조손 가족, 자발적 무자녀 가족, 다문화 가족 등의 다양한 가족들이 증가하고 있다. 이 모든 가족은 잠재적인 성장 가능성을 지니고 있다. 따라서 가족의 건강성은 외적인 가족의 구조나 형태에 있는 것이 아니라 가족이 수행하는 기능에 달려 있다고 보고, 다양한 형태의 가족들이 증가하고 있는 상황에서 건강한 가족 구성원을 길러 내기 위한 노력이 매우 필요하다(김익균, 2009). 즉, 건강한 가족은 가족의 형성만으로 이루어지는 것이 아니라 가족 구성원의 끊임없는 노력을 통해 이루어지는 것이다.

이 장에서는 건강한 가족과 역기능적 가족의 특성에 대해 알아보고, 현대사회에서의 다양한 가족형태와 이에 따른 대처전략들을 살펴보기로 한다.

생각해 볼 문제

첫째, 가족이란 말을 들었을 때 어떠한 이미지가 떠오르는가?
둘째, 건강한 가족과 역기능적 가족의 차이점은 무엇인가?
셋째, 자신의 주변의 다양한 가족들이 있는지 떠올려 보고 그 가족들이 겪는 어려움은 무엇인가? 그리고 어려움을 극복하기 위한 대안은 무엇인가?

1. 현대 가족의 이해와 특성

1) 현대사회에서의 건강한 가족

가족이란 가족원이 모여 공동 생활하는 집단이며 그 분위기와 환경까지도 포함한다. 다양한 스트레스를 경험하는 현대사회에서 개인의 다양한 갈등과 스트레스가 가족 내로 전이되거나 나타나기도 한다. 또한 다양한 특성을 지닌 가족 구성원들이 함께 살아가다 보면 많은 갈등들이 일어날 수 있다. 건강한 가족은 가족 내에 갈등이 없는 상태라기보다는 다양한 갈등 상황에서 기능적으로 적응해 나가는 가족을 의미한다. 건강한 가족의 대표적인 특성들을 살펴보면 다음과 같다.

(1) 탄력적인 가족

일반적으로 역경과 스트레스 상황에 놓인 많은 가족들은 건강하지 못한 형태로 기능하기 쉽다. 가족 구성원들은 스트레스 상황에서 회피하거나 폭력적으로 변화하거나 다양한 양식으로 부적응적인 형태로 나타나기 때문에 가족의 긍정적인 기능이 약화되며, 이러한 양상이 지속되다 보면 학대, 폭력, 융합 등 부적응적인 다양한 현상들이 나타난다. 반면, 탄력성은 스트레스나 역경 상황에도 불구하고 건강하게 되돌아오는 특성을 의미한다. 탄력적인 가족은 다양한 역경 상황에서도 적응적으로 기능하여 건강한 상태로 쉽게 되돌아올 수 있는 가족을 의미한다. 월시(Walsh, 1998)는 가족 탄력성에 대한 특성을 신념체계, 조직유형, 의사소통 과정으로 설명하였다.

① 신념체계

신념체계란 경험에 의미를 부여하고 세계를 보는 렌즈로서 태도, 편견, 가치, 확신 등을 포함한다. 가족 탄력성에서 핵심 신념체계는 역경에 대한 의미 부여, 긍정적 시각, 초월과 영성의 3가지로 구성된다.

첫째, 역경에 대한 의미 부여는 가족이 위기 상황을 어떻게 이해하고 해석하는가를 의미하며, 탄력성의 중요한 요소이다. 탄력적인 가족은 위기를 하나의 도전으로 인식하고, 이에 따른 변화의 필요성을 잘 수용한다(Antonovsky & Sourani, 1988; Patterson & Garwick, 1994). 둘째, 긍정적 시각은 역경의 상황에서 회복하고 견디는 데 필요한 인내와 희망과 같은 감정을 말한다. 탄력적인 가족은 개인의 강점과 잠재력에 초점을 두며, 가능성을 인정하고 미래에 대한 희망을 가지고 인내의 자세로 변할 수 없는 것은 받아들이고 인정한다. 셋째, 초월과 영성은 더 큰 가치와 목적을 지향하고 역경을 통하여 배우며 성장한다는 자세를 가지는 것으로, 탄력적인 가족은 도움이 필요할 때 자기 안에 안주하지 않고, 친척, 지역사회, 종교단체, 전문가의 도움을 적극적으로 찾는다(김미옥, 2001).

② 조직유형

가족의 조직유형은 가족 단위의 통합을 지지하는 것으로, 역경과 위기를 다루기 위한 자원을 동원하며 스트레스를 중재하고, 가족의 구조를 변화하는 상황에 적합하도록 재조직하는 능력을 의미한다. 가족의 조직유형은 역할 안정성 및 융통성, 연결성, 가족의 사회적·경제적 자원의 3가지를 통해 구축된다.

첫째, 가족의 안정성 및 융통성이란 가족이 삶 속에서 안정, 변화, 균형을 이루는 것을 의미한다. 안정성은 예측 가능하며 일관성 있는 규칙, 역할, 상호작용 방식을 의미하며, 융통성은 필요할 때 변화할 수 있는 능력을 말한다. 탄력적인 가족은 긴장이 유발되는 상황이나 사건에 직면하였을 때, 가족원

간의 기존의 가족규칙을 변경하거나 역할 분담을 통하여 역경과 위기 상황에 보다 잘 대처한다. 둘째, 가족의 연결성은 가족 구성원의 연합, 상호 지지, 협력, 자율성의 균형을 의미한다. 탄력적 가족은 가족 구성원 간에 명확한 경계를 유지하고, 자신의 사고 · 감정 · 행동에 대한 책임을 가지며, 개인의 강점과 관심을 잘 조직한다. 셋째, 가족의 사회적 · 경제적 자원이란 가족이 안팎의 환경 자원을 동원하고 활용하는 것을 의미 한다. 탄력적 가족은 개방 체계를 유지하고, 활동에 적극적으로 참여하며 낙관적 · 희망적이어서 외부 환경으로부터 유용한 자원을 끌어들인다.

③ 의사소통 과정

의사소통 과정이란 넓은 의미에서 사회경제적 · 실질적 · 도구적 문제해결을 위한 정보 교환 방법을 의미한다(Epstein et al., 1993). 의사소통 과정은 가족 탄력성에서 중요한 핵심적 요소로서 의사소통의 명확화, 개방적 정서 표현, 상호 협력적 문제해결의 3가지로 구성된다(Walsh, 1998).

첫째, 의사소통의 명확화는 효율적인 가족기능의 본질적 요소로 혼란이 없는 정확하고 명확한 정보 교환을 의미한다. 의사소통의 명확화는 위기의 순간에서나 스트레스 상황에 매우 도움이 된다. 탄력적인 가족은 말과 행동에 있어 일치하는 일관된 메시지를 표현하고 명확한 의사소통이 이루어진다. 둘째, 개방적 정서 표현이란 가족 구성원의 즐거움, 희망 등의 긍정적 정서뿐만 아니라 고통이나 두려움까지도 공유하는 것으로 개방적인 감정 표현을 말한다. 탄력적 가족은 자신의 감정을 솔직하게 표현할 뿐만 아니라 서로의 차이를 인정하고 가능한 한 비난은 피하며 자신의 감정 및 행동에 대한 책임을 진다. 셋째, 상호 협력적인 문제해결은 갈등 상황에서 문제에 관여되어 있는 사람과 잠재적 자원을 가진 사람들 간의 의사소통을 통해 의견을 공유하고 효율적으로 갈등을 다룸으로써 문제를 해결하는 능력을 말한다. 따라서 탄력적 가족은 이러한 문제해결 기술을 가지고 문제 상황에서 합리적 의사결정

기술과 행동을 통해 효율적으로 문제를 해결한다.

(2) 건강한 가족의례

가족의례란 가족에게 특별한 의미를 주는 반복적이고 공동으로 이루어지는 활동으로, 가족의 결속과 정서적 친밀감을 강화하는 촉매 역할을 하며, 안정된 가족생활을 할 수 있도록 한다. 이러한 관점에서 볼 때, 건강한 가족의례를 통해 가족 구성원들은 일반적으로 편안하고 즐거운 환경에서 서로 접촉할 수 있게 되지만, 가족이 의례를 만들고 수행하는 방식이 현명하지 못하다면 그것들은 불건전하고 파괴적일 수 있을 것이다. 버어, 데이 그리고 바아(Burr, Day, & Bahr, 1995)는 가족이 현명하고 효과적으로 가족의례를 형성하는 데 도와주는 네 가지 지침을 다음과 같이 제시하였다.

① 적정한 의례화

가족의 의례는 적정 수준이 유지되어야 한다. 가족이 의례에 너무 많이 집착하거나, 더 이상 의미와 유용성을 갖지 못하는 의례를 가족이 버리지 못할 때 일어나는 과잉의례, 또는 이와는 반대로 가족의례를 너무 적게 강조하는 과소의례는 가족 구성원들 간의 분열을 초래할 가능성이 있다.

② 의례의 뚜렷한 분리

가족의 의례는 현명하게 관리되어야 한다. 의례가 가족 문제와 분리된다면 문제가 세대 간에 전달될 가능성이 적어진다. 가족에 알코올중독 같은 바람직하지 못한 속성이 있는 경우, 그 문제와 뚜렷하게 분리되도록 의례를 행사해야 한다.

③ 안정과 변화의 조화

의례가 적절하고 효과가 있기 위해서는 융통성이 요구된다. 개인과 가족은 계속 발달 · 변화하므로 의례도 이러한 변화에 맞춰져야 한다.

④ 의례의 적절한 활용

의례를 적절하게 활용해야 한다. 부모는 자녀가 스스로 통제력을 가져야 하는 나이가 된 후에도 자녀를 통제하기 위해서 의례를 이용하거나, 한쪽 배우자가 자신의 전통만 강조하고 다른 배우자의 전통을 없애야 한다고 주장한다면 많은 문제들이 발생할 수 있다.

(3) 과도기적 인물

과도기적 인물이란 바람직하지 않은 양식이 한 세대에서 다음 세대로 전달되는 경우 이러한 양식으로부터 가족을 변화시키는 역할을 담당하는 인물을 말한다(Bowen, 1978). 과도기적 인물은 폭력적이고 감정적으로 파괴적인 환경에서 성장하였으나 어떻게든 그런 독성인자를 해소시키는 방법을 찾아내어 그것을 후손에 물려주지 않도록 한다. 과도기적 인물은 틀을 파괴하려고 노력한다. 즉, 폭력을 겪은 자녀가 폭력부모가 되고, 알코올 중독자의 자녀가 알코올 중독자가 된다는 생각에 반기를 든다. 과도기적 인물은 그들의 혈통으로부터 파괴적 성향을 여과하여 이후 세대가 생산적인 삶을 설계하는 데 기초가 되는 지지 기반을 삼음으로써 숭고한 인간성 확립에 기여한다. 조지 워싱턴 대학의 연구팀이 밝힌 과도기적 인물이 되도록 도와주는 8가지 전략을 살펴보면 다음과 같다(Burr, Day, & Bahr, 1995).

① 의도성

의도성은 세대 간 전달에서 얼마나 의식적으로 애써 노력하는가를 말하는 것으로, 이는 세대 간 전달에 영향을 미칠 수 있다. 가족 정체감이나 가족의례, 생활양식 등은 개인의 의도적인 노력이 주요한 요인 중 하나이다. 한 예로, 높은 수준의 의도성을 가진 12쌍의 부부 가운데 75%가 알코올 중독의 세대 간 전달을 단절시킴으로써 과도기적 인물이 될 수 있었다. 한편, 의도성이 낮은 77%는 알코올 중독의 양식을 부모로부터 고스란히 물려받았다(Bennett et al., 1987; Burr, Day, & Bahr, 1995 재인용).

② 감정적 거리 유지

가족 구성원 간의 감정적 거리도 전달과정에 영향을 준다. 자녀세대와 부모세대가 감정적으로 매몰되면 세대 간 전달이 증가하게 된다. 반면, 세대 간 일정한 거리를 유지하는 경우에는 세대 간 전달이 덜 발생한다. 즉, 성인이 된 자녀가 부모와 지나치게 연결되어 있다면 태도, 행동, 가치, 전통, 의례 등이 한 세대에서 다음 세대로 전달되는 것을 차단하기 어렵다.

③ 가족생활에 관한 양서 읽기

어떤 역할에 들어가기 전에 그것에 대해 미리 배우는 것이 중요하다. 건강한 가족생활과 관련된 책을 읽는다는 것은 예비 사회화를 준비하는 하나의 방식으로 행복한 결혼과 효과적인 부모됨에 도움이 될 수 있다.

④ 조직에의 참여

조직 활동의 참여는 관계를 맺는 새로운 방식을 학습하는 데 도움이 된다. 그러나 사람마다 이상적인 집단이 다르다는 것을 인식할 필요가 있다. 즉, 어떤 사람은 오락적인 공동체에 참여하기를 원하는 반면, 다른 사람은 지적이고 학문적인 조직이 더 편안함을 느낀다.

⑤ 교육받기

균형 잡힌 교육은 통찰력을 제공하고 사고의 폭을 넓히며 관계를 맺거나 의사결정을 하는 능력을 증가시킨다. 가족학, 부모교육, 결혼 준비, 의사소통 등에 관한 수업은 매우 유용할 것이다.

⑥ 인생철학의 개발

문제가 있는 가족에서 자라난 많은 사람들은 평안은 구할 인생철학을 가지고 있지 않다. 자신이 진심으로 믿는 무언가를 발견하고 그 신념 위에 인생을 건설할 수 있다면 그것은 다른 사람과 의미 있는 방식으로 관계 맺는 법을 학습하는 데 기초가 될 것이다. 즉, 무엇이 인생의 의미를 부여하는가, 무엇이 인생에 목적을 부여하느냐를 조사해 보면 개인의 가치관, 이상, 소망, 목적 그리고 신념을 명확히 파악할 수 있다.

2) 현대사회에서의 역기능적 가족

가족은 언제, 어떻게, 누구와 상호작용의 관계를 맺는 지에 관한 유형을 만들고 이 유형을 통해 가족체계가 유지되어 나간다. 건강한 가족의 경우 변화하고 있는 내적 개인의 발전과 외적 환경 요구에 효율적으로 적응한다. 반면, 역기능적 가족의 경우 높은 불안감을 가지고 있으며 가족 구성원들이 과도하게 밀착되어 있거나 지나치게 경직되어 있어서 내적 · 외적 요구의 변화에 적응하지 못할 경우에는 가족 내에 역기능이 발생하게 된다. 역기능적 가족에서 나타나는 4가지 대표적인 특성들은 다음과 같다(Burr, Day, & Bahr, 1995).

(1) 지나친 개인 이기주의

개인주의적인 자녀는 부모에 대한 사랑이 조건적이다. 그들은 부모의 도움이 편안함과 자기 자신의 이미지를 좋게 유지하는 데 도움이 될 때는 부모의 도움을 빌릴 것이다. 자기희생보다 자기의 이익이 우선된다. 자기의 수입을 가족의 생활비에 다 내놓았던 자녀의 오랜 풍습은 현대에 이르러서는 가족의 공동 자원이 아니라 개인 소유의 생각으로 뒤바뀌었다. 이러한 개인주의적 윤리는 헌신적인 부모가 가진 규범과 갈등 상태에 있고, 많은 경우 그런 모호성은 부모의 이타주의와 자녀의 개인주의 선호로 해결되고 있다. 부모는 자녀가 영원히 도와줄 것이라고 기대하지만, 자녀는 그에 상응하는 의무가 없다. 가족과 사회 속에서의 일방적인 개인의 이익추구 행동은 불평등, 긴장, 고통을 낳을 것이다. 이를 해결하기 위해서는 모든 개인이 주기만 하고 되받기를 전혀 바라지 않는 가족이라는 실현 불가능한 요구를 피해야 하며, 서로 헌신과 사랑의 자유로운 교환이 이루어질 수 있도록 해야 한다.

(2) 감정의 융합

융합은 보웬(Bowen, 1978)에 의해 만들어진 개념으로, 가족 구성원들이 가족감정 체계에 지나치게 연결되어 삶의 다른 측면을 관리하는 능력에 방해를 받을 때 일어나는 일들을 의미한다. 보웬의 이론에 따르면, 영아와 유아는 부모가족 안에서 감정적 '영역'(혹은 '환경' '분위기')에 융합된다. 이것은 영유아가 자연적으로 그리고 비자발적으로 부모와 형제의 감정적 과정에 소속됨을 의미한다. 예를 들어, 가족 내의 감정적 기류가 신뢰, 배려, 확신, 감사 등과 같이 긍정적인 것일 때 아동은 이런 감정을 느끼고 이에 답한다. 부정적인 측면으로, 긴장과 증오, 분노, 슬픔과 같은 바람직하지 않은 감정이 있을 때 아동은 그에 사로잡혀 그 감정에 반응하고 그 감정에 의해 영향을 받는다. 따라서 가족은 감정이 지배를 시작하면 나중에 후회하거나 죄의식을 느끼게 될 언행을 하게 된다는 사실에 직면하고, 더 나아가 융합이 상황에 어떻게 영향을 미치는지 배운다면, 이전에는 이해하지 못했던 과정을 이해하게 되어 삶의 질을 개선하는 데 많은 도움을 받을 것이다.

(3) 만성적 가족불안

만성적 불안은 융합과 마찬가지로 보웬(Bowen, 1976)에 의해 처음 개발된 것이다. 불안은 염려스러운 위험이나 불행에 의해 야기된 긴장과 불편을 포함하는 부정적 감정으로 단기적 불안과, 만성적 불안이 있다. 먼저, 단기적 불안은 보통 긴장된 상황에 대한 단기간의 반응이며, 대부분의 경우 그것은 실제적인 문제에 대한 이성적 반응이다. 예를 들면, 단기적 불안은 부부가 의사로부터 아이가 심각한 질병에 걸렸다는 이야기를 듣게 될 때 자연스럽게 나타나는 감정적 반응으로서 이는 위험이 제거된 이후에는 사라진다. 다음으로, 만성적 불안은 불편, 부정적 스트레스 혹은 염려가 오랫동안 지속될 때 나타나며, 보통 만성적 불안의 원인은 깊은 곳에 있기 때문에 밝히기 힘들지만 이것은 다른 여러 어려운 상황을 지속시키고 그에 영향을 주는 근본적 원인이다. 가족체계에서 매우 중요한 만성적 불안의 한 유형은 장기간에 걸친 긴장 혹은 분노이다. 이것은 가족 구성원이 자신에 대한 다른 가족 구성원들의 행동이 심히 부당하다고 느낄 때 일어난다. 내부의 감정적인 흐름은 가족 구성원들의 친밀한 유대로 깊이 사랑하는 상태에서 배신감을 느끼거나 버림받고 방치되고 무시되었다고 느낄 때 일어날 수 있다. 이러한 만성적 가족 불안의 유형은 이것이 가족의 감정적 '장' 혹은 '기류'의 건전한 기능을 방해하기 때문에 중요하다. 적대감, 분노감, 공격성, 증오심과 같은 극단적인 감정적 반응도 생겨날 수 있는데, 이러한 감정들은 사람들이 추구하는 긍정적 감정들(예, 사랑, 동정, 보호와 양육 등)을 방해하기 때문에 대부분의 가족에게 심각한 역기능적인 과정을 이끈다. 뿐만 아니라 감정체계에 만성적 분노를 소유한 가족은 사소한 문제에 과잉반응함으로써 그들의 자원을 효과적으로 배분하고 문제해결을 하는 데 어려움을 가질 수 있다.

따라서 분노와 실망과 같은 부정적 감정이 그 체계에 만성적 불안을 이끌지 않도록 적절한 방법을 찾아내야 한다. 용서와 인내, 우리와 타인이 모두 유약하고 무능력하다는 인정 등 치료에 도움을 주는 감정은 가족이 만성적 불안을 줄이고 기본 가족 가족체계를 기능적으로 유지하는 데 도움이 된다.

(4) 가족폭력

가족의 격한 감정 상태는 폭력의 가능성을 높이고, 학대와 마찬가지로 한 세대에서 다음 세대로 전달된다. 가족폭력의 특징, 가족폭력에 대한 위기 중재를 살펴보면 다음과 같다.

① 가족폭력의 특징

• 감정 융합과 폭력의 순환적 속성: 융합이 낮으면 높은 스트레스에서도 가족 구성원은 그들의 지적 체계를 효과적으로 활용할 수 있다. 그러나 가족 내에 융합이 너무 높으면 가족 내의 감정체계에 따라 반응하게 되면서 감정과 이성을 분화시키지 못하게 되어 감정이 지배하는 상황이 초래된다. 특히 여성보다는 폭력적 · 공격적 · 권위적으로 사회화되어 온 문화 속에서는 남성에게 이것은 더 문제가 될 수 있다. 남성은 종종 그들이 사실은 그럴 의도가 아니었는데 자제력을 잃고 학대를 하게 되었다고 말하는데, 이는 판단력이 감정에 의해 휩쓸려 버린 것이다. 피해자인 아내는 가해자를 달래 주고 협상을 통해 진정하도록 만들어서 이러한 사건의 빈도와 심각성을 통제 하려고 시도하는 경우가 있다. 또한 가해자는 폭력행위를 한 후 잘못을 뉘우치고 용서를 빌며 다시는 그러지 않겠다고 진심으로 약속한다. 아주 많은 경우에 여성은 이번이 마지막일 것이라고 믿고, 자기에게도 잘못이 있다고 생각하며 자신이 정말 따끔한 맛을 봤다고 생각한다.

• 폭력의 세대 간 전달: 가족폭력의 가장 비극적인 결과 중 한 가지는 그것이 종종 세대에서 세대로 전달된다는 것이다. 각 세대는 폭력을 행사하는 방식과 규칙을 물려받음으로써 가족은 자녀의 폭력의 훈련장으로 기능한다. 폭력가정에서 자란 자녀는 폭력을 하나의 문제해결 방안으로 받아들여서 가족이나 타인에게 폭력을 사용하는 경향이 더 많다. 또한 폭력이 세대 간에 전달되는 것은 아동이 폭력적인 훈육방법이나 반응에 노출되어 왔기 때문이다. 그러나 성별에 따라 부모의 가혹한 행위에 대한 반응하는 방식이 명백히 다르다. 예를 들어, 페쉬백(Feshback, 1970)에 따르면, 남아는 신

체적인 처벌에 더 공격적으로 반응하는 반면에 여아는 보다 수동적으로 반응한다.

② 가족폭력에 대한 위기중재

가정폭력을 가정 내의 일로 보는 것이 아니라, 국가적 책무로 인식하고 피해자를 적극적으로 보호해야 해야만 한다.

• 폭력에 대한 지역사회의 대응: 첫째, 우선 피해자 보호 및 가해자에 대한 현장에서의 적정한 처리이다. 이런 처리를 위해 「가정폭력범죄의 처벌 등에 관한 특례법」상 긴급 임시 조치에 관한 규정 개선이 필요하며, 현장 중심의 경찰관의 즉시적 · 효과적인 긴급 임시 조치권을 행사할 수 있어야 한다. 둘째, 학대 상황에 대한 개입의 초기에 관련되는 또 다른 서비스는 병원이다. 많은 병원에는 구타에 의한 상해를 발견하고 진단할 수 있는 훈련된 인원들이 있다. 종종 병원진에 의해 구타에 대한 증언과 증거가 제공되기도 한다. 셋째, 위급전화는 효과적인 지역사회 대처의 중요한 부분이다. 구타당한 여성이 위급전화를 걸 때 즉각적인 응답을 받을 수 있도록 되어야 한다(Robert, 1988).

• 가족 내의 중재: 가족 내의 폭력을 줄이는 유일하게 확실한 방법은 스트레스를 받지 않도록 생활양식을 바꾸거나, 모든 결정이 민주적으로 이루어지도록 상황을 개선하는 것이다. 그리고 가해자, 피해자 모두에게는 분노통제 훈련, 상담, 가족이나 친척, 이웃이나 친구 등의 사적 지지체계의 도움이 필수적으로 필요하다.

2. 현대 가족의 다양한 형태와 이에 따른 대처전략

1) 한부모 가족

한부모 가족은 부모 중 한쪽과 자녀로 구성된 가족으로 우리 사회에서 급속하게 증가하는 가족 유형이다. 2017년 통계청 인구주택 총 조사에 따르면, 1,530,000만 가구로 전체 가구에서 한부모가 차지하는 비율은 2000년 7.9%, 2005년 8.8%, 2010년 9.2%, 2015년 10.8%로 증가 추세이며, 2045년 2,257,227 가구에 이를 것으로 추정되고 있다(통계청, 2017a, 2018d). 따라서 한부모 가족에 대한 정책적 지원과 사회적 관심이 지속적으로 이루어져야 한다. 한부모 가족은 소외와 고립, 그리고 과다한 역할, 경제적인 어려움 등을 겪으며, 자녀는 양부모 가정의 자녀보다 정서적으로 불안정하며, 성취도가 낮고, 성역할에 대한 동일시 등 다양한 위기상황에 직면하고 있다.

표 8-1 전체 가구 대비 한부모 가족 현황 (단위: 천 가구, %)

	2005년	2010년	2015년
전체 가구	15,887	17,339	19,013
한부모 가구	1,370	1,594	2,052
한부모 가구 비율(%)	8.8	9.2	10.8

출처: 통계청(2018d).

(1) 대처 전략

기본적으로 한부모 가족을 위한 복지는 정부, 민간 사회복지기관, 사회단체 등의 역할 분담을 필요로 한다. 지금까지 정부의 한부모 가족 복지정책은 저소득 가족에 대한 경제적 대책 중심으로 이루어져 왔다. 한부모 가족을 위한 실천적 지원은 한부모 가족의 욕구에 맞도록 구체적인 사정(assessment)에 근거하여 이루어져야 한다.

① 무엇보다도 한부모 가족의 생계비 및 자립금 지원 수준을 개선해야 한다.
② 근로 능력이 있는 한부모 가정 세대주에게 직업교육 및 훈련을 시킴으로써 실질적 자립을 위한 자립 프로그램이 제공되어야 한다.
③ 한부모 가정의 자녀에 대한 다양한 탁아 및 교육 프로그램을 실시해야 한다.
④ 한부모 가정의 심리적 · 사회적 문제에 대한 복지 서비스는 정부와 민간기관이 역할 분담하여 심리적 · 사회적 문제를 해결하고, 한부모 가정의 강점을 살릴 수 있는 프로그램을 제공해야 한다.
⑤ 한부모 자조집단 혹은 한부모 가정 자녀들의 자조집단 활성화가 필요하다.

2) 재혼 가족

재혼 가족은 최소한 한쪽의 배우자가 결혼한 경험이 있거나 그의 자녀들로 구성된 가족을 말한다. 우리나라 재혼 가족은 기존의 부계 중심의 국내 가족법의 잔재와 더불어 사회문화적 편견 등으로 인한 어려움을 겪고 있다. 재혼 가족의 전반적인 생활에 관한 연구에 따르면, 재혼 가족은 생활과정에서의 단계별 어려움이 있음을 보고하고 있다. 재혼 결심 단계에서는 재혼 가족에 대한 부정적 사회인식을, 재혼 준비 단계에서는 경제적 어려움을, 그리고 재혼 초기 단계에서는 재정적인 문제 및 재혼 가족에 대한 편견문제가 나타났으며, 재혼생활을 유지하는 과정에서는 배우자의 이해 부족 및 계자녀와의 관계 등이 우선적인 어려움으로 나타났다. 이처럼 재혼 가족이 겪는 문제점은 가족 안에서의 관계 갈등과 적응 상황 등을 중심으로 부부, 자녀, 친족 등의 관계에서 어려움을 겪고 보이고 있다.

(1) 재혼 가족의 문제

① 부부관계

- 자녀 요인: 우리나라 재혼 가족은 부모-자녀 관계보다는 부부관계가 가족생활 전체에 중요한 요인으로 작용하는 것으로 알고 있지만 사실은 부부관계가 독립적으로 기능을 하기보다는 자녀와의 관계에 의해 크게 좌우되고 있다.
- 의사소통 요인: 계부모는 재혼에 대한 사회적 편견으로 인해 자신이 계부모라는 사실이 노출되는 것에 민감하게 반응하고, 재혼 가족 내에서의 자신의 위치나 처지에 대한 불안감을 겪게 된다.

② 자녀관계

- 부모-자녀 관계: 자녀는 계부모를 사랑하는 것에 대한 충성심의 갈등을 겪게 된다. 그러나 가족들은 이러한 자녀의 감정을 이해하기보다는 오히려 더 많은 갈등을 야기하게 된다. 따라서 계부모와의 관계가 원활하지 못하게 되고, 자녀의 정신건강에도 부정적인 영향을 미친다.

③ 형제자매 관계

- 재혼 가족에서 형성되는 관계 중 계형제자매도 생긴다. 형제자매 간의 경쟁, 가족 크기의 변화, 부모의 관심, 주거 공간과 같은 불충분한 자원에

대한 경쟁, 가족 내에서의 자녀 위치의 변화 등과 같은 것들이 있다.

(2) 대처 전략

재혼한 부부나 가족에 대한 가족상담 서비스가 활성화되어야 하며, 재혼 가족에 대한 가정교육 프로그램의 개발이 강화되어야 한다.

① 과거로부터 벗어나 미래지향적이 되도록 상담을 제공해야 한다.
② 가족 간의 서로의 다름에 대해 이해하려는 노력과 함께 타협하면서 새로운 가족체계를 형성하도록 도와주어야 한다.
③ 재혼 가족의 심리를 이해하여 재혼 가족의 구성원은 서로 새로운 가족에 대한 신뢰감 및 하나의 가족으로서의 정체감을 형성할 수 있도록 해야 한다.
④ 친부모와 계부모 사이에 적대적 관계가 발생되지 않도록 도와주어야 한다.
⑤ 상담 시 재혼 가족의 통합을 위하여 개입해야 할 때, 계부모와 계자녀 간의 유대감 형성에는 긴 시간이 필요 하다는 것을 인식해야 한다,
⑥ 재혼 가족이 전혼에서 벗어나 재혼 가족의 새로운 경계를 확립할 수 있도록 하고 그 안에서 요구되는 역할과 규범 등이 정립되도록 하여야 한다.
⑦ 전혼 배우자에 대한 재혼 가족의 경계는 특히 공동 양육자로서의 부모역할을 해야 하는 경우처럼 필요한 경우 개방체계를 가질 수 있도록 한다.

3) 이혼 가족

이혼이란 “부부가 합의 또는 재판에 의하여 부부관계를 끝내는 가장 보편적 절차” 이다. 우리나라는 전통적으로 이혼에 대해 부정적 시각을 가져 왔는데, 이혼을 비도덕적이고 병리적이며 일탈적인 현상으로 간주하는 등 사회적

으로 큰 문제로 인식하여 왔다. 이러한 분위기 속에서 이혼 당사자들도 자녀 문제, 경제력 문제, 이혼 부부에 대한 부정적 시각 등으로 인해 이혼에 대한 부담이 높았다. 그러나 최근에 이혼에 대한 가치관의 변화와 자기중심적 태도, 여성의 지위 향상과 경제력의 확보, 이혼에 대한 낙인의 감소, 출산율 저하, 남녀의 성역할 변화 등은 이혼율의 급증 현상으로 나타나고 있다(김익균, 2008).

(1) 대처전략

법적으로 이혼이 이루어진다는 것은 불안정한 과정이 일단락되었다는 것을 의미하기도 하지만, 다른 한편으로는 '온전한 가족'을 잃은 것에 대한 상실감을 또다시 절감하게 되며 결혼생활과 이혼과정에서 경험했던 많은 상처와 분노와 죄책감 등을 재경험하는 것이 보통이다(김혜숙, 2013). 이러한 감정들은 여러 차례 반복하여 경험되기도 하는데, 이를 반복적으로 정리하고 극복하여 새로운 삶을 위해 적응을 이루기 위한 방안이 모색되어야 한다.

① 가족 재구조화

새로운 가족관계를 위해 내적 · 외적 경계를 명확히 해야 하며, 새롭게 형성된 가족의 정체감을 재규정하고, 가족 내의 정서적 환경을 안정화시키기 위한 노력과 더불어 가사 관리 등을 위한 전략이 새로이 이루어져야 한다. 또한 자녀가 있는 경우 양육 부모와 비양육 부모는 자신의 삶의 영역은 독립적으로 유지하면서 부모역할과 관련된 일은 팀으로 효율적으로 작동되도록 하는 패턴을 만들어 가야 한다(Stephen & Ronald, 2010).

② 경제적인 대책

현대에 이르러 여성의 사회적 진출이 활발하고, 경제적 능력도 향상되었다고는 하지만, 특히 결혼생활 기간 경제활동을 하지 않았던 여성의 경우 경제적 어려움으로 고통을 받고 있다. 경제활동 자립을 위한 무료 직업훈련 프로그램, 취업 알선, 의료보장, 가족수당 제도 등 다양한 프로그램이 요구된다.

③ 개인의 정체감 회복

결혼이 끝났다는 것을 받아들이고, 더 이상 돌아갈 수 없는 관계에 투자하지 않는다는 확신을 가져야 한다. 그리고 배우자와 평화로움을 유지하는 것도 '불행은 불행을 낳는다.'는 것, 그리고 적대적이고 공격적인 행동은 결국 스스로를 망치게 된다는 사실에 입각할 때 이혼 후 적응을 위한 중요한 요인이다. 마지막으로, 결혼해체에 자신이 어떻게 기여했는가에 대한 현실적인 평가는 이혼 이후에 전 배우자, 자녀와 가족체계가 모두 성공적으로 적응하는 데 도움이 되며, 계속 인생을 전진해 나가기 위한 준비가 중요하다 (Stephen & Ronald, 2010).

④ 이혼 가족에 대한 사람들의 인식 변화

기존에는 이혼을 하게 될 경우 이혼에 대해 '결혼의 실패'라고 표현을 하였다. 하지만 현대에 들어와서는 새로운 인생을 살기 위한 전환점으로 여겨지면서 새로운 앞길을 개척해 나가는 생각이 늘어나고 있다. 이러한 인식 변화를 통해 이혼에 대한 부정적인 측면을 긍정적인 측면으로 바꾸어 이혼 후에 나타나는 안 좋은 영향들을 완화시키기 위한 다양한 대안들이 모색되어야 한다.

4) 다문화 가족

여기에서 다문화 가족은 국적과 문화가 서로 다른 남녀가 국제결혼을 통해서 서로 다른 인종의 상대를 만나 결합한 가정을 의미한다.

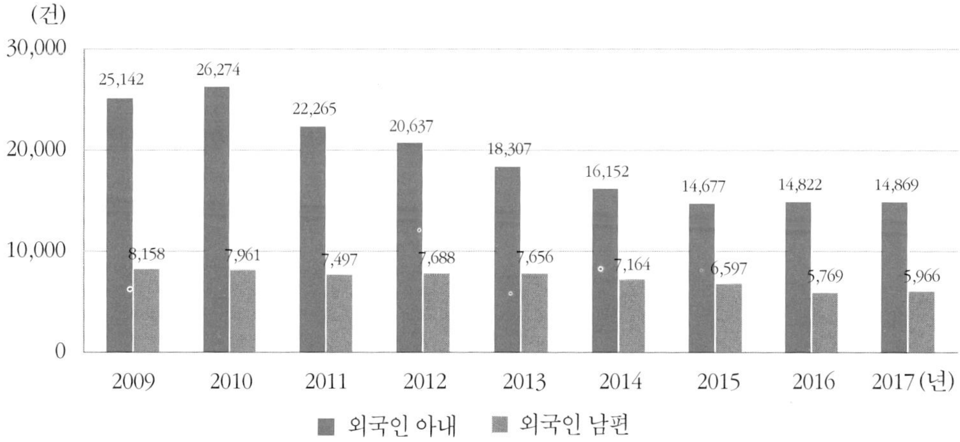

그림 8-1 국제결혼 현황

출처: 통계청(2018b).

(1) 다문화 가족의 실태 및 문제

다문화 결혼은 2010년 34,235건에서 2016년 20,591건까지 6년 연속 감소했다가 2017년 20,835로 전년 대비 1.0%(244건) 증가했다. 작년 한국인 간 결혼이 242,538건으로 전년보다 6.7% 감소한 점을 고려하면 눈에 띄는 수치이며, 지난해 다문화 결혼이 전체 혼인에서 차지하는 비중은 8.3%로 전년보다 0.6% 포인트 상승했다(통계청, 2018b).

결혼이민자의 역사적 배경은 심각한 농어촌 청년들의 결혼문제를 해결하는 방편으로 시작되었다(이원숙, 2016). 그러나 1990년대 후반 세계화가 가속화되어 국가 간의 인적 교류가 증가하면서, 2000년대 초반부터 중국과 필리핀 국적의 결혼이민자의 수가 두드러지게 증가하였고, 최근에는 베트남, 몽골, 태국, 캄보디아 등 국적이 다양해지는 경향이 있다. 이들은 한국 남성과 결혼을 통해서 국적 취득과 지위 향상 등 '코리아 드림(korean dream)'을 가지고 결혼하는 경우이다. 그러나 외로움, 언어 소통의 어려움, 가족 간의 갈등, 생활방식과 문화적 차이, 경제적 어려움, 편견과 차별, 과다한 결혼 비용으로 인한 빚, 본국으로의 송금 문제, 경제 활동의 기회 부재의 어려움이 있다. 또한 은행이나 법원 등 기관 및 복지 서비스 이용의 어려움, 자녀 교육 및 양육의 어려움, 자녀의 부모 무시 등으로 인한 스트레스도 매우 크다.

(2) 대처전략

① 다문화 가족의 체계적인 교육체제 확립

다문화 가정에서 겪는 가장 큰 어려움은 언어적 소통의 문제인 것으로 조사되었다(이원숙, 2016). 언어문제로 인한 의사소통의 부재는 부부간 및 고부간의 갈등뿐만 아니라, 또 다른 여러 문제로 이어지는 경우가 많아 매우 심각한 문제로 지적되고 있다. 한국어 방문교사 프로그램, 단계별 한국어 교재 발간 및 보급 등 다양한 국가정책이 시행되고 있지만 체계적인 관리가 요구된다. 더 나아가 한국어 수업뿐만 아니라 한국의 문화, 역사 등을 배울 수 있는 기회를 제공해야 한다.

② 다문화 가족의 사회 경제적 참여 확대

국내에 유입되는 결혼이주여성의 경우 대부분 경제적 부를 축적하여 사람답게 살아보겠다는 코리안 드림을 안고 낯설고 물 선 타국에 시집 온 개발도상국 국가 출신 여성들이다(세계일보, 2017). 이들은 자신뿐만 아니라 본국의 가족을 위한 윤택한 경제적 삶을 염두에 두고 있다. 그러나 국내의 현실적인 여건은 그렇게 만만치 않으며, 특히 농촌지역 결혼이주여성의 경우 경제를 창출할 수 있는 여건은 더욱 빈약하다(세계일보, 2017). 따라서 정부 차원에서 외국인 배우자들을 위한 직업상담, 고용 서비스 지원, 능력개발 프로그램 개발 등을 통해 취업을 희망하는 다문화 가족의 사회 진출을 적극 장려하고, 적합한 일자리 창출과 직업훈련 교육을 위한 정책 수립과 수요자 욕구에 맞는 맞춤형 서비스가 제공되어야 한다.

③ 다문화 가정에 대한 인식 개선

다문화 가정에서 겪고 있는 가장 심각한 문제는 그들을 바라보는 싸늘한 시선과 편견이다. 이러한 시선과 편견으로 따돌림을 당하면서 정서적 소외감, 심리적 고립감 등을 경험하게 된다. 이러한 사회적 고립감과 소외감 때문에 다문화 가정 자녀와 그 어머니는 정체성의 혼란을 느끼게 되는데, 이러한 정체성 혼란은 아동의 성장과 발달에 악영향을 미치게 되고, 낮은 자존감과 상실감, 우울 등의 감정을 갖게 한다(오경석, 2007). 이에 그동안 다문화 이해 교육을 실시하고 캠페인 등을 통해 다문화 수용성을 제고해 왔으나 아직도 우리 사회의 다문화 인식도는 좀처럼 개선되지 않고 있다(세계일보, 2017). 이와 같은 측면에서 하나의 슬로건으로 끝날 정책보다는 다문화 관련 공익광고와 다문화 가족과 일반 국민이 함께 할 수 있는 행사를 마련하는 등 다문화 가족과 일반 국민 간에 벽을 허물 수 있기 위해 실효성을 확보할 수 있는 구체적 대안이 필요하다.

④ 건전한 결혼중개문화 확립

국제결혼 중개업체의 난립, 불법적 영업활동 등으로 결혼이민자의 인권침해와 많은 피해사례가 발생하고 있다. 이러한 문제는 결혼생활에서 다양한 불건강한 가족문제들을 초래하게 된다. 따라서 국제결혼 중개업체의 등록제 및 신고제 도입을 통해, 국가 및 지방자치단체가 이를 관리 · 감독함으로써 건전한 결혼중개업을 지도 · 육성하고, 결혼 중개업체 이용자의 피해 사례를 예방하기 위한 결혼중개업의 관리에 관한 법률을 강화하여 건전한 결혼중개문화를 확립하여야 한다.

현대 우리의 가족은 가족기능의 약화, 가족형태의 다양화에 따른 가족가치의 혼재 속에서 다양한 문제를 겪고 있다. 이러한 다양한 문제 속에서 가족이라는 울타리는 구성원들에게 심신의 안정을 취할 수 있는 중요한 장소로서 중요한 의미를 가진다.

이 장에서는 건강한 가족과 역기능 가족에 대한 개념과 특성들을 살펴보았으며, 현대사회에서 새로운 가족유형으로 존재하는 가족들이 겪는 어려움과 이들을 위한 서비스 제공을 위한 대처전략에 대하여 알아보았다.

제 9 장

현대인의 스트레스와 대처

삶 속에서 스트레스는 항상 존재하며 우리와 함께 한다. 과도한 스트레스는 건강과 삶의 질, 학업적 · 직업적 만족감에도 부정적 영향을 미치며 부적응적인 대처방식을 야기하기도 하지만, 스트레스를 통해 이전보다 더 나은 성장과 발전을 나타내거나 창의력과 생산성 측면에서 진보적 발전을 이루어 내기도 한다. 이에 스트레스에 대한 이해 및 관리는 우리 삶을 더 풍요롭게 하는 데 중요한 이슈이다. 일반적으로 스트레스는 빨리 없애거나 해결해야 하는 것으로 이해하는 경향이 있다. 따라서 스트레스가 유발될 만한 상황이나 문제를 미연에 방지하고 스트레스 수준을 낮출 수 있는 방법들을 연구 및 개발하는 데 집중되어 있다. 그러나 스트레스가 우리 삶에서 제거되어야 하는 부정적인 것으로 이해하기 이전에 스트레스 없는 삶이 가능한가에 관한 질문이 먼저 선행되어야 할 것이다.

이 장에서는 인간이 경험하는 스트레스가 무엇인지 살펴보고 좀 더 적응적인 삶의 태도를 가질 수 있는 스트레스 대처방법은 무엇인지 살펴보고자 한다.

생각해 볼 문제

첫째, 스트레스란 무엇인가?

둘째, 스트레스에 영향을 미치는 요인은 무엇인가?

셋째, 스트레스에 어떻게 대처할 것인가?

넷째, 스트레스가 우리 삶에 주는 의미는 무엇인가?

1. 스트레스의 본질

스트레스란 라틴어 'stringer'로 '팽팽하게 조이다'라는 의미에서 유래되어 20세기 초 셀리에(Selye, 1956)에 의해 의학용어로서 대중적으로 사용되기 시작하였다. 스트레스에 대한 정의는 연구자들의 일치된 정의는 아니지만, 대표적으로 반응, 자극, 상호작용의 측면의 3가지로 정의되고 있다.

1930년대 초에, 셀리에(1956)는 실험용 암컷 쥐에게 다양한 약물들을 주입하고 반응을 측정하는 역할을 수행하던 중 종류가 상이한 유해약물에 대해 부신과다, 위와 십이지장의 소화성 궤양과 같은 동일한 종류의 결과가 나타난다는 것을 발견했다. 그는 실험 상황을 바꾸어 다양한 스트레스 상황(예, 더위, 추위, 고통, 가벼운 충격, 신체 구속 등)에 쥐를 배치하여 반응을 살펴보았다. 그 결과, 쥐는 부신과다, 소화성 궤양, 림프계의 위축 등 생리적인 각성의 양상은 스트레스 요인에 상관없이 유사한 반응을 보였다. 셀리에(1956)는 여러 가지 해로운 매체에 대하여 이처럼 일반적인 반응을 보이는 이것을 '스트레스(stress)'라고 부르며 외부에서 가해지는 자극을 '스트레스원(stressor)'으로 명명하였다.

셀리에(1956)는 스트레스 상황에서 신체가 어떠한 반응을 보이는지에 관한 모델을 개발하여 스트레스를 "외부에서 가해지는 자극에 의해 신체 내부에서 일어나는 비특이적 유기체의 반응"으로 정의하였다. 셀리에(1956)의 연구는 인간이 경험하는 스트레스에 대하여 생리적 반응을 밝혀냈다는 점에서 의의가 있으나, 연구결과가 동물을 대상으로 측정하여 인간만이 갖고 있는 고유한 독특성이 무시되었고, 인간의 정서적 측면과 스트레스에 대해 어떻게 지각하는지에 관한 해석을 배제했다는 한계점을 갖고 있다. 이러한 측면에서 초기에 스트레스는 반응으로 인식되었으나 스트레스를 반응으로 정의할 때 그 반응이 스트레스에 관한 반응인지 일상생활로 인한 생리적 · 신체적 반응인지 구분하기 어렵다는 비판을 받았다(고영실, 2006).

자극으로서 스트레스는 객관적인 위협이나 심리적 위험이 존재하는 환경 조건을 스트레스로 정의한다. 지진, 홍수, 전쟁, 교통사고 등이 이에 해당한다. 그러나 동일한 스트레스원이라 하더라도 각 개인마다 지각하는 스트레스가 다르며, 천재지변이나 전쟁, 교통사고 등과 같이 객관적으로 충격적이고 위협적인 사건보다 일상에서 누적되어 나타나는 스트레스 사건들이 인간의 스트레스를 더 유발할 가능성이 더 많다. 이에 따라 자극과 반응을 고려한 상태에서 개인이 지각한 스트레스에 대한 평가가 중요하다는 입장인 상호작용으로서의 스트레스를 이해하는 입장이 나타났다.

스트레스를 반응이나 자극으로 보려는 관점에 대해 포크만과 라자러스(Folkman & Lazarus, 1985)는 어떠한 사건이나 사고도 개인의 인지적 지각 및 평가 없이 스트레스 요인으로 작용할 수 없다는 입장을 취하고 있다. 즉, 자극으로서 스트레스에 대한 인지적 평가와 이에 대한 대처자원의 존재 여부가 스트레스로 결정된다고 보고 있다.

2. 스트레스의 발생과 반응에 영향을 미치는 요인

우리는 흔히 일이 풀리지 않거나 생각하지 못한 어려운 문제를 만났을 때 "아! 스트레스 받아."라는 말을 종종 사용하고는 한다. 현대인은 넘쳐나는 정보와 급변하는 생활패턴의 변화로 인해 과거에 비해 더 많은 스트레스를 경험하고 살아간다. 스트레스는 우리 삶 속에서 경험하는 익숙한 자극으로서 남녀노소를 불문하고 누구나 다양한 스트레스를 경험한다.

50대 이후 중년기 성인은 은퇴 이후의 준비에 관한 부담감과 자녀의 독립 사이에서 역할전환에 대한 스트레스를 경험하고, 30~40대 직장인은 직장 내의 업무로 직무 스트레스를 받는다. 20대 대학생은 경제적 독립의 기반이 되는 취업 스트레스를, 10대 청소년은 입시에 대한 부담감으로 인한 학업 스트레스를 경험한다. 이와 같이 삶 속에서 일부분이 되어 자리 잡은 스트레스는 눈으로 직접적으로 관찰되는 것은 아니지만 매일의 삶 속에서 느끼며 살아간다. 스트레스가 발생하는 원인은 내적인 개인의 성격특성이나 신체적 조건 등과 현재 처해 있는 외부 요인에 따라 다양한 양상으로 유발된다. 이 절에서는 스트레스의 발생과 반응에 영향을 미치는 요인에 대해 살펴보고자 한다.

1) 스트레스 자체의 성질

스트레스의 성질을 살펴보면 지속성과 심각성, 예측 가능성, 통제 가능성, 친숙성으로 구분할 수 있다. 지속성의 측면에서 스트레스를 살펴보면, 장기적인 스트레스는 일시적 혹은 단기적인 스트레스보다 더 심각한 스트레스 반응을 일으킬 수 있다. 예를 들어, 부부간의 갈등이나 다툼은 일상에서 흔히 경험하는 일이기도 하지만 이혼은 부부에게 심각하고 부정적 사건일 수 있다. 그렇다면 부부간의 갈등과 이혼 중 어느 것이 자녀에게 더 부정적 상태로서 스트레스 요인이 될까? 대부분의 사람들은 이혼이 자녀에게 더 심각한 정신적 스트레스를 줄 것이라고 예측하지만, 최근 연구결과를 살펴보면 장기간에 걸친 부부갈등이 이혼보다 더 큰 정신건강에 위협이 되며 이혼 그 자체보다 스트레스를 유발하는 상황에 대한 지속성이 더 심각한 영향을 미친다. 즉, 부모가 이혼하지 않았더라도 지속적인 부부갈등 상태이며 갈등에 대한 대처가 파괴적이고 심리적 안녕감을 위협하는 수준이며 이로 인해 자녀가 스트레스 상태에 지속적으로 놓여 있을 때 정신건강에 부정적 영향을 미치게 된다(한영숙, 2017).

우리가 일상생활에서 경험하는 다양한 스트레스에 대해 그 강도, 즉 심각성의 차이가 있다. 홈즈와 라헤(Holmes & Rahe, 1967)의 사회재적응 평가척도

(Social Readjustment of Rating Scales: SRRS)에서 나타났듯이, 배우자의 사망이 최고점인 100점의 스트레스 강도를 나타냈지만 가족모임 횟수의 변화, 식사 습관의 변화, 사소한 법률 위반 등에 관해서는 각 15점 이하로 낮은 수준의 강도를 나타냈다. 그러나 동일한 문제라 하더라도 각 개인마다 지각하는 스트레스의 심각성은 다르며, 발달단계와 성별에 따라서도 다르게 나타날 수 있다.

최근 우리 사회는 불확실함과 모호함으로 인해 불안과 공포에 휩싸이고 있다. 북한의 핵무기 보유로 인한 전쟁 발발에 대한 두려움과 지진으로 인한 대학수학능력시험의 연기, 신종 인플루엔자와 같은 기존에 발견되지 않은 질병의 등장 등은 우리 삶을 뒤흔들어놓게 되었다. 인간은 닥쳐올 미래의 변화를 예측하며 적응하려 시도한다. 이에 따라 예측 가능한 스트레스 상황에 대해 어떤 일이 일어날지 예견하고 준비하려는 것은 인간의 기본적 욕구와 밀접하게 관련되어 있다. 그러나 모든 상황을 예측하고 통제하기에는 현대사회는 매우 빠르게 변화하고 있고 그에 맞는 적응을 하는 것조차 쉽지 않다. 반면에 예측가능하지 않은 상태, 즉 불확실한 상태가 오히려 수행 능력을 증가시켜주기도 한다. 예측 가능한 상태일 때 스트레스에 대한 대처방안이 마련되어 있는가의 여부에 따라 스트레스 수준이 달라지기 때문이다. 대처방안이 없는 경우 오히려 예측 가능성으로 인해 인간은 낮은 희망, 잘 될 것이라는 옅은 믿음 등으로 인해 좌절할 수도 있다. 인간이 예측 가능한 상태를 지향하는 것은 안전의 욕구가 확보되었다고 믿기 때문이다. 불확실한 상태는 새로운 호기심이나 창의력, 도전의식 등을 생성하도록 도우며, 스트레스 상황에 대한 문제를 해결하기 위한 동기를 이끌어 낼 수도 있다.

인간은 스트레스 상황을 '스스로 통제할 수 없다.'라고 지각할 때 '통제할 수 있다.'고 지각할 때보다 더 높은 수준의 스트레스를 받는다. 하지만 우리가 극복하기 쉽지 않은 시련에 처하여 있다 하더라도 자신이 갖고 있는 자원이나 능력으로 '현재의 상황을 벗어날 수 있다.'라고 믿으면 스트레스를 훨씬 적게 받는다. 랑거와 로딘(Langer & Rodin, 1976)은 양로원에 거주하는 노인을 대상으로 식물 가꾸기, 가구 배치, 식사 메뉴의 선택과 같은 일을 간호사의 판단이 아니라 스스로 의사결정할 수 있도록 한 실험연구를 통해 노화로 인한 부정적 결과에 대해 개선할 수 있는 여지가 있음을 설명한다. 즉, 노인 스스로 자신이 선택하고 행동할 수 있는 활동을 더 많이 증가하도록 제안할 때 더 적극적이고 행복한 정신건강을 형성할 수 있다는 사실을 발견하였다. 그러나 모든 문제 상황을 통제할 수 없기 때문에 개인이 갖고 있는 한계점에 대해 인식해 나갈 필요가 있다.

스트레스를 불러일으키는 문제가 친숙하지 않을수록 우리는 더 위협적으로 지각하기 때문에 친숙성은 스트레스 평가에 중요한 요인이다. 즉, 상황에 대한 경험이 많고 익숙할 때 문제를 적극적으로 잘 해결해 나갈 수 있으나 그와 반대인 경우에는 더 심각한 스트레스를 받아들이게 된다. 예를 들어, 직장 내에서 벌어지는 다양한 갈등 상황은 스트레스이기는 하지만 평소에 자주 경험한 문제이기 때문에, 우리의 삶을 위협할 만한 수준의 스트레스로 지각하지는 않으며 문제에 관한 해결방법 및 대안탐색도 능동적으로 해 나갈 수 있다. 반면, 사기를 당했거나 갑작스러운 재정 상태의 변화, 예기치 않은 사건으로 교도소에 구금되는 것 등은 처음 겪을 수 있는 문제이므로 상대적으로 더 심각한 스트레스로 지각하게 될 수 있다.

2) 내적 요인

(1) 성격적 요인

성격이란 비교적 일관성 있게 나타나는 개인의 독특한 행동 및 사고방식으로 비슷한 상황이나 환경에서도 어떠한 성격특성을 갖고 있느냐에 따라서 행동 및 사고방식의 양상은 다르게 나타난다. 다양한 성격에 따라 스트레스에 대해서도 좀 더 적응적 행동양상을 보이기도 하지만 이와 반대일 수도 있다.

사람마다 성격은 모두 다르지만 사소한 일에도 민감하게 반응하거나 지나치게 성취지향적인 사람들이 있다. 심장전문의인 프리드먼(Friedman)과 로젠먼(Rosenman)은 심장질환의 원인에 관한 연구를 하던 중 관상동맥 심장질환에 잘 걸리는 사람들이 다른 질병을 가진 환자들과 다른 특성을 가졌음을 발견하였다. 이들은 대부분 대화의 내용이 일의 성취, 시간 관리 등에 집중되어 있고, 면담 시에 의자 앞부분에 걸터앉아 의자의 앞부분만 닿고 있다는 사실을 확인하였다. 프리드먼과 로젠먼은 이러한 특성이 심장질환과 관련이 있을 것이라고 가정하였고, 이를 A유형 성격으로 명명하였다. A유형 성격특성은 스트레스를 받기 쉬운 성격유형 중 하나로 경쟁적이며 높은 성취동기를 가지고 있으나 늘 목표를 이루기 위한 어떤 일을 하고 있고 남보다 더 빨리 더 많이 해내려 하며 물질적 결과를 중시한다. 그로 인해 참을성이 없고 조급하며 무언가 하지 않으면 불안하거나 죄책감을 느끼기도 한다. 대화의 속도가 빠르고 남의 말을 듣기보다는 자신이 말하는 편이며 다른 유형에 비해 직업적 성공을 빨리 이뤄 내는 편이지만 최상위까지 올라갈 가능성이 적다. 다른 유형에 비해 스스로를 소진시키고 스스로 너무 많은 좌절을 경험하기 때문이다. 따라서 지나치게 승패에 연연하기보다는 자신과 타인의 감정에도 주의를 기울이며 보다 건강하고 조화로운 삶을 위한 방안이 필요하다(Friedman & Rosenman, 1971, 1974; Haynes et al., 1978).

A유형 성격과 대응되는 B유형 성격특성은 비교적 느긋하고 덜 공격적인 성향을 보이며 A유형에 비해 스트레스에 덜 민감하고 심혈관 질환의 가능성이 상대적으로 적다. 매사에 서두르지 않고 자율성을 중요시하며 일이나 목표에 몰두하기보다는 자신의 삶의 만족감이나 사람들과의 관계에 더 많은 의미를 둔다. 유머와 센스가 있어서 다른 사람들에게 '여유롭다'는 평가를 주로 듣기도 하며 실패에 대해서도 경험했다는 것에 더 의의를 두며 매사 긍정적으로 생각하여 다른 유형에 비해 삶의 만족도가 가장 높다(김미령, 2015). 하지만 때로 지나치게 태평해 보이는 모습으로 인해 주변 사람에게 답답해 보

이기도 할 수 있으며, 일의 마감이나 약속시간을 잘 지키지 않거나 늦추어 다른 사람을 불편하게 만들 수도 있다. 따라서 자신의 자유롭거나 여유 있는 삶의 틀을 유지하는 것이 중요한 만큼 타인과의 약속이나 규칙 역시 중요하므로 이를 조화롭게 조율할 수 있도록 노력할 필요가 있다.

C유형 성격특성은 비교적 암에 잘 걸리기 쉬운 성격특성을 지니고 있다(Eysenk, 1994). 자기주장을 하는 것을 어려워하며 분노, 우울 등과 같은 부정적 감정이나 표현을 하지 못하고 자신의 욕구를 주장하기보다는 포기하는 행동을 보인다. 타인에게는 배려와 이해가 깊고 협조적이며 순응적이며 평화적이어서 대인관계가 원만할 수 있지만, 지나치게 타인의 눈치를 보며 문제가 발생했을 때 적극적으로 대처하기보다는 스스로 참는 것을 선택하기 때문에 자신의 내면을 돌보지 못하는 경향이 많다. 즉, 충돌 대신 조화, 화합, 극단적 협력 등을 선택하여 자신의 부정적 정서를 드러내지 않아 스트레스나 분노를 적절히 처리하지 못한다. 또한 자신의 약점이나 실수가 드러나는 것에 전전긍긍대기도 하며 주위의 반응에 매우 민감하다(이정아, 2005). 타인을 배려하고 예의가 바른 것도 중요하지만 때로는 자기 자신을 더 우선적으로 돌볼 필요가 있다. 이를 위해 타인에게 도움을 먼저 요청해 보거나 상대방이 자신의 부탁을 거절할 것이라는 비합리적 신념을 수정할 필요가 있으며 자산의 부정적 감정에 대한 표현을 할 수 있는 자기주장 훈련 등이 도움이 될 수 있다.

D유형 성격특성은 부정적 정서와 사회적 억제가 주로 나타난다. 이는 특정 상황에서 발현되는 것이 아니라 시간, 장소, 상황에 관계없이 우울, 불안, 스트레스와 같은 부정적 정서가 만성화되어 있다. 또한 사회적 상황에서 거부 될 수 있다는 두려움으로 인해 자신이 지각하고 있는 감정 및 정서를 드러내지 못한다. 이로 인해 심장병으로 인한 사망률이 다른 유형에 비해 4배 이상 높다(Denollet & Brutsaert, 1998; Denollet, Sys, & Brutsaert, 1995; Denollet, Vaes, & Brutsaert, 2000). D유형 성격은 다른 유형과 비교할 때 더 낮은 건강

상태, 수동적 대처, 낮은 수준의 사회적지지 추구, 우울증, 더 많은 신체 불안, 등을 보고한다(Mols & Denollet, 2010). 또한 건강에 좋지 않은 식습관, 가난한 수면, 드문 운동, 흡연 및 음주 등 건강에 해로운 생활 습관 및 행동을 갖고 있으며, 이에 대한 치료 피드백에 관해 부적절한 수준의 행동을 나타내어 심혈관 질환 치료 및 재활에 가장 중요한 처치에 있어서 상당한 위험을 수반하는 것으로 알려져 있다(Gilmour & Williams, 2012; Mommersteeg et al., 2013; Williams, Abbott, & Kerr, 2016). 다만, D유형 성격특성에 관한 대부분의 연구는 심장질환을 경험하고 있는 환자들을 대상으로 기술되었다는 한계점을 갖고 있다.

(2) 신체적 요인

유기체의 에너지는 한정적이다. 따라서 신체가 건강하지 못하면 일이나 학업 등에 집중하기 어렵고 이로 인해 스트레스가 유발되기도 한다. 스트레스는 우리 몸의 면역체계에 영향을 주어 면역력이 저하되고 이로 인해 질병의 노출에 더 가깝게 하는 것으로 알려져 있다. 예를 들어, 업무 과중으로 인한 높은 수준의 피로감, 불규칙한 식사 습관과 그로 인한 영양의 불균형, 불충분한 수면과 지속된 피로 누적 등으로 인해 스트레스가 유발된다.

3) 외적 요인

(1) 물리적 요인

물리적 요인은 지나치게 시끄러운 소음이나 폐쇄적인 공간 혹은 너무 어둡거나 너무 환한 상태이거나 지나치게 춥거나 더울 때 유발된다. 조명이 너무 어둡거나 지나치게 밝은 경우 업무 수행에 어려움을 주거나 신체적으로는 눈의 피로를 증가시키며 두통을 유발할 수 있다. 또한 어두운 조명은 높은 수준의 긴장감을 유발하여 스트레스 수준을 증가시킨다.

층간소음과 같은 지나친 소음은 주의집중을 방해하고 과제를 수행해 나가는 데 있어서 지장을 초래한다. 극단적으로 높거나 낮은 온도는 생리적 측면에서는 혈류량과 심장 박동을 증가시키며 우리의 신체 상태를 쉽게 피로하게 만들며, 심리적 측면에서는 안정적인 정서적 기능을 유지하는 데 있어서 장애요인이 되며 흥분을 유발하고 과제수행에 어려움을 초래하게 한다.

(2) 사회적 요인

스트레스의 발생과 반응에 영향을 미치는 사회적 요인으로는 과중한 업무, 조직 내의 강력한 규칙이나 규정, 상사와의 갈등 등에 의해 유발되거나 일상생활 속에서 경험하는 생활사건과 스트레스에 대한 반응을 조절하도록 돕는 사회적지지 자원이 있다.

생활사건은 삶의 생로병사에 영향력을 미칠 수 있는 강력한 사건들로 이혼, 실직, 사업실패, 경제적 곤란 등과 같은 중요한 사건과 회사에 지각하거나 운행하던 엘리베이터가 예고 없이 운행되지 않아 직장 출근이나 학교 등교 등의 어려움에 봉착하게 되는 등 일상생활에서 흔히 유발되는 일상적 사건 역시 포함된다. 그러나 우리는 삶에서 부정적 생활사건이 일어날 때에 한해 스트레스로 인식하는 경향이 높다. 스트레스에는 부정적 생활사건뿐 아니라 긍정적 생활사건 역시 포함되어 있다. 예를 들어, 승진, 이사, 결혼 등이 그 대표적인 예가 될 수 있다.

홈즈와 라헤(1967)는 생활변화로 인한 스트레스 정도를 측정하기 위해 사회재적응 평가척도(SRRS)를 제안하였다. 스트레스를 유발하게 하는 생활의 변화는 스트레스를 일으키며 이는 질병 발생과 상호 관련되어 있다고 주장하였다. 홈즈와 라헤(1967)에 따르면, 배우자의 사망이 가장 변화를 많이 주는 주요 생활사건으로 나타났고, 이혼, 부부의 별거, 구금, 가까운 가족이나 친척의 사망 등이 그 뒤를 이었다. 그러나 홈즈와 라헤(1967)의 사회재적응 평가척도(SRRS)를 해석하는 데 있어서 몇 가지 고려 사항이 있다(김교헌 외, 2010).

그림 9-1 한국인의 스트레스 인지율 추이(2007~2016년)

* 스트레스 인지율이란 평소 일상생활 중에 스트레스를 '대단히 많이' 또는 '많이' 느낀다고 응답한 비율
* 만 19세 이상 스트레스 인지율은 2016년 기준 성인 10명 중 3명이 스트레스를 '대단히 많이' 또는 '많이' 느낀다고 응답하였고, 여자(30.6%)가 남자(28.2%)보다 2.4%p 높았음. 이러한 추세는 지난 9년간 지속됨

출처: 질병관리본부(2018).

첫째, 주요 생활 사건들이 미국 문화권 안에서 근거한 것으로 우리에게는 적용되지 않을 수 있다. 시가 또는 처가와의 갈등의 경우 집단주의 문화권의 성격을 가진 우리나라에서는 주요 생활사건의 순위가 더 높을 수 있으나, 개인주의 문화적 성격인 미국 문화권 내에서 생활사건으로 나타날 가능성이 상대적으로 적다.

둘째, 같은 사건이라 하더라도 그 스트레스 사건에 대한 주관적 해석에 따라 각 개인은 다르게 생활변화 단위를 지각할 수 있다는 점이다. 가까운 가족이나 친척의 사망의 경우 할머니에 의해 양육된 손자녀와 직계가족이긴 하지만 왕래가 거의 없던 손자녀의 경우 스트레스에 대한 주관적 지각은 다를 것이기 때문이다.

셋째, 홈즈와 라헤(1967)는 생활의 큰 변화로 인한 질병 발생에 대해 관심을 두고 사회재적응 척도를 개발했지만 긍정적 사건인 경우 질병이 유발된다고 단정 짓기 어렵다. 오히려 일상의 변화가 없는 것이 더 스트레스를 일으킬 수 있다.

넷째, 홈즈와 라헤(1967)는 부정적이든 긍정적이든 간에 주요 생활사건은 스트레스를 유발할 수 있다고 주장했다. 그러나 부정적 정서는 긍정적 정서보다 더 오래 지속되어 공포, 무기력 등의 악영향을 미친다는 측면을 고려할 때 긍정적 사건과 부정적 사건 모두가 동일한 측면의 변화라고 주장하기 어렵다는 점을 고려해 볼 필요가 있다.

개인이 건강한 삶을 영위해 나가는 데 있어서 사회적지지는 중요한 자원이다. 사회적지지는 스트레스에 대한 반응을 조절하도록 돕는 속성을 갖는 것으로 타인으로부터 자신이 보살핌을 받거나 가치 있는 존재로 여기고 있음을 믿는 것이다(Cobb, 1976). 인간은 스트레스 상황에 직면할 때 개인의 내적 자원인 자존감 또는 자신감, 낙관성 등을 갖고 있으면서 외부 환경자원에서 제공해 주는 적절한 사회적지지를 함께 제공받으면 불평형 상태에서 다시 원래의 평형 상태로 회복하도록 이끌어 준다. 사회적지지의 효과는 대다수의 심리학, 건강과학 등의 분야의 연구결과에서 긍정적으로 작용하는 것으로 나타나고 있다(한미현, 1996).

스트레스 상황에 대처함에 있어서 중요한 영향을 미치는 외적 자원인 사회적지지는 지지원과 지지 유형으로 구분된다. 먼저, 지지원은 누구에게 지지를 제공받는가에 관한 것으로 사회적 관계망 안에서 형성되는 인적 관계로 부, 모, 친구, 형제 또는 자매, 교사, 친척, 이웃 등이 있다. 다음으로, 지지 유형은 어떤 도움을 제공받았는가에 관한 것으로 정서적 지지, 물질적 지지, 정보적 지지, 평가적 지지로 구분된다. 정서적 지지는 공감, 경청, 친밀감 등에 해당되는 활동과 관련된 것으로 타인에게 자신의 스트레스 상황을 전달했을 때 공감을 받거나 이해받는 경험은 더 나은 사회적 적응을 하도록 돕는다. 물질적 지지는 돈이나 물건, 서비스 등을 제공받는 것으로 필요시에 타인으로부터 물질적 자원을 얻어 낼 수 있는 것이다. 정보적 지지는 중요한 의사결정을 해야 하거나 문제 상황에 대한 판단을 고려할 때 제공되는 충고나 조언 등에 대한 내용으로 스트레스 상황에 대한 방안을 마련하도록 돕는다. 평가적 지지는 자신의 행동에 대한 옳고 그름을 판단하는 자기평가와 관련된 것으로 타인과의 상호작용을 통해 지각된다. 그러나 사회적지지를 실제로 제공받았더라도 개인이 지각한 사회적지지와 차이가 있다면 이는 스트레스 대처의 자원으로 활용되기 어렵다. 즉, 개인이 제공받았다고 지각한 사회적지지가 객관적인 사회적지지보다 더 중요하다(김현지, 양명숙, 2017; 박지원, 1985).

3. 스트레스에 대한 반응

일반적으로 스트레스가 발생했을 때 스트레스 발생 요인과 그로 인한 스트레스 반응에 대해 구분하지 않고 "아, 일 때문에 스트레스받아."라는 말로 혼용하여 사용하는 경우가 종종 있다. 예를 들어, 직장상사의 과중한 업무 지시가 있을 경우 직장상사의 과중한 업무 지시는 스트레스 발생요인이고 이로 인해 느껴지는 심리적 부담감 혹은 불안, 초조함 등은 스트레스 발생요인에 대한 결과로서 스트레스 반응이다. 스트레스에 대한 건강한 대처를 위해 스트레스가 발생되는 요인과 반응을 이해할 필요가 있다. 이 절에서는 스트레스로 인해 나타나는 반응에 대해 살펴보도록 하겠다.

1) 신체적 반응

유기체는 자신에게 위협이 될 만한 수준의 공포, 두려움, 불안 등을 느끼게 되는 강한 수준의 스트레스가 발생하게 될 때 평형 상태가 불평형 상태로 바뀌게 된다. 이때 유기체는 다시 원래의 안정적 상태인 평형 상태로 되돌아가고자 시도하게 된다. 이러한 과정을 통해 '항상성(homeostasis)'을 유지하고자 한다.

미국 하버드 대학교 생리학자인 캐넌(Cannon, 1932)은 이러한 반응을 투쟁-회피 반응 또는 맞섬-도피 반응(fight or flight reaction)이라 명명하였다. 유기체는 자신에게 위협적인 상황으로 판단하게 될 때 자기 자신을 본능적으로 보호하기 위해 투쟁할 것인지 혹은 회피할 것인지 결정하게 된다. 낯선 장소에서 길을 잘못 들어섰다가 강도를 만났을 때 우리 뇌는 오감을 통해 이 상황을 판단하려고 시도하며 과거의 경험을 바탕으로 현재의 문제를 해결할 방법이 있는지 탐색하는 과정에서 스트레스가 촉발된다. 이러한 과정에서 장기적 에너지가 사용되는 소화, 성 에너지 등의 신체 에너지도 긴급하다고 판단되는 활동에 더 집중적으로 투입하게 된다. 신체적 위협은 아니지만, 심리적으로 스트레스를 유발하는 상황일 때 역시 유기체는 자기 자신을 보호하기 위해 반응한다. 대중 앞에서 중요한 발표를 해야 할 때 입은 바싹 타오르고 심장은 과도하게 두근거리며 손에 땀이 나기도 하며 얼굴은 홍조를 띠게 된다. 대중 앞에서 발표를 하는 일이 신체적으로 위협을 받는 일은 아니지만, 심리적으로는 큰 부담으로 다가와 우리의 신체가 자동적으로 각성하게 되는 상태를 투쟁-회피반응 또는 맞섬-도피 반응이라고 할 수 있다.

스트레스를 지각하고 심리적 긴장감 수준이 높아질수록 그 상황에 대한 신체적 반응, 즉 자율신경계(autonomic nervous system)의 교감신경계(sympathetic nervous system)가 활성화되며 아드레날린(adrenaline)과 같은 부신 호르몬을 분비하게 하여 혈관을 확장시켜 근육에 자극을 전달하는 역할을 한다. 즉, 아드레날린은 스트레스가 유발되는 위기 상황에 대한 알람과 같은 역할을 수행하여 스트레스와 직접적 상관이 없는 소화 활동 등의 반응을 감소시키고 스트레스에 대처할 수 있도록 뇌와 신체를 최적의 상태로 만드는 역할을 제공한다. 반면, 스트레스가 없고 안정된 상황에서는 부교감신경계(parasympathetic nervous system)가 활성화된다. 부교감신경계는 노르아드레날린(noradrenalin)을 분비하여 에너지를 보존하고 최저 기능 수준을 유지한다. 과도한 아드레날린의 분비는 불안의 정도를 증가시키는 반면, 노르아드레날린의 과다 분비는 활동 수준을 지나치게 감소시켜 우울증을 유발할 수도 있다. 예컨대, 적정량의 운동은 우리 삶을 더 건강하게 만들어 주고 활력을 제공해 주지만 지나친 운동은 우리 몸에 부정적 스트레스 상태를 유발하여 비이상적인 신체반응을 나타낸다. 42.195km를 달리는 마라톤 선수가 골인지점에 도착했을 때 골인지점 직전까지는 스트레스를 감당할 수 있으나 골인지점 도착 이후 스트레스가 하나로 쏠려 탈진해 쓰러지는 경우를 종종 볼 수 있다. 이러한 탈진 상태는 스트레스에 반응하기 위해 다른 신체반응을 과도하게 활성화시켰기 때문에 발생하게 된다.

셀리에(Selye, 1976)는 우리가 스트레스에 직면하게 될 때 다음의 3단계에 따라 스트레스에 반응하게 된다고 설명하며, 이를 '일반적응증후군(general adaptation syndrome)'이라고 명명하였다. 셀리에(1976)에 따르면, 유기체는 어떠한 스트레스 요인에 직면하든 간에 유사한 반응을 나타낸다. 즉, 스트레스를 일으키는 원인이나 종류에 관계없이 스트레스는 일반적으로 나타나는 반응으로 이를 '비특이성 가설(non-specificity hypothesis)'이라고 한다.

일반적응증후군은 3단계로 진행되며, 각 단계의 특징을 살펴보면 다음과 같다.

- 1단계 경고단계(alarm reaction stage): 위협적인 상황일 때 일시적으로 충격을 받아 신체적 피로감이나 근육통, 발열, 두통, 소화불량 등을 느낀다. 그러나 곧 스트레스에 저항할 수 있도록 신체를 활성화시켜 에너지를 모아 외부 환경 자극에 대처하도록 준비한다. 개인의 스트레스가 경고 단계에서 멈추지 않고 지속될 경우 저항단계로 진입한다.
- 2단계 저항단계(resistance stage): 스트레스에 대항하기 위해 부가적인 에너지가 필요하게 되어 여러 신체 기관의 호르몬 분비가 왕성해지면서 신체적 소실이나 신체적 불균형 상태를 회복하려고 한다. 반면, 위협적인 스트레스 상황에 장기적으로 노출되어 익숙해지면서 저항력은 감소

하여 위궤양이나 고혈압 등이 발생할 수 있다.

- 3단계 소진단계(exhaustion stage): 스트레스가 오랜 시간 지속되어 신체적 방어 능력을 상실하게 되고 동시에 심리적인 에너지도 고갈된다. 이러한 결과로 인해 경고단계에서 나타난 신체적 증상들이 다시 나타나지만, 이것은 경고 단계의 신체적 반응과는 질적으로 다르다. 소진단계에는 스트레스에 압도되어 더 이상 대처 능력이 소실되었을 때 이르는 것으로 신체기관이 고장 난 상태를 의미한다. 이 단계에서는 위궤양, 극도의 신체적 피로감 등과 같은 신체질환이 나타나며, 심리적으로는 방어 능력의 와해로 인해 고수준의 우울이나 불안, 망상, 환각 등과 같은 정신병 증상을 동반하기도 하며 극단적인 경우 죽음에 이를 수도 있다.

2) 심리적 반응

스트레스는 신체적 측면뿐 아니라 심리적 측면에 있어서도 다양한 영향을 미친다. 누군가와 갈등 상황일 때 우리는 아무리 일에 집중하고자 노력해도 주의집중이 쉽지 않고 일을 해도 능률이 오르지 않는다. 중요한 취직시험을 앞둔 수험생은 성적의 결과에 대한 두려움을 호소하며 시험이 다가올수록 자신감이 낮아지는 스트레스를 느끼며 이에 따르는 심리적 불편감을 호소하기도 한다. 스트레스에 대한 대표적인 심리적 반응은 다음과 같다(Lazarus, 1993).

- 분노, 공격: 분노는 스트레스 상황에서 유발되는 가장 흔한 정서적 반응 중 하나이다. 일상생활에서 반복적으로 좌절을 경험하게 될 때 좌절은 분노와 공격성을 유발하기도 한다.

  좌절-공격성 가설(Dollard et al., 1939)에 따르면, 예를 들어 짝사랑 하는 이성이 자신을 좋아하는 듯한 태도를 취할 때 상대방도 자신에게 호감을 갖고 있을 것이라는 기대를 갖는다. 그러나 이성에게 정작 고백을 하고 보니 상대방은 전혀 자신을 좋아하지도 않을 뿐 아니라 착각하게 만드는 행동 역시 친절에 불과하다는 느낌이 들 때 좌절은 분노의 감정으로 변하게 된다. 그러나 욕구나 동기, 소망 등이 좌절되었다고 모든 사람이 공격, 분노 등의 행동양상을 보이는 것은 아니다. 스트레스로 인해 분노, 공격적인 정서가 일어나는 것은 정상적인 반응이지만 이를 표현하거나 해소하는 데 있어서 스트레스 해결방식을 고민해 볼 필요가 있다.

• 긴장, 불안, 공포: 불안이나 공포는 스트레스에 대한 안전을 확보하기 위한 자연스러운 감정으로 위기 상황에 적응하기 위한 경고 반응이다. 이러한 경고 반응이 존재하지 않는다면 우리는 신체적 · 심리적 건강에 손상을 입을 수밖에 없다.

일정 수준의 적정한 긴장이나 불안은 목표를 성취하는 데 생산성을 촉진하도록 도우며 성공적인 결과를 이끌어 내는 데 도움을 제공한다. 다만 각 개인마다 일정 수준의 적정한 긴장 수준이 상이하므로 어떠한 일에 직면했을 때 스트레스를 느끼는 수준을 파악하고 그에 따른 결과를 이해하는 것이 필요하다.

• 낙담, 우울, 절망: 우울은 우리 삶에서 자주 등장하는 정서적 표현이다. 우리가 직면한 문제 상황에 대해 해결할 수 있는 대처 자원이 없다고 느낄 때 우리는 매우 크게 낙담하거나 절망에 빠진다. 우리는 일상에서 연인과의 이별을 경험하거나 취업에 매번 실패하게 될 때 우울감을 경험하거나 때로는 절망한다. 우울한 사람은 삶의 의욕과 희망을 잃고 자포자기하기 쉬워 스트레스에 대처하기 어려워진다. 다양한 좌절 상황에 대하여 궁극적으로 자신이 원하는 삶의 욕구나 목표 등에 대해 합리적이고 객관적인 판단이 필요하며 어려움에 도전하는 용기가 필요하다.

3) 스트레스와 외상

삶의 위기, 시련 혹은 기반을 흔드는 사건으로 인한 부정적 심리적 고통을 유발하는 사건을 외상(trauma)이라고 정의한다. 외상은 역경 혹은 트라우마와 같은 의미로 종종 사용되며, 고위험 수준의 스트레스를 포함한다. 이러한 의미에서 스트레스와 외상을 구분하지 않고 일상생활에서 사용되기도 하지만, 스트레스와 외상은 엄격한 의미에서 차이점이 있다. 스트레스는 단계적으로 스트레스원이 있을 때 반응하여 나타나지만, 외상은 상황, 유발요인 등과 상관없이 우발적으로 나타난다. 스트레스는 생활사건들로 인해 누적되어 오랜 시간 지속적인 영향을 미치기는 하지만 외상에 비하여 상대적으로 그 영향력은 적다. 반면, 외상은 짧은 시간 동안 개인이 자신의 힘으로 스스로 통제하기 어려우며 그 경험은 개인과 공동체의 생존을 위태롭게 할 만한 수준의 경험으로 장기적인 피해를 입힌다. 또한 트라우마, 즉 외상은 자율신경계가 아닌 편도체에서 인식하며, 외상은 스트레스보다 그 강도가 더 강하다. 외상을 경험한 개인은 인간이 살아가는 데 가장 필수적인 안전, 신뢰 등의 신념에 도전받게 된다. 즉, 자신의 삶을 스스로 통제 가능하며 인간관계는 신뢰할 만하고 자신이 처한 주변 환경은 안전하다는 믿음 등이 뒤흔들리며 삶의 의미에 대해 반추하게 된다.

스트레스와 외상은 사회적 맥락 안에서 유발된다는 공통점을 갖고 있다. 따라서 개인에게 일어난 스트레스와 외상이 개인 안에서 해결해 나가는 방법보다 사회적 공동체라는 연대의식을 갖고 함께 해결해 나가려는 노력이 필요하다. 특히 외상의 경우 개인에게 발생 된 사건이나 사고로 한정 짓기보다 가족, 지역사회, 국가의 구성원으로서 사회적 맥락 안에서 유기적으로 상호작용하며 그들의 어려움에 접근해야 할 필요가 있다.

4) 외상 후 스트레스 장애

외상 후 스트레스 장애(Posttraumatic Stress Disders: PTSD)에 관한 관심은 전쟁을 겪은 제대군인들이 환청, 환시를 경험하거나 악몽을 자주 꾸기도 하며 일상생활에 돌아와 심리적 후유증과 적응상의 어려움을 겪는다는 것을 발견하면서 주목받기 시작했다. 『정신장애 진단 및 통계편람 제5판(DSM-5)』에서는 외상 후 스트레스 장애의 외상 사건은 아동 학대, 성적 학대, 가정폭력, 인간이 일으킨 재앙 등과 같이 실제적이며 납치, 인질과 같은 위협적인 사건이며 가까운 친척이나 친한 친구에게 돌발적으로 혹은 비정상적으로 발생된 사건으로 정의한다. DSM-5의 외상 후 스트레스 장애의 진단에 필요한 증상으로는 침습, 회피, 부정적 인지와 기분 변화, 과각성이 주요 증상일 때 진단 요건을 충족한다(APA, 2013).

5) 스트레스의 긍정적 효과

인간이 경험하는 다양한 스트레스는 인간에게 부정적 정서 및 문제를 가져다주기도 하지만, 반대로 적정량의 스트레스는 인내와 끈기, 강인함, 긍정적인 힘을 기르도록 돕기도 한다. 예를 들어, 목표했던 시험에서 합격을 했거나 대표로 출전한 대회에서 우승을 했을 때의 기분은 스트레스 반응과 관련이 있다. 인간은 스트레스를 유발하는 과제를 달성했을 때 기분 좋은 흥분을 느끼는데, 이는 위협적인 상태에서 느끼는 공포, 두려움과는 다르다. 따라서 적정량의 스트레스는 오히려 긍정적 영향을 줄 수 있다. 미국 심리학자인 여키스와 도슨(Yerkes & Dodson, 1908)은 스트레스에 대한 각성 수준과 수행 능력 간의 관계를 측정한 결과, 적정한 각성을 유지하고 있을 때 과제수행 능력이 향상된다는 사실을 밝혀냈다. 적정한 스트레스는 일상생활에서 경험하는 스트레스에 대처할 수 있도록 돕는다. 어떤 문제에 대한 도전은 우리에게 스트레스를 제공하는 반면, 목표 달성이라는 동기를 부여하게 과제 수행 능력을 최적화하도록 이끌어 내는 데 도움을 준다.

4. 스트레스에 대한 대처

우리는 살아가면서 의미 있는 사람의 예상하지 못한 죽음, 질병, 갑작스러운 경제적 파탄, 사업의 실패, 자연재해 등과 같은 개인의 의지와 무관하게 일어나는 다양한 사건 사고 등을 경험하게 된다. 삼풍백화점 붕괴, 대구 지하철 참사, IMF 사태, 세월호 사건, 포항 지진 등과 같은 대형 사고나 사건이 아니더라도 우리는 삶에서 스트레스를 불러일으키는 다양한 순간을 경험한다. 예를 들어, 대학입시의 실패, 짝사랑하던 사람에게서의 거절, 군 제대 후 대학 재적응의 곤란함, 사회적 관계망 내에서의 개인정보 유출 피해 등이 있다. 그러나 심각한 수준의 스트레스를 경험할 때 일부 사람들은 부적응적으로 인한 어려움을 경험하지만 이와 반대로 이전보다 더 나은 수준의 삶의 태도를 나타내는 사람들도 있다. 따라서 이 절에서는 스트레스와 외상이 우리 삶에서 주는 영향력과 의미를 살펴보고자 한다.

1) 스트레스에 대한 대처양식

대처란 스트레스를 다루어나가는 방식으로 스트레스에 대한 정서적 반응과 유발 원인을 해소해 나가려는 목적지향적 과정으로 정의된다(Lazarus & Folkman, 1984). 스트레스에 대한 대처는 개인이 주변 환경과 상호작용하는 과정에서 발생되는 갈등, 긴장, 문제 등을 해결하며 보다 적응적인 행동을 할 수 있도록 돕는 인지적 · 정서적 대처방식이다. 동일한 문제 상황에 대해 어떻게 지각하고 대처하는가에 따라 스트레스를 일으키는 문제에 직면하여 성장할 수 있거나 반대로 포기하여 부적응적 행동을 나타낼 수 있다. 켈러 등(Keller et al., 2012)은 미국 성인을 대상으로 스트레스 양, 스트레스가 건강에 영향을 준다는 인식, 건강 및 실제 사망률 간의 관계를 알아보았다. 연구결과 보고된 스트레스 양과 스트레스가 건강에 영향을 미친다는 인식은 건강 및 정신건강의 결과가 나빠지게 되는 가능성을 증가시켰다. 즉, 많은 양의 스트레스를 보고하고 스트레스가 건강에 부정적 영향을 미친다고 인식한 성인은 조기사망의 위험 역시 43%로 증가된다는 결과를 밝혀냈다. 반면, 스트레스가 건강에 부정적이라고 여기지 않는 사람들은 스트레스와 사망률 간의 관계가 낮은 수준을 보였다. 따라서 스트레스 그 자체의 성질보다는 스트레스에 대한 개인의 인식이 건강에 더 직접적인 영향을 미치므로 스트레스를 어떻게 받아들이고 해석하는가가 더 중요하다. 다음에서는 스트레스를 인식하는 데 영향을 미치는 요인들을 살펴보고자 한다.

스트레스 대처방식에 대한 대표적인 학자인 라자러스와 포크만(Lazarus & Folkman, 1984)는 스트레스에 대해 문제지향적 대처와 정서지향적 대처로 구분하여 설명하였다. 국내의 스트레스 대처방식의 선구자인 김정희(1987)는 라자러스와 포크만(1984)가 개발한 대처방식 척도(The Ways of Coping Checklist)를 바탕으로 크게 2가지로 구분하였는데, 적극적 대처방식에는 문제지향적 대처방식(문제 중심 대처), 사회적지지 추구 대처방식을 포함하며, 소극적 대처방식에는 소망적 사고 대처방식, 정서완화적 대처방식(정서중심 대처)을 포함한다.

먼저, 적극적 대처방식은 개인이 문제되는 행동을 변화시키거나 환경적 조건을 변화시켜 스트레스에 대처하려는 노력이다. 적극적 대처방식은 문제지향적 대처와 사회적지지 추구 대처방식으로 구분된다. 문제지향적 대처란 문제를 해결하기 위해 적극적으로 정보를 수집하고 자신에게 가능한 해결책을 마련하는 방식이다. 사회적지지 추구 대처란 문제를 해결하기 어려울 때 외부의 자원을 확보하고자 스트레스 상황에 대해서 타인의 조언을 구하거나 타인으로부터 지지를 획득하는 것이다. 문제지향적 대처와 사회적지지 추구 대처방식은 문제를 해결하기 위해 스트레스에 도전하고 그 원인을 발견하며 이에 필요한 자원을 직접 찾아 나서는 등의 적극적인 노력을 외부자원을 활용한다는 점에서 적극적 대처방식이라 할 수 있다(김현지, 양명숙, 2015).

다음으로, 소극적 대처방식은 스트레스로부터 유발되는 정서 상태를 통제하려는 노력으로 정서중심 대처방식과 소망적 대처방식으로 구분된다. 정서중심 대처방식과 소망적 대처방식은 자신의 감정을 조절 및 통제하거나 인지적 사고방식의 변화를 통해 문제를 해결하려고 한다는 점에서 내부 자원을 활용하여 대처하기 때문에 소극적 대처방식이라 할 수 있다. 정서중심 대처란 스트레스에 대한 반응을 표현함으로써 정서를 완화시키고 기분을 전환시키고자 하는 전략이다. 소망적 대처란 스트레스가 유발된 상황을 회피하고 기적이 일어나거나 문제가 사라지기를 희망하는 방식이다(김현지, 양명숙, 2015).

일반적으로 적극적 대처방식이 더 긍정적으로 스트레스 상황을 해결하거나 긍정적 결과를 예상하는 경향성이 있다. 그러나 어느 한쪽 측면이 더 긍정적이거나 더 부정적이지 않다. 스트레스에 대한 대처는 즉시적 · 단기적 측면인 문제인가와 장기적 · 지속적인 문제인가의 특성에 따라서 그 접근방식이 달라져야 하며, 스트레스가 유발된 원인 및 상황에 따라서도 다양한 대처방식이 요구된다.

2) 외상 후 성장

시어리와 홀만 그리고 실버(Seery, Halman, & Silver, 2010)는 역경이 인간의 삶에 부정적 영향만을 미치는 것이 아니라는 주장을 나타냈다. 이들은 역경이 주는 장기적인 영향력을 검증하고자 미국의 전국 패널조사를 활용하여 2,398명의 자료를 추적하였다. 연구에 참여한 사람들에게 37개의 부정적 생활사건을 일생 동안 얼마나 경험했는가를 알아본 결과 평균적으로 8회 정도의 역경을 경험한 것으로 나타났다. 4년간의 종단 연구결과 역경의 역사가 있는 사람들이 자신에게 일어나는 가장 최근의 부정적 생활 스트레스나 사건 등에 대해 역경의 역사가 거의 없는 사람들에 비해 부정적 영향을 덜 받는 것으로 보고되었다(Seery, Holman, & Silver, 2010). 즉, 위험 상황을 경험하지 않는 상태가 더 긍정적이거나 더 적응적이라고 단언할 수 없고, 오히려 이전의 역경 경험이 새로운 스트레스 상황이나 외상에 있어서 덜 영향을 받도록 돕는다는 것을 확인하였다. 최재인과 성승연(2016)의 연구에서도 외상을 경험한 집단이 중년기 적응 유연성, 주관적 행복감 등이 유의미하게 높았고 중년기 정서적 위기감은 낮았으며, 외상을 경험하지 않은 집단과 비교에서도 중년기 적응 유연성이 높게 나타났다. 이러한 연구결과들은 고수준의 스트레스 또는 외상 등이 발생 했을 때 인간의 행동은 병리적 문제에만 국한된 것이 아니라 긍정적 측면에서의 적응적 변화를 시도하며 외상 이전보다 더 나은 수준의 성장을 나타낸다는 것을 알 수 있다.

외상 후 성장(Post-Traumatic Growth: PTG)의 이론적 개념을 제시한 대표적 학자인 테데스키와 칼훈(Tedeschi & Calhoun, 1996)은 “외상 후 성장이란 인간이 살면서 경험하는 매우 도전적인 상황에 대한 투쟁의 결과로서 얻게 되는 긍정적 심리적 변화”로 정의하였다. 즉, 외상 후 성장은 외상 이전 수준으로의 회복이 아니라 그 이상을 넘어서는 성장을 일컫는다. 외상 후 성장에 관한 주요 비판점으로는 그것이 과연 진실로 존재하는가에 대한 의문이다. 테일러와 아머(Taylor & Armor, 1996)는 외상 후 성장을 외상에 대한 대처전략으로서 외상에 대한 왜곡 또는 긍정적 착각으로 외상 후 성장을 통해 위기로부터 자신을 보호하고 기존의 도식과 신념을 극복하기 위한 인지적 적응 상태로 설명한다. 반면, 테데스키와 칼훈(Tedeschi & Calhoun, 2004)은 외상에 대한 결과물로서 외상 이후 외상 경험 이전의 기능 수준보다 확연히 구분되는 수준의 질적 변화가 존재한다고 주장하였다.

외상 후 성장에 대한 개념적 정의에 따라 논란의 여지는 있으나, 외상 후 성장은 긍정적 변화의 차원과 내용에 관해 공통된 의견을 나타내고 있다. 먼저, 외상 경험은 이전보다 더 나은 자기 자신을 발견하도록 촉진하며 이로 인해 자기와 세상에 대한 관점의 변화(changed perception of self)가 나타나며, 그리고 외상 경험 이후 주변인과 친밀한 관계맺음을 하려는 대인관계에 변화(changed relation with others of life)가 나타난다. 또한 삶과 죽음에 대한 실존적 의미에서의 관심이 증대되거나 삶에 대한 우선순위가 외상 경험 이후 변화되는 철학적 인식의 변화(changed philosophy of life)가 나타난다는 점에 관해서는 이견이 없다(Linley & Joseph, 2004; Park, Cohen, & Murch, 1996; Tedeschi & Calhoun, 1996).

외상 후 성장이 긍정적 착각이건 위기에 대한 대처결과이건 간에 외상 후 성장은 특별한 사람들에게만 일어나는 일이 아니며, 우리의 삶 속에서 각 개인의 주관적 지각 및 해석에 따라 달라질 수 있으며, 보다 지속적이며 일관성 있게 나타날 수 있다는 사실에 주목할 필요가 있다.

대부분의 사람들은 스트레스가 부정적이라는 인식으로 인해 긍정적인 영향력은 고려하지 않는다. 이러한 관점이 우리 삶에 주는 메시지는 무엇인지 살펴보았다. 스트레스가 전혀 없고 트라우마를 한 번도 경험하지 않은 삶이 가장 좋은 삶, 이상적인 삶의 모습이라고 이야기하지만 실제로 그들은 삶의 의미를 새롭게 발견하거나 재해석할 만한 경험을 하지 못하여 덜 행복할 수도 있다. 따라서 스트레스 유무와 심각성을 떠나 스트레스에 대한 우리의 관점이 스트레스에 더 많은 영향력을 미칠 수 있다. 스트레스 및 외상을 어떻게 바라보고 이해하고 있는가, 스트레스에 관한 문제에 관해 어떠한 대처를 선택할 것인가, 그리고 개인의 삶의 위기 수준이 비록 심각한 결과를 초래할 가능성이 있다 하더라도, 그 역경을 어떻게 뛰어넘으려고 시도할 것인가에 관해 고민하는 것이 스트레스를 경험한 이후 삶을 회복하고 새로운 성장을 위한 바람직한 삶의 태도이다.

이번 장에서는 현대인이 일상에서 경험하는 스트레스에 대한 반응과 발생 원인 등을 살펴보고, 이에 대한 대처양식에 대하여 알아보았다.

제10장

건강 및 긍정심리학적 대처

건강하다는 것은 무엇을 의미하는가? 이 질문에 간단하고 분명한 답을 하기는 어렵다. 왜냐하면 시대의 흐름이나 문화적 차이에 따라 건강을 바라보는 관점이 다양하며, 그에 따라 건강에 대한 정의 또한 달라지기 때문이다. 현대사회에서의 건강은 신체적 건강뿐만 아니라 정서적 · 사회적 건강까지도 모두 아우르는 개념이며, 개인의 삶의 만족에도 아주 밀접한 관련이 있다. 요즘 '웰빙'을 넘어서 '웰다잉'이라는 말이 사용되는 것이 이를 뒷받침한다. 이 장은 단순히 우리의 건강과 긍정심리만이 아닌 그 이상의 것을 목적으로 하고 있다. 실제로 건강심리학과 긍정심리학 분야는 우리의 건강 유지 · 회복뿐만 아니라 개인에게 주어진 삶의 목적을 알아차리고, 나아가 한 인간과 사회의 구성원으로서 온전히 기능하는 것을 목적으로 하고 있다.

이 장에서는 건강에 대한 관점이 현재까지 어떻게 변화되어 왔고, 특히 건강심리학은 우리 삶에 어떤 역할을 해오고 있는가에 대해 살펴보고자 한다. 또한 건강과 더불어 이 장에서 함께 제시되는 긍정심리학을 통해 우리의 긍정적 정서와 긍정적 특질들은 무엇이며, 그것이 우리의 삶에 어떠한 영향을 미치고 있는지에 중점을 두고 살펴본다.

생각해 볼 문제

첫째, 건강심리학이란 무엇인가?

둘째, 긍정심리학에서 말하는 긍정 정서와 긍정적 특질은 어떤 것들이 있는가?

셋째, 긍정적 사고와 대처의 효과는 무엇인가?

1. 건강과 심리학

1) 건강에 대한 관점의 변화

우리 인간은 건강의 향상과 질병의 예방을 중요시 여기며 과거부터 현재까지 공통적으로 '건강한 삶'을 추구해 왔다. 하지만 구체적인 건강의 의미는 시대에 따라 조금씩 변하였는데, 오늘날에는 사회가 급변함에 따라 우리의 삶도 복잡해지고 다양해지면서 건강에 대해 다차원적으로 접근하려는 추세이다.

먼저, 전통적으로 건강이란 단순히 질병과 구분되는 개념으로 '생물학적으로 질병이 없는 상태'로 정의되었다. 이때 등장한 것이 생의학적 모델(biomedical model)이다. 이 모델에서는 질병이란 어떤 특정한 병원균(pathogen)에 노출되어 일어나는 결과라고 본다. 즉, 이 모델은 병원균을 물리치거나 세력을 약화시킴으로써 질병을 치료하고 건강을 유지할 수 있다고 보았다.

그러나 점차 현대에 올수록 건강을 보는 관점에 대한 몇 가지 문제점이 제기되기 시작하였다. 첫째, 현대사회에 올수록 사망의 주원인이 폐렴, 결핵 등 감염성 질환에서 심혈관 질환, 암, 고혈압, 당뇨 등의 만성질환으로 점차 변화했다는 것이다. 만성질환은 단일 병원체 때문에 생기는 것이 아니라 평소 건강 습관이나 생활방식이 주요하게 작용하기 때문에 특정 질병만을 없애 국소적인 치료를 하는 것은 한계가 있었다. 둘째, 신체적 건강과 정신적 건강을 따로 볼 수 있는가에 대한 의문이 제기되었다. 질병을 갖고 있지 않아도 스트레스나 우울 등 심리적 요인으로 인해 병을 앓는 경우가 생겨나면서 건강에 대한 개념 변화 필요성이 제기되었다. 이러한 관점의 변화에 따라 대안 모델로 생물심리사회 모델(biopsychosocial model)이 등장한다. 이 모델의 가장 기본적인 가정은 건강과 질병은 생물학적 · 심리적 · 사회적 요인들의 상호작용의 결과라는 것이다(Lumley et al., 2011). 즉, 이 관점에서는 질병을 갖지 않은 사람이라고 하더라도 건강하지 않을 수 있다고 정의내릴 수 있는 것이다. 이에 더하여 1998년 세계보건기구(WHO)는 기존 건강에 대한 정의에 '영적 안녕' 개념을 새롭게 추가하여 "건강이란 신체적 · 정신적 · 사회적 · 영적으로 완전한 안녕 상태"라고 하였다. 이것은 우리가 건강에 대해 영양 상태, 질병 여부, 평균 수면 등 양적 요소만으로 설명해 왔던 것을 넘어서, 4개 차원(신체 · 정신 · 관계 · 영적)이 균형 있게 조화를 이룰 때 비로소 진정한 의미에서의 건강을 의미한다고 할 수 있다.

그렇다면 건강문제에 심리학이 어떻게 관여할 수 있었을까? 먼저, 정신신체의학의 움직임은 신체질환을 이해하는 데 심리적 요인들을 고려하도록 해

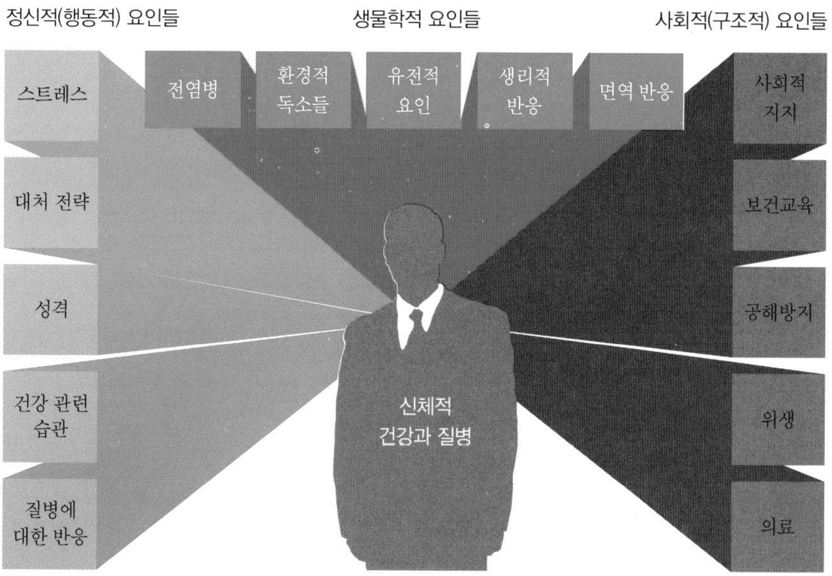

그림 10-1 건강의 생물심리사회적 요인

출처: https://www.socialworkhelper.com

주었다. 하지만 기존의 정신의학을 넘어서서 확대되지 못하였으며, 여전히 건강에 대한 접근은 심리적 · 정서적 요인보다는 질병에 대한 치료(cure) 중심으로 이루어졌다. 그 후 1960년대 많은 의과대학이 생겨나면서 심리학적 지식 또한 증가하게 되었고, 본격적으로 1970년대에 들어서야 심리학자들은 건강 향상과 만성질병을 위한 연구 및 치료방법을 개발하기 시작하였다. 즉, 의학 분야에 있어서 심리학자들은 금연, 건강 다이어트, 운동, 스트레스 완화, 통증 조절, 만성질병 관리, 부주의로 인한 사고에 대한 절차와 프로그램 등에 참여하게 된 것이다. 이렇게 건강과 심리학은 전통적인 정신건강 문제의 범위를 넘어서, 지속적 돌봄(care)에 대한 개념으로 확산시키고자 노력하였다. 이러한 노력 끝에 현재 심리학은 의학 전문 분야에서 크게 받아들여지게 되었으며, 이제는 단순히 질병의 예방과 치료에 대한 관여뿐만 아니라, 생활수준 향상으로 건강에 대한 새로운 수요들이 생겨나고 있다. 행복하고 건강한 삶, 즉 웰니스(wellness) 추구를 통한 육체적 · 정신적 · 사회적 · 영적으로 균형 잡힌 온전한 삶의 질을 누리고자 하는 것으로 건강과 심리학의 관계는 확장되고 있다.

2) 건강심리학의 정의

많은 사람들은 단순히 질병을 제때 치료하고, 올바른 식습관으로 질병을 예방한다면 건강에 무리가 없을 것이라고 생각한다. 그러나 다음과 같은 수수께끼들은 건강심리학을 제외하고는 설명할 수 없을 것이다.

- 2005년 이라크전쟁을 마치고 돌아온 상당수의 미군은 신체적으로 이상이 없음에도 불안 증세를 호소하며 과속, 음주, 약물 투약 등으로 사망률이 매우 급증하였다. 이 경우 주요 사망원인을 무엇으로 설명할 수 있는가?
- 2017년 통계청이 발표한 남녀 기대수명을 보면 남성 79.7세, 여성 85.7세로 여성이 더 높은 기대수명을 갖는 것으로 나타났다. 그러나 여성은 남성에 비해 더 높은 유병률을 보인다. 남녀 간 건강 차이는 어디에서 기인하는가?
- 우리는 기도하는 행위를 통해 마음의 평안을 얻고 행복감과 삶의 의미를 찾기도 한다. 그리고 이러한 행위는 신체 건강과의 정적 상관이 있음을 많은 선행연구에서 밝혔다. 이때 영적 행위와 건강 간의 관계는 어떻게 설명할 수 있는가?

이러한 질문들에서 우리는 심리학적 요인을 제외하고는 설명하기 어려운 부분이 분명히 존재함을 알 수 있다. 이러한 궁금증을 바탕으로 건강과 심리학적 요인을 함께 연구하는 학자들이 생겨났으며, 이것이 건강심리학의 시초이다.

건강심리학(health psychology)은 사람들이 건강을 어떻게 유지하는지, 왜 질병에 걸리는지, 병에 걸렸을 때 어떻게 대처하는지에 대한 심리학적인 영향 요인들을 이해하고자 하는 학문이다(Taylor, 2015). 구체적으로 살펴보면, 건강심리학은 규칙적 운동, 스트레스 관리, 통증 완화, 식습관 개선 등 신체 영역에 심리학 원리를 응용하여 건강에 기여한다. 즉, 심리적 · 사회적 요인이 우리의 건강에 어떤 방식으로 영향을 미치는지 확인하는 것, 그것이 건강심리학의 가장 큰 목적이라고 할 수 있다.

3) 건강심리학의 주요 영역과 도전과제

(1) 주요 영역

건강심리학이 관심을 갖고 접근하는 영역은 매우 넓다. 또한 시대가 변화하고 삶의 형태가 달라지면서 점차 건강심리학의 영역도 달라진다. 예를 들면, 기후의 변화, 의학과 디지털 기기의 발전, 식단의 변화, 보건 서비스와 건강 증진 사업의 변화 등 새로운 변화에 따라 건강심리학자들은 건강 행동 증진을 위한 중요한 역할을 해 나갈 것이다. 하지만 이들의 역할은 크게 다음과 같이 범주화하여 볼 수 있을 것이다.

- 신체 질병 관리(심혈관계 질환, 면역계 질환, 암, 당뇨, 소화기 질환, 통증 등)
- 정서 관리(스트레스, 분노, 우울 등)
- 생활 습관 개선(음주, 흡연, 운동, 수면 및 섭식 습관 등)
- 중독 관리(알코올 · 니코틴 중독, 도박중독, 인터넷 · 스마트폰 중독 등)
- 개입 및 치료기법(인지행동치료, 이완법, 최면법, 마음챙김, 직장 기반 치료개입 등)
- 건강 보호 관리(의사-환자 간의 관계 관리, 의료 서비스 제공 등)
- 건강 정책(건강관리사업, 건강 커뮤니케이션 활성화, 건강 증진 교육 등)

(2) 장래 도전과제

현재 우리에게 주어진 건강에 대한 이슈는 점차 다양해지고 있다. 앞서 언급하였듯이, 지난 수십 년 동안 건강과 심리학은 우리 일상에 점차 자리 잡으며, 생산적이고 건강한 삶의 양식을 유지하는 데 중요한 역할을 해 왔다. 그렇다면 앞으로 우리에게 주어진 건강 이슈와 그것에 따른 과제는 어떤 것들이 있는가?

첫째, '인구의 노령화'는 핵심 이슈일 것이다. 기대수명의 연장과 출산율 저하는 인구 감소를 이끌었으며, 이제는 피할 수 없는 현실이기에 건강한 고령화(healthy aging)를 맞이하기 위한 최선의 방법을 찾아야만 한다. 즉, 연령이 증가하더라도 자립적이고 행복한 삶을 영위하며 활발한 사회활동을 수행할 수 있도록 여건을 조성해야 한다. 따라서 증가하는 노인들이 어떻게 건강을 증진하고, 여생을 생산적으로 보낼 수 있는가는 우리에게 주어진 가장 큰 과제일 것이다.

둘째, 놀랍게 발전하고 있는 '디지털 기술의 발전'에 대한 이슈이다. 언뜻 보면 건강과 디지털 기술의 발전은 거리가 멀어 보인다. 하지만 디지털 중독은 건강과 관련된 주제에서 많은 비중을 차지하고 있으며, 실제로 디지털 중독으로 인한 새로운 신체적 · 정신적 질환들이 점차 증가하고 있다. 하지만 반대로 디지털 기술이 건강 서비스에 막대한 영향을 주기도 한다. 특히 특정 트라우마를 가진 이들을 가상현실(virtual reality)이나 증강현실(augmented reality) 등의 원격 건강심리 치료 장면에 노출시켜, 실제 신체반응이나 행동 변화에 관한 피드백을 주는 방식은 가장 핵심 이슈 중 하나이기도 하다. 따라서 발전 가능성이 무궁무진한 디지털 기술을 건강관리에 어떻게 활용하는가는 앞으로 우리에게 주어진 과제이다.

우리는 웰빙(well-being), 웰니스(wellness) 나아가 웰다잉(well-dying) 등 삶의 질적 만족과 건강을 추구하고 있다. 유행처럼 번져 나가는 이러한 용어의 사용은 신체적 건강뿐만 아니라 정신적 · 사회적 · 영적 건강의 중요성을 인식해 나간다는 긍정적 신호로 볼 수 있다. 하지만 문제는 건강관리에 대한 인식은 있으나, 이를 실천할 수 있는 구체적 대안과 수단에 대해서는 여전히 잘 인식하지 못하고 있다는 것이다. 따라서 무엇보다도 일상에서의 건강관리에 대한 관심이 중요하며, 우리가 일상에서 실천할 수 있는 구체적인 방법들에 대해서는 11장에서 제시하고자 한다.

2. 긍정심리학의 이해

건강심리학이 발전하면서 심리학은 건강에서의 중요한 역할로 자리 잡았다. 그와 연관 지어 우리가 함께 살펴볼 내용은 긍정심리학이다. 흥미롭게도, 건강심리학과 긍정심리학은 모두 인간의 더 나은 안녕을 위한 건강 증진과 심리학의 적용에 초점을 맞춰 왔다. 즉, 인간의 정서가 건강에 미치는 영향에 대해 밝히고자 한다는 공통점을 가지고 있다. 하지만 이 둘은 분명한 차이를 보이고 있다. 건강심리학자들의 연구가 건강을 위협하는 부정적 정서 요인에 더욱 중점을 두고 진행되어 왔다면, 긍정심리학자들의 연구는 긍정적 정서가 건강에 미치는 긍정적 영향에 초점을 맞추어 진행되었다는 점이다. 이러한 긍정심리학자들의 가정은 최근에서야 과학적·생물학적 근거를 갖게 되었고, 긍정적 정서가 부정적 정서만큼이나 우리의 몸과 마음에 중요한 영향을 미친다고 주장한다. 이 절에서는 긍정심리학에 대해 자세히 살펴보고자 한다.

1) 긍정심리학의 정의

긍정심리학의 가장 큰 핵심은 기존의 심리학이 부정적인 것에 치중하여 균형이 깨진 상태이기 때문에, 그동안 경시되어 온 인간행동의 긍정적 측면에 초점을 맞추고자 하는 것에 있다. 우리는 긍정심리학에 대해 비교적 최신 학문이라고 생각할 수 있으나, 긍정심리학의 시초는 고대 그리스 시기까지 거슬러 올라가야 한다. 하지만 오늘날 우리가 알고 있는 긍정심리학의 시작점은 1998년 미국심리학회(American Psychological Association: APA) 연차대회에서 셀리그먼(Seligman)이 연설한 시점으로 볼 수 있다. 그와 그의 동료들에 의해 정리된 현재의 긍정심리학은 이전의 실존치료나 인본주의적 접근법과 달리 인지행동치료에서 사용하던 과학적 연구방법을 적용하였고, 특별한 능력을 가지지 않은 보통 사람들도 보다 더 행복하게 살아갈 수 있다고 주장함으로써 대중화시키는 데 성공하였다(박주언 외, 2008).

> "현재 심리학이 역할을 충분히 다하지 못한 영역 중 하나는 사람들 개개인마다 지닌 긍정적인 요소를 발견하고 개발하여, 보다 나은 삶으로 나아가도록 조력하는 심리학 본연의 자세를 잃어버렸다는 것입니다.…이제까지 치료(cure)에 주력했던 것에서 벗어나, 질병을 예방할 수 있는 인간의 강점(strength)을 찾아내 이를 키우는 '긍정심리학'을 지향해야 합니다."

셀리그먼은 당시 '그동안 왜 심리학은 부정적인 것에 초점을 맞췄을까?'에 대해 의문을 가졌다. 그리고 이 연설 이후 긍정심리학은 새로운 패러다임으로서 자리 잡게 되었다. 그는 정신질환보다는 정신건강에 초점을 둔 긍정심리학을 제안하면서, 삶의 가장 큰 성공과 만족은 자신의 강점을 구축하고 활용할 때 나타난다고 하였다(Seligman, 2002).

즉, 긍정심리학은 인간의 강점에 대해 연구하여 개인과 공동체가 함께 번영할 수 있도록 하는 과학적 연구이다. 쉽게 말해, 긍정심리학에서는 '행복하고 만족스러운 삶'에 대해 추구하고 있다. 개인차가 있겠지만, 우리는 무언가를 배우고 스스로의 삶에 도전하며 삶의 의미를 찾아갈 때, 그것을 포괄적으로 '행복하고 만족스러운 삶'이라고 할 수 있다. 여기서 긍정심리학이 던지는 중요한 메시지가 있다. 긍정심리학은 일상에서의 경험들이 우리의 삶을 변화시킨다는 것이다. 파봇과 디너(Pavot & Diener, 2009)가 제작한 질문지를 살펴보면 '나는 얼마나 의미 있는 삶을 사는가?' '나는 일상에서 얼마나 흥미를 갖고 열심히 생활하는가?' '다른 사람의 행복과 웰빙에 적극적으로 기여하는가?' 등의 문항으로 구성되어 있다. 이를 통해 긍정심리학은 누구나 쉽게 접근할 수 있는 일상의 삶에서 삶의 의미와 행복, 번영을 확립하고자 한다는 것을 알 수 있다.

우리의 일상에 적용을 해 보면, 우리는 친구를 만나고, 자신이 사랑하는 사람과 시간을 보내며 행복감을 느낀다. 또한 현재 자신이 하고 있는 일에 몰두하며 성취감을 느끼기도 한다. 그리고 종교 생활을 통해 자신 삶의 의미를 다시 한 번 탐색하며 성찰하기도 한다. 이러한 일상 경험에서 우리는 무엇을 얻는가? 긍정적인 정서, 삶의 만족감, 충만감, 즐거움 등 그것이 긍정심리학에서 말하는 삶의 방향성이라고 할 수 있다.

2) 긍정 정서와 긍정적 특질

하지만 중요한 것은 지금부터이다. 긍정 정서를 가지면 건강하고 행복한 삶을 살 수 있다는 것은 누구나 알고 있을 것이다. 그러나 일상에서 일어나는 다양한 자극과 사건들로 인해 우리는 긍정 정서를 느끼기도 하고, 반대로 부정 정서를 느끼기도 한다. 그렇다면 어떻게 우리는 긍정적 상태를 유지할 수 있을까?

갈런드 등(Garland et al., 2015)은 인간이 스트레스 상황에서도 어떻게 다시 긍정적 상태로 회복하는가에 대한 연구를 통해 긍정적 감정 조절 프로세스 모델([그림 10-2] 참조)을 제시하였다. 그들은 우리가 일상에서 경험하는 스트레스 상황일 때, 부정적 감정에서 빠져나와 상황을 객관적으로 바라보고, 주변으로 주의를 확대해야 한다고 주장하였다. 그러면 이전에 생각하지 않았던 상황적 요소들에 대해 고려하게 되어 이전과 다르게 지각하거나 새롭게 느끼게 되는 것들이 있을 것이며, 이러한 재평가 과정에서 감사, 자신감, 만족감 같은 긍정적 감정을 경험하고 궁극적으로 스트레스가 감소하여 긍정적 상태를 유지할 수 있다는 것이다. 여기서 중요한 점은 이러한 과정은 단차적인 긍정성 추구로 끝나는 것이 아니라, 나선형으로 순환한다는 것이다. 즉, 또 다른 스트레스 상황, 부정적 정서를 맞닥뜨리더라도 몇 가지 연습(탈중심화, 주의 확

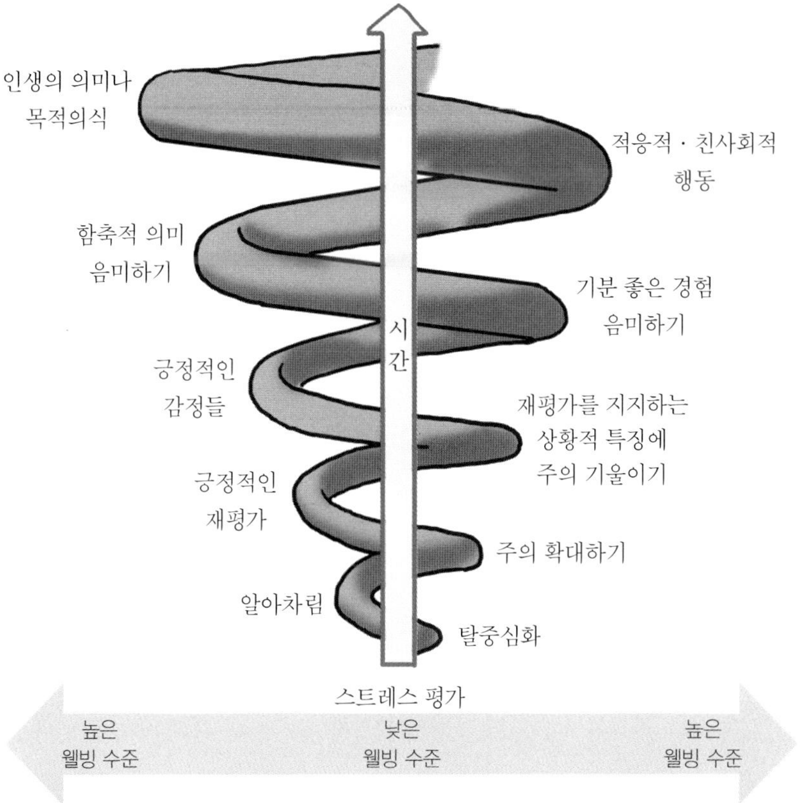

그림 10-2 긍정적 감정 조절 프로세스 모델

출처: Garland et al. (2015).

대, 마음챙김 등)을 통해 우리는 충분히 그 상황을 다르게 해석하고, 알아차림을 통해 긍정적 정서를 지속해 나갈 수 있다는 것이다. 그렇다면 긍정 정서는 궁극적으로 우리의 삶에 어떠한 영향을 미치는 것인가? 정말 행복이나 즐거움 등 긍정적 정서가 높은 사람은 그렇지 않은 사람보다 건강한가? 물론 건강에는 무수히 많은 요인들이 영향을 미치기 때문에 정서의 영향만을 분리하여 증명하기는 어려울 것이다. 그렇지만, 이를 증명하고자 하는 시도가 많은 연구들에서 이루어지고 있으며, 가장 고전적인 대너, 스노우돈 그리고 프라이즌(Danner, Snowdon, & Friesen, 2001)의 연구를 살펴보면 다음과 같다.

초기 생애의 긍정적 정서와 장수: 긍정적 정서를 가질수록 장수한다?

켄터키 대학교의 대너 등(2001)은 긍정적 정서와 장수 사이의 관계를 살펴보기 위해 20대 초반 180명의 수녀들을 대상으로 무려 70년의 종단연구를 실시하였다. 그녀들은 수도원에서 생활하며 비슷한 생활패턴을 갖고, 출산 경험이 없고, 금연·금주 등 유사한 건강 상태를 가졌다는 점에서 비교 연구에 적합한 상황이었다.

연구자들은 그녀들이 처음 수녀생활을 시작할 때 직접 작성한 자전적 글을 통해 긍정적 정서의 높고 낮음을 분석하였고, 세월이 많이 흘러 그녀들이 75세 이후가 되었을 때 긍정 정서와 생존 확률의 상관을 분석한 결과는 매우 놀라웠다!

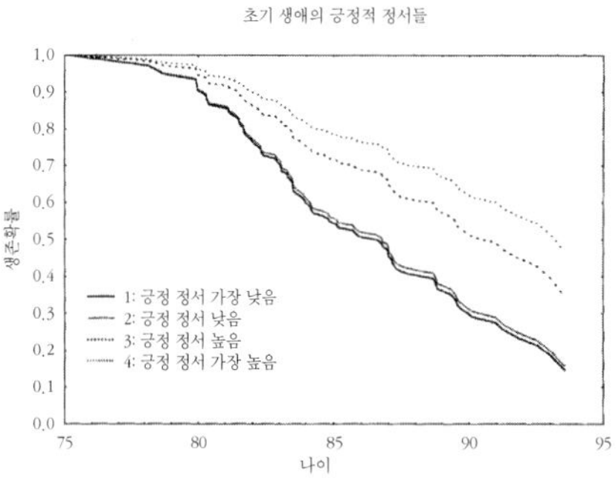

그림 10-3 긍정 정서와 생존율 간의 관계

20대에 작성한 자전적 글에서 긍정적 표현의 빈도가 높았던 사람(예, 삶에 대한 감사, 행복 등)은 그렇지 않은 사람보다 생존 확률이 높았으며, 특히 85세를 기점으로 차이는 급격히 벌어졌다. 또한 긍정적 표현이 증가할수록 사망률은 감소하는 것으로 나타났다.

출처: Danner, Snowdon, & Friesen(2001).

물론 이러한 연구 설계는 몇 가지 선행되는 가정이 있었기 때문에 가능하였다. 첫째, 긍정 정서가 우리의 건강에 영향을 준다는 점, 둘째, 사람의 기본 정서 특질은 쉽게 변하지 않고 개인의 삶에서 비교적 안정적으로 유지가 된다는 점이다.

그렇다면 긍정심리학에서 이야기하는 긍정 정서와 긍정적 특질은 어떤 것들이 있는가? 긍정심리학에서는 그동안 심리학에서 경시했던 모든 긍정 정서와 특질에 관심을 가졌기 때문에 그 모든 것을 여기에서 다룰 수는 없을 것이다. 그러나 기본적으로 긍정심리학에서 중점을 두고 연구하고자 하는 개념들을 소개하면 다음과 같다.

(1) 행복

긍정심리학에서 행복이란 삶의 모든 영역에 영향을 미치는 요인으로 모든 개념과 밀접한 관련이 있다. 즉, 행복은 우리를 더욱 행복하고, 평안한 상태로 만들어 삶을 더욱 풍요롭게 해 준다고 볼 수 있다. 하지만 학문에 따라 행복의 정의와 범위는 다양하게 혼용되고 있기 때문에 행복의 정의에 살펴보면 다음과 같다.

심리학적 접근에서의 행복은 크게 쾌락주의적 행복과 자기실현적 행복으로 구분할 수 있다. 쾌락주의적(hedonic) 행복은 고통 없이 감각에 기초하여 최대한의 육체적·물질적 즐거움과 만족감을 얻고자 하는 것을 의미한다. 반면, 자기실현적(eudaimonic; 삶의 진정한 의미를 찾는) 행복은 자기실현과 의미 찾기를 통해 심리내적 발전과 개인의 성장을 목표로 하는 '진정한 행복'을 의미한다.

쾌락주의적 행복과 자기실현적 행복 중 우리는 어떤 가치를 더 중시하는가? 물론 두 관점은 개념적으로 구분될 수도 있으나, 경우에 따라 상호 관련성이 높을 수도 있다. 그렇기 때문에 두 가지 관점을 종합하여 자신의 삶에 적용하는 것이 가장 바람직할 수 있으며, 인간의 행복에 대해 포괄적인 이해가 가능할 것이다.

(2) 주관적 안녕감

주관적 안녕감은 본질적으로 행복과 밀접한 관계가 있다(채정호, 2007). 학자에 따라 정의하는 데 약간씩 차이를 보이지만, 대체로 행복을 설명하는 핵심 요인으로 주관적 안녕감을 이야기한다. 주관적 안녕감은 일반적인 사회적 지표(예, 소득 수준, 건강, 직장 등)로 측정되는 것이 아니라 '개인의 주관적 관점' 삶을 측정한다는 데 의의가 있다.

디너(Diener, 1994)는 주관적 안녕감(Subjective Well-Being: SWB)이란 "자신의 삶에 대한 만족, 높은 긍정적 정서, 낮은 부정적 정서"를 필수조건이라고 언급하였다. 즉, 첫째, 자신의 삶에 대해 어느 정도 만족하는가, 둘째, 기쁨·즐거움 등의 정서를 많이 경험하는가, 셋째, 고통·슬픔 등과 같은 정서는 적게 경험하는가 등에 따라 인간의 주관적 안녕감에 대한 인식은 달라진다. 이 3가지 요인은 내적 일관성과 안정적 특성을 갖는다는 독특함을 가지고 있다. 또한 이 3가지 요인은 주관적 안녕감에 비교적 독립적으로 영향을 미치기 때문에 주관적 안녕감을 단순히 한 가지 특성으로 설명하기 어려워, 현재는 주관적 안녕감을 측정하기 위해 현상에 대한 매우 포괄적 이해가 있어야 함을 강조하는 데 주력하고 있다.

(3) 탄력성

우리는 살면서 여러 가지 형태의 크고 작은 역경에 직면한다. 이때 누군가는 그 상황에 빠르게 대처·적응하지만, 누군가는 더 힘들어하며 쉽게 헤어나지 못하는 경우도 있을 것이다. 그 차이는 무엇인가? 그 물음에 우리는 탄력성을 설명할 수 있을 것이다.

탄력성(resilience)은 "적응에 심각한 위협에도 불구하고 스트레스를 적절히 대처하고, 건강의 유지·회복을 이끌어 내는 능력"이다. 탄력성에 대한 정의는 학자들마다 다르게 정의내리고 있지만, 공통적으로 회복, 재적응, 복원 등의 개념을 포함하고 있다.

전쟁, 부모의 무관심과 학대, 만성적 가난 등 힘든 환경에서도 잘 극복하고 성장하는 아동들에 대한 반복적 연구 끝에 밝혀진 탄력성이 높은 사람들의 공통적 특성은 다음과 같다. 첫째, 탄력성이 높은 사람은 문제 상황을 벗어나 새로운 긍정적 환경을 찾아가는 힘이 있다. 둘째, 이들은 감정을 배출하는 취미활동이나 신체적 활동을 한다. 셋째, 부모나 친구 등 주변인과 신뢰적이고 안정된 관계를 경험하였다. 넷째, 이들은 어떻게든 삶은 잘 될 것이라고 믿는 낙관적인 성향이 높다.

많은 연구들에서 나타난 흥미로운 점은 역경을 경험한 누구라도 더욱 탄력적인 사람이 될 수 있도록 '재훈련'될 수 있다는 것이다. 이는 어려운 환경이 꼭 정서적 · 신체적 건강에 부정적 영향을 끼친다고 할 수 없음을 시사한다. 즉, 복잡하고 급변하는 현대사회에서 살고 있는 우리에게 탄력성은 꼭 필요한 개념이라고 할 수 있다.

(4) 낙관성

우리가 흔히 아는 '컵에 물이 반이나 찼는가, 반이나 비었는가?'는 낙관성의 대표적 질문이다. 동일한 현실 상황에서 우리는 어떠한 관점에 초점을 맞추고 기대를 갖고, 행동하는지 살펴보자. 예를 들어, 내가 짝사랑하는 이성에게 고백했으나 거절당한 경우를 상상해 보자. 혹은 갑작스럽게 가정의 경제적 상황이 어려워진 경우를 상상해 보자. 이러한 스트레스 상황에서 앞으로의 미래는 앞으로 어떻게 될 것으로 예상되는가?

낙관성(optimism)이란 "미래에 좋은 일은 더 많이 일어나고, 나쁜 일은 적게 일어날 것이라는 일반화된 기대"(Scheier & Carver, 1985)를 의미한다. 학자들에 따라 낙관성의 개념을 설명하는 관점은 크게 기질적 낙관성(dispositional optimism)과 귀인양식(explanatory style)으로 분류된다. 먼저, 기질적 낙관성은 미래에 대한 결과가 긍정적일 것이라고 예측하는 기질적 성격 특성을 의미한다. 다음으로, 귀인양식은 사건의 원인을 설명하는 방식에 따라 낙관주의와 비관주의를 구분한다. 즉, 사건을 해석할 때, 낙관주의자들은 비관주의자들에 비해 외적 요인(예, '내 탓만은 아니다.'), 일시적 요인(예, '다음 번에는 다를 것이다.'), 국한적 요인(예, '다른 상황에서는 다를 수 있다.')으로 귀인한다는 것이다.

물론 낙관성은 현실성을 동반해야만 한다. 자신의 상황, 자원, 목표 그리고 예상되는 결과 등에 대해 분명히 아는 것이 필요하다. 이러한 현실성이 동반되었을 때, 실제로 낙관성이 심리적 건강과 삶의 만족에 긍정적인 영향을 끼친다. 비교적 낙관적인 사람은 그렇지 않은 사람에 비해 스트레스, 우울에 대한 회복 속도도 빠르며, 이는 암, 장수 등 신체적 건강과도 매우 밀접한 관련이 있다(Carver, Scheier, & Segerstrom, 2010; Danner, Snowdon, & Friesen, 2001).

(5) 몰입과 절정 수행

몰입(flow)은 1970년대 이후 칙센트미하이(Csikszentmihalyi)에 의해 정의된 개념으로, "무언가에 빠져 있을 때 일어나는 총체적인 감각의 각성"을 의미한다(채정호, 2007). 그는 몰입하는 동안 우리의 몸에는 어떠한 반응이 일어나는가에 중점을 두고 그 순간 우리가 경험하는 것들에 대해 자세히 다루었다.

몰입을 경험하는 순간, 우리는 하고 있던 일에 완전히 집중하고, 외부 환경과 시간조차 까맣게 잊게 된다. 특히 몰입 경험을 하는 그 순간을 우리는 '무아지경' 혹은 '흠뻑 빠져 있는 상태'로 종종 묘사하는데, 이는 칙센트미하이가 표현한 "물 흐르듯 빠져드는 상태(being in flow)"에서 파생된 개념으로 볼 수 있다. 그렇다면 몰입의 순간은 우리의 심리적 안녕감을 증진시켜 주는가? 정확히 말하자면, 몰입과 긍정 정서가 항상 비례하는 것은 아니다. 한 예로, 회사에서 우리는 몰입하여 일을 하지만, 직장에 대한 만족도와 행복감은 낮을 수도 있기 때문이다. 관건은 몰입하는 동안 절정 수행(peak performance)을 하는가이다. 절정 수행은 "실제 예측 가능한 수준을 능가한 행동적 반응"을 의미한다. 즉, 몰입 상태에 있어도 절정 수행을 하지 못할 수도 있으나, 반대로 절정 수행 동안에 우리는 몰입 상태에 있다고 이야기할 수 있다. 따라서 최적 경험이 동반된 몰입 경험을 할 때 우리는 최상의 집중력, 창의력, 완전한 통제감, 낮은 스트레스, 긍정 정서 등을 경험한다.

(6) 건강한 관계와 사랑

우리는 늘 타인과의 관계 속에서 살아간다. 그렇기 때문에 긍정심리학에서는 타인과의 관계, 특히 '건강한 관계'를 빼놓고는 이야기할 수 없을 것이다. 건강한 사람은 타인과의 강력한 지원적 연계를 맺으며, 행복한 사람은 풍부한 사회생활과 만족스러운 우정 그리고 행복한 결혼생활을 하고 있다(Baumgardner & Crothers, 2009). 더욱이 자신과 타인이 만나 건강한 관계를 형성한다는 것은 그 사이에 신뢰, 배려, 보살핌, 상호 개방 등 무수히 많은 요소들을 포함하고 있는 것이기에, 매우 중요하면서 동시에 어려운 일일 수 있다.

사랑도 이와 마찬가지다. 제4장에서도 제시하였듯이, 사랑에는 3가지의 필수 요소가 있는데(Sternberg, 1986), 서로에 대해 얼마나 친밀감(intimacy)을 갖는지, 얼마나 열정(passion)을 쏟고 매력을 느끼는지, 헌신(commitment)하는지에 따라 사랑의 형태와 완성도는 달라진다. 또한 3가지가 모두 충족되었다고 해도 사람에 따라 사랑의 기준과 양은 다르기 때문에 두 사람이 만나 동시에 사랑에 빠지고, '서로 만족스러운' 결실을 맺는 것은 그들의 삶에서 아주 강력한 자원이라고 본다.

긍정심리학자들은 사랑과 결혼, 주변 사람들과의 관계에 대해 수많은 연구를 지속하고 있다. 하지만 결국 관계에서의 핵심은 다음 질문으로 대신해 볼 수 있을 것이다. "무엇이 우리의 관계 패턴을 지속/파멸시키는가? 무엇이 우리의 관계를 건강한 관계로 만드는 것인가?"

3) 긍정심리학에 대한 비판

(1) 긍정성과 부정성의 이분법적 세계관

긍정심리학은 과거 심리학의 흐름과 달리 인간의 긍정 정서와 상태에 주목한다는 점에서 매우 고무적이지만, 언제나 긍정적 정서가 되도록 암묵적으로 가정한다는 문제점을 지니고 있다. 특히 인간의 정서는 단순하게 긍정과 부정으로 나눌 수 없으며, 그 사이에 무수히 많은 스펙트럼이 존재할 것이다. 또한 같은 사건도 관점과 맥락에 따라 다르게 받아들이는 경우도 있다. 이진남(2016)은 긍정심리학은 모든 것을 긍정 혹은 부정이라는 흑백논리로 해석하여, 그 중간의 많은 것들이 버려지고 있다고 비판하였다. 모든 것을 부정적으로만 보는 비관주의자도 비현실적이지만, 모든 것을 긍정적으로만 바라보는 긍정주의자도 비현실적이라고 일침을 가하며, 긍정과 부정에 대한 검증(+)과 반증(−)모두를 강조하였다. 모순되게도, 긍정성에 대한 지나친 강조는 불운한 환경에 놓인 사람들에게는 또 한 번의 좌절을 주는 결과를 낳을 수 있기 때문이다.

이에 최근 연구들에서는 긍정적인 삶의 경험을 위해서 부정적인 정서를 제거하는 것이 아니라, 긍정적인 정서와 부정적인 정서의 균형을 맞출 필요가 있다는 것을 제시하였다(Compton, 2005). 결국 우리에게 필요한 것은 마치 수도꼭지와 같은 자제력을 갖추는 것이다. 수도꼭지에서 따뜻한 물을 얻기 위해서 온수와 냉수를 적절히 조절하여 틀어야 하듯이, 긍정성과 부정성이 조화롭게 균형을 이루어 어떻게 통합해 나가는가는 긍정심리학의 미래 과제일 것이다.

(2) 긍정심리학은 상업적인 학문인가

긍정심리학은 전통 이론들과는 달리 '새로운' 학문임을 강조한다. 새로움, 긍정적인 것들에 대한 주장은 한때 마치 사회적 운동처럼 붐이 일어났다. 이는 긍정심리학의 출발부터의 흐름을 살펴 볼 때 심리학을 생산적 · 긍정적 실체로 변화시키고자 했던 초기 긍정심리학자들의 뜻을 안다면 충분히 납득이 가능하다.

문제는 긍정심리학이 단지 심리학 하나의 학문으로 그치는 것이 아니라 경제학과 결합한다는 것이다(이진남, 2017). 구체적으로 보면, 앞서 살펴본 긍정정서와 특질이라는 주관적 요인들을 척도화하여 각종 정치와 기업 정책으로 활용한다는 것이다. 이는 자칫하다가는 긍정심리학의 본질은 잊고 기술적으로 행복이라는 가면만 쓰도록 하는 행위가 될 수 있다.

긍정심리학의 개념은 생애 전반에 걸쳐 다루어질 만큼 매우 포괄적이다. 또한 인간의 주관성에 대한 연구이기 때문에 측정과 개입은 매우 신중하게 이루어져야 한다. 따라서 우리가 긍정심리학과 함께 좀 더 풍요로운 삶을 살기 위해서는 보다 복잡한 인간행동 특성에 대한 연구의 누적과 척도에 대한 과학적 검증이 지속되어야 한다.

3. 긍정적 사고와 대처

앞서 언급하였듯이, 긍정심리학에서 말하는 행복과 안녕감은 자신만의 만족을 위함이 아니라, 더 나아가 자신이 속한 사회가 온전히 기능하도록 한다는 데 궁극적 목표를 지니고 있다. 이러한 관점에서 자신의 삶과 나아가 사회의 번영을 위해 실제적이고 실천 가능한 방안들에 대해 살펴보고자 한다.

1) 긍정적 사고의 효과

(1) 사고방식의 두 가지 양상

우리의 행동은 사고방식과 밀접한 관련이 있다. 다시 말해, 자신이 생각하고 느끼는 방식에 따라 행동을 결정하고, 이는 곧 삶의 변화로 이어진다. 어떤 사고방식을 갖고 있는가에 따라 목표에 대한 인식과 대처, 노력이 달라지기 때문에, 자신이 어떠한 사고방식을 갖고 있는가는 매우 중요하다.

사고방식(mindset)은 크게 두 가지 유형으로 구분되는데, 하나는 고정 사고방식, 다른 하나는 성장 사고방식이다. 고정 사고방식(fixed mindset)이란 기본적 성질들은 변하지 않는다고 믿는 것이다. 이러한 사고방식을 가진 사람은 자신이 잘하지 못하는 영역은 자신의 능력 밖에 있는 것으로 지각하기 때문에 쉽게 포기하고, 우울에 빠지는 무기력 반응(helpless response)을 보이는 경향이 있다. 반면, 성장 사고방식(growth mindset)이란 자신의 경험과 연습, 노력 정도에 따라 얼마든지 성장할 수 있다고 믿는 것이다. 이러한 사고방식을 가진 사람은 자신이 부족한 영역이어도 끊임없는 노력을 하며, 실패하더라도 두려워하지 않는다.

목표와 과업을 성취할 때, 두 가지 사고방식은 행동에도 큰 차이를 보인다. 고정 사고방식을 가진 사람은 자신의 잠재 능력이 한정되어 있다고 생각하며, 결과를 통해 잠재 능력의 크기를 판단하기 때문에 성취, 성공적 결과에 더 초점을 두고 노력한다. 하지만 성장 사고방식을 가진 사람은 단순히 성공적 결과에만 초점을 두는 것이 아니라 자신이 숙달해 나가는 모습, 수행하며 느끼는 즐거움 등에 더 초점을 두고 노력하기 때문에 도전적 상황에서도 유연한 대처가 가능하다.

물론 이는 고정적인 특성은 아니다. 개인마다 어떤 상황에서는 고정 사고방식으로, 또 다른 상황에서는 성장 사고방식으로 생각하고 수행하는 경우도 있다. 그렇기 때문에 어떤 경우에는 일이 어려워도 스트레스를 덜 받으며 다시 도전할 수 있지만, 어떤 경우에는 스스로의 자아 존중감도 낮아지면서 상처를 받고, 결국 쉽게 포기해 버리는 경우도 있다. 따라서 자신이 현재 처한 상황에서 어떤 사고방식을 갖는지 생각해 보는 것은 일에 대한 태도와 자신의 정서 조절에 도움이 될 것이다.

(2) 긍정적 사고의 개념과 구성요소

긍정적 사고의 뜻을 한마디로 정의하기는 어렵다. 사전을 찾아도, 서적을 참고해도 그 뜻을 찾기란 쉽지 않다. 사전에서 긍정을 찾으면 "하나의 명제를 옳다고 인정하는 일"이라고 되어 있다. 이를 통해 유추해 보자면, 긍정적 사고란 '일이 옳은 방향으로 진행될 것으로 생각하는 마음가짐' 정도로 생각해 볼 수 있다.

셀리그먼은 긍정적 삶을 만들기 위해서는 외부의 도움보다는 자신의 의지가 훨씬 중요함을 강조하며, 이는 누군가가 가르쳐 주거나 훈련시키는 것이 아니라 스스로의 발견과 창조를 통한 자기화의 과정이라고 주장하였다. 하지만 우리는 지금도 삶의 과정 중에 있으며, 긍정적 사고에 익숙해지기까지는 지속적인 연습이 필요할 것이다. 이에 에이키드 외(Akcd ct al., 2008)에 많은 학자들은 우리의 긍정적 사고를 증진시키기 위한 몇 가지 요소를 다음과 같이 제시하였다.

- 자신의 한계를 인정하기: 대부분의 사람들은 자신보다 한참 나은 사람과 비교를 하며 자신이 갖지 못한 것에 초점을 맞추고, 자신을 자책하기도 한다. 이는 자신의 한계성을 부인하며, 끊임없이 자신을 나락으로 떨어뜨리는 행위와 같다. 아무도 완벽할 수는 없다. 자신이 완벽한 사람이라는 환상을 버리고, 있는 그대로의 내 모습을 인정하는 것, 그것이 어쩌면 가장 어렵지만 긍정적 사고의 핵심이다.
- 부정적 사고의 힘을 인식하기: 역설적이게도, 긍정적 사고를 위한 또 하나의 방법은 자신이 부정적 사고를 하고 있다는 것을 인식하는 것이다. 슬프고 우울하고 절망적일 때 우리는 불행감을 경험하며, 이는 부정적 사고로 연결된다. 이때 자신이 불행하며, 부정적 사고를 하고 있다는 것을 인지하는 것만으로도 매우 중요한 일이다. 이러한 인식은 지금까지와는 다른 방향으로 사고하고 행동할 수 있도록 나에게 방향성을 제시해 줄 수도 있기 때문이다.
- 활동하기: 언뜻 보면 이는 다음에서 제시하는 긍정적 대처에 포함되어야 할 것처럼 보인다. 하지만 많은 연구에서 신체가 심리에 미치는 영향에 대해 언급하고 있다. 즉, 단순히 몸을 움직이고 흔들고 무언가에 심취하여 몰두하는 것만으로도 우리의 기분을 조금이나마 변화시킬 수 있으

며, 이는 긍정적 사고를 전제하는 주요한 요소라고 할 수 있다.

- 성공을 시각화하기: 현재 자신이 성취하고자 하는 일에 대해 머릿속으로 충분히 그려 보자. 이는 단순히 상상해 보는 것이 아니라 실제 바라는 결과가 실현되었을 때 이미 마음속에 존재했던 현실을 단지 확인하듯 여겨지도록 생생하게 시각화하는 것을 의미한다. 이러한 정신적 시뮬레이션은 우리 자신의 의지력을 키워 줄 뿐만 아니라, 목표에 도달하는 구체적인 과정(process)을 연습하도록 하는 데 도움을 준다.
- 영성을 훈련하기: 여기서 말하고자 하는 영성은 특정 종교에 대한 것만은 아니다. 종교를 가진 사람이든 그렇지 않은 사람이든 자신의 영혼을 돌보는 일은 매우 중요하다. '나는 어떻게 시작되었는가?' '나는 어떠한 신념을 갖고 살고 있는가?' '나는 죽을 때까지 어떤 의미의 삶을 살고 싶은가?' 이러한 탐색은 자신의 삶의 방향성뿐만 아니라 자신이 하는 일에 대한 만족감과 확신을 가져온다.

2) 일상에서의 긍정적 대처

그렇다면 긍정적 사고 이외에 우리가 일상에서 실천해 볼 수 있는 행동들은 무엇이 있는가? 실제로 긍정심리학에서는 이론의 실천과 응용을 매우 중요하게 생각하며 강조하고 있다. 셀리그먼, 래시드, 그리고 파크(Seligman, Rashid, & Parks, 2006)는 삶에서 실천 가능한 간단한 방법들을 다음과 같이 제시하였다.

- 강점 활용하기: 셀리그먼의 긍정심리학 홈페이지[1](www.authentichappiness.sas.upenn.edu)에 제시된 강점 검사를 통해 자신의 강점 5가지를 알아 보자. 또한 그것을 일상에서 구체적으로 어떻게 활용할지 작성해 보자.
- 세 가지 좋은 일들: 매일 저녁마다 그날 있었던 좋은 일 3가지를 떠올리며 적어 보자. 그리고 그 사건이 발생하는 데 있어서 자신이 했던 역할에 대해 작성해 보자. 이는 긍정적 경험들을 스스로 통제할 수 있다는 것을 인식시켜 줄 것이다.
- 사망기사: 결실을 맺고 만족스러운 삶을 산 후 세상을 떠났다고 가정 해 보자. 이때 다른 사람들이 나에 대해 가장 기억하길 원하는 것을 요약하여 1~2페이지로 기사를 작성해 보자.
- 감사 방문: 평소 감사 표현은 하지 못했지만, 감사하게 생각하는 사람을 떠올려 보자. 그들에게 편지를 써서 이를 전화나 방문을 통해 전달해 보자.
- 여유 갖기: 하루에 한 번, 평소 서둘러 하던 일들(예, 식사, 샤워, 걷기 등)을 여유를 갖고 천천히 즐겨 보자. 매일 그냥 지나쳤던 일상에도 주의를 쏟고, 무언가를 깨닫고, 쾌락을 느끼게 되는 그 순간, 그때 당신은 어떤 것을 느꼈는지 적어 보라.

그 외에도 우리가 실제 적용해 볼 수 있는 방법들은 다음과 같다.

- 타인과 연결하기: 우리는 고립되었을 때보다 다른 사람과 연결되어 있을 때 역경 상황에서도 보다 긍정적으로 대처하는 힘을 얻는다. 그것이 바로 집단으로부터 받는 사회적지지이다. 타인과 함께 있을 때 우리는

---

1) 이 사이트는 긍정심리학의 대표 학자 셀리그먼이 운영하는 긍정심리센터 홈페이지로, 자신의 상위 5가지 주요 강점을 확인해 볼 수 있으며, 이 외에도 행복, 우울, 웰빙, 삶의 의미 등에 대한 간단한 검사를 해 볼 수 있다.

그들로부터 위안을 얻고, 자신의 정체감을 다시 한 번 느끼며, 긍정적 사고에 한 발 다가갈 것이다.

- 자화자찬하기: 때때로 우리는 혼자라는 느낌을 경험하곤 한다. 철저히 혼자라는 느낌이 들 때, 자신의 성취에 대해 아무도 축하해 주지 않는다고 느낄 때, 이 방법을 시도해 보자. 자신이 해 온 노력들과 그것이 성과에 어떠한 영향을 미쳤는지에 대해 나에게 이야기해 보자. 이는 자신에 대한 확신, 만족감 증진뿐만 아니라 나아가 자신에 대한 객관적 성찰을 통한 성장으로 이끄는 방법이기도 하다.
- 행동 표현하기: 우리는 표정과 행동만으로도 감정을 긍정적으로 변화시킬 수 있다. 실제로 손뼉치고 깔깔대며 웃기, 펄쩍펄쩍 뛰기, 춤추기 등 외부적으로 표현되는 행동만으로도 우리의 긍정적 감정은 그 자체로 강화될 수 있다.

사실 우리가 가진 가장 큰 오해 중 한 가지는 상황이 변화되지 않으면 우리는 행복해질 수 없다고 믿는다는 것이다. 하지만 상황이 변화되지 않더라도 우리는 기분을 변화시킬 수 있는 힘을 가지고 있으며, 이는 엄청난 에너지가 발휘되어 우리의 상황까지도 변화시킬 수 있을지도 모른다. 앞서 제시한 방법 중 자신이 가장 편안하게 할 수 있는 방법들을 실제로 해 보고, 그 안에서 일어나는 변화를 스스로 알아차려보길 바란다.

"Feel good, do good effect!(좋은 기분이 좋은 효과를 낸다!)" 이 문구는 실제로 잘 알려진 심리학 원리이다. 건강과 긍정심리학은 여전히 빠르게 진화하고 성장하고 있는 젊은 분야이기에 앞으로 우리에게 주어진 과제는 만만치 않지만, 분명히 가능성은 무한할 것이다. 한 가지 주의할 점은, 이 장에서 다양한 실천방법을 제안하였지만 대처는 지극히 개인적이라는 점이다. 즉, 우리를 건강하고 긍정적으로 대처하게 해 주는 효과적인 방법들은 자신의 성향과 환경에 따라 다를 수 있기에, 스스로 확립해 나가야만 하는 부분일 것이다. 그렇다면 '앞으로 우리의 건강과 안녕(well-being)을 위해 어떠한 노력을 하고자 하는가?'에 대하여 스스로 자문해 보는 것은 매우 중요한 관점이라고 하겠다.

이 장에서는 무엇이 우리의 삶을 건강하고 행복하게 만드는가에 대한 해답을 찾으려고 노력하였다. 먼저, 건강심리학에서는 우리의 건강에 대한 인식이 어떻게 변화되어 왔는지, 그 안에서 심리학이 어떻게 녹아들 수 있었는지 살펴보았다. 이어서 긍정심리학에서는 긍정 정서들이 우리에게 미치는 영향에 대해 살펴보았고, 긍정 정서를 위해 실생활에서 간단하게 실천할 수 있는 구체적인 방법들에 대해 다루었다.

제 11 장

현대인의 위기대처 및 건강관리

위기를 어떻게 이해하고 수용할 것인가의 문제는 우리가 삶을 어떻게 이해하고 수용할 것인가의 문제와 다름없다. 인생은 고통을 가져 오는 많은 위기들의 연속이며 위기에 대처하고 극복하는 과정이 삶이라고 봐도 틀리지 않기 때문이다. 인생에서 만나게 되는 고통에 대해 적나라하고 날카롭게 이야기했던 쇼펜하우어(Schopenhauer)는 '삶은 고통'이라고 하였다. 불가에서도 생고(生苦), 병고(病苦), 노고(老苦), 사고(死苦), 애고(愛苦), 비고(悲苦), 별고(別苦), 회고(會苦)라는 8고를 갖고 있는 인생은 고(苦)라고 한다. 현대인 또한 그러한 삶의 본질에서 벗어날 수 없는 존재들이다. 태어나 죽을 때까지 성장하고 발달하는 과정에서 위기는 발달적 위기로 오기도 하고 이별이나 죽음과 같이 관계의 변화로도 온다. 사건이나 사고 또는 갑작스러운 자연재해나 인재로도 발생한다. 어떤 위기는 위기로 발전하지 않을 수 있는 일이었음에도 큰 일이 되어 버리기도 하고, 분명한 위기임에도 때로 호재가 되기도 한다. 언제 어떠한 형태로 위기가 오는 가는 개개인마다 다르지만, 현대를 살아가는 우리에게 위기에 잘 대처할 수 있도록 자신을 돌보는 것은 모두에게 필요하다.

이 장에서는 현대인의 위기대처와 건강관리에 대하여 알아보고자 한다.

생각해 볼 문제

첫째, 위기란 무엇이며, 위기의 영역에는 어떤 것이 있는가?

둘째, 위기는 어떤 특성을 갖고 있는가?

셋째, 위기에 대처하기 위해 우리는 어떤 것을 할 수 있는가?

1. 현대인의 위기

1) 위기의 정의

위기의 사전적 의미는 "위험한 시기나 고비"이며 영어표기 'crisis'는 결단하다(to decide), 전환점(turning point), 절정(climax) 등의 의미인 'crit'를 어원으로 하고 있다. 즉, 위험하고 결정적인 중요한 시기라는 의미가 내포되어 있다. 위기에 내포되어 있는 위험성의 의미는 현재의 대처자원으로는 대처가 어려워 그 결과 심각한 손상이나 손실을 입게 될 수 있음을 뜻한다. 그리고 결정성의 의미는 "회복이냐 죽음이냐의 분기점이 될 수 있을 만큼 갑작스럽고도 결정적으로 병세가 변화되는 것"을 뜻한다. 즉, 질적으로 달라지는 결과의 기로에서 특정 사건을 통해 그 방향이 나눠지는 상황임을 뜻한다.

위기는 안정 상태의 혼란, 혹은 생의 전환점인 체계의 불균형 상태로 새로운 발달단계에서 유발되기도 하고 때론 우발적으로 발생된다(김기태, 2006). 또한 위기란 개인의 현재 자원과 대처기제로는 감당하기 어려운 사건이나 상황을 지각하거나 경험하는 것이다(James & Gilliland, 2008). 기존에 갖고 있던 기제, 자원, 방식으로는 그 대처가 적절하지 않아 균형이 깨지고 감당하기 어렵다고 느끼는 혼란 상태이다. 그래서 위기이다. 그러나 개인의 위기 대처 자원은 저마다 다르다. 따라서 위기는 위기이지만, 그 위기는 개인마다 다르게 규정될 수 있다. 유사한 문제에 대해 대처자원을 갖고 있거나 혹여 없는 경우라도 대처자원을 개발하거나 요청할 수 있는 능력을 갖고 있는 사람이라면 그렇지 않은 사람과는 다르게 위기를 경험할 것이다. 위기는 위기 그 자체라기보다 개인에 의해 지각되는 상황, 즉 개인이 위기로 지각하는 상황을 의미한다. 이는 곧 개인마다 위기를 지각하는 것에 차이가 있을 수 있음을 의미한다.

2) 위기의 특성

위기는 다양하고 저마다 다른 특성을 갖지만, 모든 위기의 공통적인 특성을 살펴보면 다음과 같다(James & Gilliland, 2008).

첫째, 위기에는 위험과 기회가 공존한다. 위기 상황은 그야말로 위험성이 있으나 그 위험에 대처하는 과정을 통해 성숙하고 강해질 수 있는 기회가 된다. 위기는 심리적 혼란과 붕괴, 자살, 이별, 가까운 이의 죽음, 재산상의 큰 손실, 직업적 · 사회적 불이익과 같은 것들이 있기 때문에 위험하다. 반면, 위기에 대처하기 위해 새로운 대처자원을 개발하거나 지금까지의 대처방법을 변경해 볼 수 있게 된다. 위기가 없었다면 만날 수 없었던 다른 차원의 세계를 만날 수 있는 기회가 된다.

둘째, 위기는 복잡한 증상들을 보인다. 위기의 원인은 분명하고 확실하게 설명할 수 없는 경우가 대부분이다. 원인이 분명하다 하더라도 증상은 다양한 영역에서 복잡한 문제들로 드러날 수 있다. 위기가 갖고 있는 영향은 삶의 여러 부분에 영향을 미치고 2차, 3차의 영향을 받는 일들이 생기면서 그 증상은 훨씬 더 복잡한 양상으로 드러난다. 한 예로, 가장의 실직이라는 위기는 가족의 경제적 문제뿐만 아니라 이로 인한 건강 악화, 부부 갈등, 때로 알코올 문제나 가정폭력 혹은 불법적인 문제로까지 번질 수 있다.

셋째, 위기는 성장과 변화의 씨앗이 된다. 성장과 변화는 기존의 질서와 평형에서는 일어나지 않는다. 변화는 지금까지와는 다른 상황, 지금까지 대처로는 해결되지 않는 상황에서 일어나는데, 위기는 변화할 수밖에 없는 상황을 만들게 된다. 위기 전의 상황 속에서 효과가 있었거나 기존 질서를 이끌어 왔던 방식은 더 이상 쓸모가 없게 된다. 기존에 회피하는 방식으로 문제에 대처해 왔던 사람은 더 이상 회피할 수 없는 상황을 위기로 인식하게 되고 다른 적응적인 방법을 찾는 계기가 된다.

넷째, 위기의 빠른 해결책은 없다. 위기사건에 대한 빠른 개입은 필요하지만, 위기를 해결하기 위해 증상만을 누그러뜨리는 형태의 위기개입은 바람직하지 않다. 위기에 대해 임기응변식으로 대응하게 되는 경우 더 큰 위기를 초래할 수 있다. 오래된 문제가 위기로 나타나는 경우는 원인이 복합적인 경우가 많기 때문에 위기가 발생한 이유를 성찰하고 이에 대처함으로써 이후 재발되거나 문제가 커지는 것을 예방할 수 있도록 접근해야 한다. 지금 이 위기를 정면으로 바라보고 제대로 대응하고자 할 때 위기가 변화와 성장의 씨앗이 되며 기회로서 발휘될 수 있다.

다섯째, 위기는 선택을 필요로 한다. 위기는 위기에 처한 개인과 사회가 어떤 '선택'을 하게 한다. 위기 상황에서의 선택은 위기해결을 위한 선택이다. 즉, 위기를 극복하기 위한 방법들을 선택하고 자원들을 조직화하고 동원하기 위해 어떠한 선택을 한다. 때로 어떤 것도 하지 않는 행동을 선택할 수도 있으나, 그 선택 역시 위기를 극복하기 위한 선택이다. 위기를 극복하는 과정은 선택의 과정이라고 볼 수 있다.

여섯째, 위기에는 보편성과 고유성이 있다. 대부분의 위기가 갖고 있는 보편적인 특성, 인생에 위기는 한 요소라는 점에서 위기는 보편적이며 그 특성은 일반적이다. 예를 들어, 혼란, 불균형, 혼돈 등은 여러 위기에서 공통적으로 발생하며 대부분의 개인이 비슷하게 경험한다. 그러나 같은 상황에서 어떤 사람은 치명적인 영향을 받기도 하고, 또 다른 사람은 성공적으로 그 상황을 극복해낸다. 위기로 경험되느냐 그렇지 않느냐와 같은 위기경험과 위기에 대한 개인의 반응은 달라서 개인마다 고유하다고 할 수 있다.

3) 위기의 영역

위기의 영역을 구분하는 방식은 학자마다 조금씩 다르다. 위기를 발달적 위기, 상황적 위기, 환경적 위기, 실존적 위기로 나누어 살펴보면 다음과 같다.

(1) 발달적 위기

위기의 영역 중 발달적 영역은 인간의 성장과 발달과정에서 나타나는 급격한 변화나 전환으로 인해 발생하는 위기를 말한다. 즉, 졸업과 결혼, 출산과 양육, 취업과 은퇴, 노화, 배우자의 죽음과 같이 자연스러운 발달적 변화들이 있는데, 이러한 변화들에 대처하지 못하거나 적응하지 못할 때 발달적 위기가 발생한다. 인간은 태어나는 순간부터 죽음에 이르는 전 생애 동안 지속적으로 발달한다. 그 발달과정 속의 각 시기마다 필요한 과업들이 생긴다. 발달과업은 새로운 질적인 변화들을 의미하며, 성공적으로 발달과업을 수행하게 되면 성취감, 만족감 및 행복감을 갖는다. 하지만 그 자체만으로도 우리는 스트레스를 경험한다. 그런 과업들을 성공적으로 수행하지 못하거나 발달적 변화가 급격하게 발생했을 때 개인과 주변에게 발달적 위기가 될 수 있다.

또한 각 발달단계마다 고유하고 특정 발달 시기에 더욱 취약해져 위기가 될 수 있는 사건들이 있다(강경호, 2000). 예를 들어, 아동기에 일어날 수 있는 부모의 이혼이나 학대, 부모의 죽음은 다른 어떤 발달적 시기보다 큰 위기가 될 수 있다. 이와 마찬가지로, 청소년기에 발달적으로 발생 가능한 일탈, 학업실패, 학교 폭력의 문제들은 이 시기의 고유한 위기가 될 수 있다. 성인기에는 결혼, 배우자의 외도, 학대, 양가 집안과의 갈등, 이혼과 재혼, 실직과 같은 일들로 위기를 겪을 수 있다. 노년기에는 노화, 자녀의 출가, 은퇴, 배우자의 사망 등의 발달적 문제를 위기로 겪을 수 있다.

(2) 상황적 위기

상황적 위기란 예측할 수 없고 통제할 수 없는 사건들이 발생하여 맞게 되는 위기를 말한다. 자동차, 항공, 기차, 선박과 같이 이동 중 발생하는 교통사고, 자신 혹은 가족의 유괴, 낯선 사람 혹은 지인으로부터의 성폭행, 가까운 사람의 자살, 구조조정으로 인한 실직, 믿는 친구나 가족으로부터의 경제적 사기, 강도, 갑작스러운 질병, 직접적인 관계가 없는 사건에 휘말리는 일들은 갑작스럽게 발생한다. 우리는 이러한 일들이 발생할 것이라고 예측하거나 발생하지 않도록 상황을 통제할 수 없다.

대부분 상황적 위기는 충격적이고 맹렬하게 일상을 흔들어 버린다. 그리고 상황적 위기는 당사자뿐 아니라 가까운 이들의 삶에도 큰 영향을 미친다. 믿었던 친구로부터의 사기는 배신감으로 인한 심리적 위기뿐 아니라 가족의 경제적 상황을 어렵게 만들어 버린다. 학교폭력으로 인해 자살을 한 10대 자녀의 부모는 오랜 시간 위기를 경험한다. 상황적 위기는 발달적 위기에 비해 쉽게 납득하지 못한다. 또한 사회적으로 큰 파장을 일으키게 되는 상황적 위기는 사회 전반에 영향을 미치며 긴 회복 기간이 필요하다.

(3) 환경적 위기

환경적 위기란 일반적으로 자연에 의해 발생하거나 인간이 야기한 재해를 말한다. 환경적 위기는 같은 환경에 있는 집단 구성원들에게 영향을 미친다. 지진, 태풍, 홍수, 산불, 화산폭발, 쓰나미와 같은 자연재해와 전쟁, 테러, 전염병의 확산, 기름 유출, 원전 폭발, 경제공황, 국가적 부도와 같은 인재는 같은 환경 내에 있는 개인과 구성원에게 광범위하게 영향을 미친다.

위기는 많은 경우 외상(trauma)으로 영향을 미치게 되는데, 대인관계 관여도에 따라 그 심각성이 달라진다. 대인관계 관여도에 따라 외상을 인간 외적인 외상과 대인관계적 외상, 애착외상으로 구분해 볼 때, 타인의 실수나 고의성에 의해 발생하는 대인관계적 외상이 인간 외적인 외상에 비해 훨씬 견디기 힘들 수 있다(Allen, 2010). 환경적 위기 중에도 자연재해보다 인재에 의해 유발되는 위기가 훨씬 큰 어려움을 유발할 수 있다. 예를 들어, 인간이 어찌할 수 없는 자연의 힘에 의해 발생된 지진의 경우 지진 피해자들은 힘들어도 그 상황을 수용한다. 그리고 그 공동체 안의 사람들은 상황을 해결해가기 위해 보다 단결하고 위기를 극복하기 위해 협심하는 경향이 있다. 그러나 인재로 인해 발생한 지진에 대해서는 복잡한 감정적 처리 등으로 상황에 대한 수용에 어려움이 생긴다.

(4) 실존적 위기

실존적 위기란 삶의 이유, 목표, 독립성, 자유, 의무와 같은 이슈로 인해 발생하는 위기를 말한다. 실존적 위기는 내적 갈등, 불안, 삶에 대한 의문, 허무, 공허감 등으로 경험된다. 실존적 위기는 아무리 외적인 성공을 거두거나 발달과업을 성공적으로 수행하였다 하더라도 이와 별도로 경험될 수 있고, 때론 성공과 심리적 경험의 격차가 크게 느껴질 때 큰 위기로 오기도 한다. 이전의 선택에 대한 후회, 이루어 온 삶에 대한 의문과 공허감은 살아온 인생을 때론 송두리째 흔들어 놓을 만큼의 위기이다. 외적으로 큰 사건이 발생하거나 상황이 변하지 않았음에도 불구하고 발생될 수 있는 실존적 위기는 주변으로부터 직적접인 도움이나 이해를 쉽게 구하기 어려워 개인의 대처가 힘들 수 있다.

2. 현대인의 위기대처를 위한 건강관리

1) 위기대처를 위한 마음건강관리

현대인의 삶은 급격한 변화와 다양한 변수가 동시에 작동하므로 혼란스럽고 규칙이나 질서를 찾기가 어렵다. 이런 혼돈의 상태에서는 미래를 예측하기 어렵고 통제가 불가능하다. 위기 역시 많은 경우 예방하거나 피할 수 없다. 따라서 위기에 대처한다는 것은 위기 자체보다 위기에 대한 우리의 태도를 살피고 위기 시 잘 대처할 수 있도록 자신을 보살피는 일이다. 즉, 발생할 위기를 어떻게 대하고, 발생한 위기를 어떻게 내 삶의 일부로 받아들일 것인가에 대한 문제이다. 크고 작은 위기는 우리 삶의 일부이기에 우리는 위기요소를 삶의 한 요소로 통합시키고 위기가 갖는 의미를 재구성함으로써 위기를 바라보는 시선과 태도를 달리할 필요가 있다. 또한 단편적이고 파편화된 관계들을 통합하고 일상에서 감사와 사랑을 발견하는 노력을 기울이며 살아가는 길을 찾는 것이 필요하다. 결국 위기에 대한 건강한 대처란 위기가 삶의 한 요소임을 알고 이 위기를 통해 나의 삶을 보다 통합적으로 바라보며 기회 삼아 성장할 수 있도록 의미를 재구성하는 것이라고 할 수 있다.

위기에 대한 건강하고 통합적인 대처는 정신이 건강할 때 가능하다. 건강한 사람은 위기의 위험요소를 줄이고 기회로 삼아 한층 더 성장할 수 있는 인생의 전환점으로 만들곤 한다. 그러나 현대인은 여러 가지 다양한 정신질환으로 고통을 받으며, 그 자체가 위기로 경험되기도 한다. 2016년 전국 규모로 진행된 조사(통계청, 2017b)에서 주요 17개[1] 정신질환 관련 우리나라 사람들의 평생 유병률은 25.4%였다. 이는 성인 4명 중 1명꼴로 평생 한 번 이상 정신건강문제를 경험하고 있다는 의미이다. 이 중 우울증과 불안장애는 현대인이 일반적으로 많이 경험하는 장애로 그 자체가 위기이며, 위기대처를 어렵게 하는 정신장애들이다.

(1) 우울장애

우울장애는 우울한 기분, 일상의 흥미와 즐거움의 저하, 다양한 인지 및 정신 신체적 증상으로 인해 개인의 기능이 현저하게 저하되는 질환을 말한다(권석만, 2017a). 우울증은 정신적인 감기로 불릴 만큼 누구나 걸릴 수 있지만 감정, 생각, 신체 상태, 그리고 행동, 관계, 일상 기능 등 개인의 전반적인 삶에 부적응을 초래하는 심각한 질환이기도 하다. 우울증은 일상적인 우울감

1) 조사된 17개의 주요 정신질환은 니코틴 사용에 의한 장애, 알코올 사용장애, 공포증 등 불안장애, 우울장애 및 기분부전장애, 양극성장애, 조현병 스펙트럼장애, 강박장애 및 외상 후 스트레스장애, 약물 사용장애 등이다.

과는 다르며, 의지가 약한 사람이라서 생기는 것이 아니다. 우울증을 앓는 사람들은 평상시 의식하지 않고 무난히 해내던 작은 과업을 끝까지 마치는 것에서 어려움을 느끼며, 학업 및 직장에서의 업무 수행에서의 장애, 새로운 과업을 시도해 볼 동기를 갖는 것에 어려움을 갖는 등 삶의 전반에 무기력과 에너지 저하 증상을 보인다. 수면장애, 식욕과 체중의 급격한 변화, 불안증상, 성욕저하, 주의집중력과 판단력의 저하, 죽음이나 자살에 대한 사고 등으로 고통을 받는다.

주로 상실, 실패의 의미를 갖는 부정적인 생활사건이 계기가 되어 우울장애가 촉발될 수 있다고 보는데(Mazure, 1998), 이러한 부정적인 생활사건은 질병, 죽음, 학업과 사업의 실패, 실직, 경제적 어려움, 이별 등이다. 그러나 환경적 요인에 의한 설명은 일부분이며, 유전적 소인이나 개인의 심리적 요인이 영향을 미친다고 보고 있다(권석만, 2017a). 결국 평상시 스트레스를 가져오는 생활사건들이 발생했을 때 스트레스를 조절할 수 있는 힘을 기르고 위기 시에 사회적지지 등을 통해 도움을 구할 수 있어야 한다. 또한 증상 초기에 약물치료와 심리치료를 통해 적극적으로 증상이 악화되지 않도록 치료에 임해야 하고, 재발 예방을 위해서도 지속적으로 전문가와 치료적 관계를 유지하는 것도 중요하다.

(2) 불안장애

불안장애는 위험한 상황에서 작동되어야 하는 경계경보가 지나치게 민감하거나 수시로 경계음을 내게 되어 불필요한 경계태세, 과도한 긴장, 혼란스러움 등으로 인해 부적응적인 양상을 보이는 병적인 불안 상태를 의미한다(권석만, 2017a). 정신질환으로서의 불안장애에는 『정신질환 진단 및 통계편람 제5판(DSM-5)』에 따르면, 다양한 사건이나 활동에 대한 과도한 불안과 걱정을 보이는 범불안장애, 특정한 대상에게 보이는 특정공포증, 다양한 장소에 대한 공포를 보이는 광장공포증, 사회적 상황에서의 과도한 불안과 공포를 느끼는 사회불안장애, 급작스럽게 찾아오는 죽을 것 같은 강렬한 불안과 공포를 느끼는 공황장애, 그리고 애착 대상과의 분리에 대한 과도한 불안을 느끼는 분리불안장애 등 다양한 하위 유형들이 있다. 불안과 공포를 주된 증상으로 하는 불안장애는 걱정을 스스로 통제할 수 없다는 느낌과 고통감, 중요한 영역에서의 현저한 손상 등을 일으켜 현대인의 삶에 부정적인 영향을 미치게 된다.

불안이 높은 사람은 같은 위기 상황도 일반적인 사람에 비해 보다 크게 지각하게 되면서 대처할 수 있는 역량이 현저히 떨어지게 된다. 일상적으로 심리적 · 신체적인 에너지 소비가 많아 쉽게 피로를 느끼며, 위기 시 문제 해결을 위한 주의집중 같은 정신작용도 원활하지 못할 수 있다. 현대인이 자신의 평상시 정신건강을 돌보고자 하는 관심과 적극적인 치료는 위기대처를 위해 필수적이다.

2) 위기대처를 위한 신체건강관리

우리의 몸과 마음은 매우 밀접하게 영향을 주고받는다. 스트레스나 심리적 이유가 신체적 질병으로 발현되기도 하고 때로 마음의 고통으로 인해 죽음에 이르기도 한다. 반대로 신체적 질병은 우울, 불안 등 심리적인 문제를 일으키기도 하고 이는 더욱 질병을 악화시킨다. 더구나 우리 국민의 기대수명은 지속적으로 상승되고 있어 긴 수명 동안 건강관리가 매우 중요해지고 있다. 2017년 기준 우리 국민의 기대수명은 82.7년으로 10년 전 대비 3.5년이 늘어났으며 점점 증가 추세이다(통계청, 2018a). 질병을 갖고 오래 사는 일은 개인과 사회에 상당한 부담을 안겨 그 자체가 위기를 초래하기도 한다. 또한 개인적으로 건강하지 못한 상태에서 위기를 맞이하게 되면 위험적 요인을 증가시킨다.

따라서 평상시 신체적 건강을 유지하는 것은 위기대처를 위해 필수적이다. 건강한 몸은 건강한 정신을 만들고 건강한 정신은 건강한 대처를 이끌어낼 수 있다. 무엇보다 섭식, 운동, 휴식 등은 건강의 기본적인 관리 영역이다. 몸에 이로운 음식을 섭취하고 규칙적으로 운동하며 휴식과 여가시간을 갖는 일상의 노력들이 필요하다. 현대인이 위기에 잘 대처할 수 있도록 건강유지에 중요한 섭식, 운동과 관련하여 살펴보면 다음과 같다.

(1) 섭식

섭취하는 음식은 우리의 건강과 생명에 직접적이다. 어떤 음식을 섭취하는가에 따라 병을 키우기도 하고 병을 치료하기도 한다. 때론 극단적인 섭식행동으로 인해 내성과 금단증상을 갖는 중독을 보이기도 하고, 치명적인 독성으로 생명을 해칠 수도 있는 위기를 초래하기도 한다. 그런데 현대의 음식은 유전자 조작, 가공, 대량 생산이 이루어지면서 우리의 건강을 위협한다. 무분별하게 음식을 섭취하고 필요 이상의 양을 섭취하면서 건강과 생명유지를 위해 작동되어야 하는 기제가 마비되고 깨지고 있다. 여기에 스트레스와 대중매체는 건강한 섭식을 한층 방해한다.

스트레스가 높은 현대인은 음식 섭취를 통해 스트레스에 반응하기도 하는데, 강하고 지속되는 스트레스는 뇌에 당분, 카페인 등 특정 성분의 섭취에 대한 강렬한 욕구를 품게 한다. 일종의 '심리적 허기'인데, 이는 스트레스가 심한 경우 신체가 필요한 열량이나 영양소에 대한 요구가 아니다. 심리적 허기를 느낄 때 섭취하는 음식은 대부분 자극적이고 고열량을 내는 질이 낮은 것들로서 비만, 영양 불균형, 중독, 죄책감 등을 초래한다.

또한 현대인에게 대중매체는 필요 이상의 먹기를 자극하여 그 폐해는 개인의 건강 악화로 이어진다. 특정 음식 혹은 특정 식자재에 대해 과한 노출과 홍보를 하는 대중매체의 편성과 산업화된 음식문화 속에서 음식 선택은 내 몸의 필요에 의해서가 아니라 단순 소비로 전락되고 있다. 여러 매체를 통해 과하게 노출되는 건강식품과 건강음식들은 슈퍼푸드나 특정 효능을 드러내는 식품과 음식으로 소개되며 소비를 부추기곤 하며, 이는 집중적인 소비로 이어진다. 각 식품들이 좋은 것이야 말할 것도 없겠으나 무분별한 소비가 아니라 내 몸에 맞는 음식을 선택할 수 있는 다른 지혜가 필요해 보인다. 건강하게 오래 사는 사람의 먹거리를 통해 어떤 음식을 먹어야 하는가에 대한 답을 특정 식품이나 음식으로 찾기보다 그 식품과 음식들의 공통점을 통해 답을 찾아보는 것이 현명해 보인다.

전 세계 장수지역 음식들의 공통점이 그 지역에서 나는 신선한 음식, 가공되지 않은 거친 음식, 발효시킨 전통음식이라는 점(이원종, 2009)은 바로 그 해답이 될 듯하다. 미국 건강전문지『The Health』에서 세계 5대 건강식품으로 발표되며 관심을 모았던 스페인의 올리브유, 그리스의 요구르트, 일본의 낫또, 한국의 김치, 인도의 렌틸 콩 역시 각국 지역에서 생산되는 토종 식품이라는 점을 주목할 필요가 있다. 세계 국가들은 그 지역의 기후와 풍토에 맞춰 저마다의 건강을 유지할 수 있도록 돕는 음식문화를 발달시키게 되는데, 이런 음식들의 공통점은 그 지역의 오염되지 않은 제철 채소라는 점이다(김원학, 2010). 건강식품의 영양성분이나 효능을 따져 가며 쫓아 먹기보다 우리 지역에 나는 식품으로 인공첨가물이나 보존제가 들어가지 않은 자연 음식을 섭취하는 것이 중요해 보인다.

세계 여러 나라들은 음식과 식습관에 대한 중요성을 속담 등을 통해 후대에 전수 되기도 한다. 중국의 "의료와 식사는 같다."는 말이나 일본의 "병은 입으로부터 들어간다."는 말은 매일 먹는 식사의 중요성이나 음식에 대한 관리의 중요성을 의미한다. "아침은 거르지 말고, 점심은 배부르게 먹고, 저녁은 적게."라는 중국인의 건강지침, 그리고 일본인의 건강을 유지하는 소식문화를 잘 드러내는 "늘 80%의 만복감을 채우면 의사가 필요 없다."는 말을 새롭게 새겨볼 만하다. 인도 등의 나라에는 "당신이 먹는 것이 곧 당신"이라는 속담이 있다. 이는 먹는 음식이 육체나 성격뿐 아니라 영혼에도 영향을 미칠 수 있음을 알고 좋은 음식을 가려 먹어야 함을 강조하는 것이다.

건강한 식이는 내 몸의 건강을 위한 중요한 행위로 음식 섭취를 이해하고 식품 선택과 섭취에 신중을 기하여야 할 것이다. 다음을 참고하여 나의 식습관을 점검해 보자.

- 하루 식사는 규칙적으로 하고 있는가?
- 내게 필요한 만큼의 양을 섭취하고 있는가? 불필요한 간식이나 야식을 하고 있지 않은가?
- 음식을 먹는 속도가 지나치게 빠르지 않은가?
- 먹는 음식의 종류로 기름진 음식과 단 음식의 섭취가 지나치지 않은가? 인스턴트식품, 과자, 첨가물이 많은 음식의 섭취가 지나치지 않은가?
- 신선한 채소나 해조류, 제철 과일을 충분히 섭취하고 있는가?
- 녹차, 커피 등 카페인과 음료수 섭취가 적당하고 물을 충분히 마시고 있는가?
- 내 몸에 맞는 음식을 가려 먹고 있는가? 무조건 좋다고 하는 음식이나 섭취 후 불편함이 있는데도 반복하고 있지는 않은가?

(2) 운동

식이요법과 함께 운동은 비만의 예방과 체력 증진, 우울과 불안의 감소, 스트레스 해소에 도움이 된다. 운동은 각종 성인병을 유발하는 비만을 예방하고, 피로를 빠르게 회복시켜 균형된 일상을 유지할 수 있도록 돕는다. 체력은 각종 질환의 예방과 치료에 상당히 중요한 요인으로 평상시 체력을 잘 유지하는 것은 중요하다. 보통 일상의 활동과 노동을 통해 건강과 생존에 필요한 활동량과 신체기능을 증진할 수 있었던 과거와 달리 현대인은 운동량이 부족하다. 빠르고 편리한 이동수단과 가전제품 등 과학기술의 발달로 인해 일상에서 신체활동 자체가 줄고 노동의 특성 또한 육체노동보다 정신노동이 많아지면서 건강을 유지하기 위해서는 특별한 시간을 통해 부족한 신체활동을 보충해야만 한다. 또한 현대인에게 많은 정신노동은 쉼 없이 정신적인 활동을 요구하여 정신적 에너지를 소진시켜 버리는데, 운동은 과부화된 정신적 활동을 쉬게 하고 회복할 수 있도록 돕는다. 또한 신체활동 자체가 스트레스를 해소하는 데 도움을 준다.

그런데 때때로 운동 시 경험되는 쾌감은 운동의 양과 빈도에 대한 조절력을 상실케 하거나 체중조절에 대한 병적 집착은 운동에 중독되는 상황을 초래하게 하기도 한다. 자신에게 맞는 운동을 하지 못할 경우 운동의 좋은 영향에도 불구하고 해가 될 수도 있다. 먼저, 전문가들은 자신의 몸에 맞는 운동을 하도록 조언한다(황수관, 1997). 자신의 몸에 맞는 운동을 찾기 위해서는 먼저 문진이나 의학적 검사 외로 신체조성검사, 운동부하검사, 근기능검사 등 체력을 측정하여 자신의 건강 상태를 점검하는 것이 필요하다. 다음으로, 운동의 목적과 몸 상태, 체형, 일상의 활동에서의 결점을 보완할 수 있도록 운동 종목을 선택하며 운동의 강도와 시간, 빈도 등을 고려하여 운동량을 정하는 것이 중요하다. 또한 운동을 재미있고 꾸준히 할 수 있도록 환경적 여건을 만들고 운동하는 것에 대한 심리적인 부담이 되지 않도록 하는 것 또한 중요하다. 마지막으로, 효과적이고 안전한 운동을 할 수 있도록 운동 전후의 위험신호를 파악하여 운동할 것을 권하고 있다.

다른 나라의 사람들도 평상시 운동을 통해 건강을 관리하는 나름의 방법들을 갖고 있다. 프랑스의 경우 음식문화가 매우 발달했지만 매우 날씬한 나라이다. 프랑스인은 천천히 먹고 많이 걷는 것을 생활화함으로써 건강을 관리한다. 중국인은 태어나면서부터 배운다는 태극권을 통해 건강을 관리한다. 중국의 공원에서는 이른 아침에 남녀노소로 이루어진 무리의 사람들이 함께 운동하는 것을 쉽게 볼 수 있다. 인도인은 매일 습관적으로 하는 요가와 수행을 통해 건강을 유지하며, 낙천적인 성격의 브라질인은 삼바와 축구를 즐기며 사랑한다. 핀란드 사람들은 겨울 스포츠를 발달시켰고, 호주 사람들은 어렸을 때부터 윈드서핑, 스킨스쿠버, 골프, 농구, 야구 등 다양한 아웃도어 스포츠를 배우며 즐긴다.

3) 전인적 건강관리

앞서, 위기 대처를 위해서는 일상의 건강관리가 중요함을 언급하였다. 편의상 우리는 마음건강관리와 신체건강관리로 나누어 살펴보았으나, 이미 많은 건강 관련 전문가들뿐 아니라 일반인도 몸과 마음이 밀접하게 연결되어 서로 영향을 주고받음에 따라 어느 한 부분만을 돌보는 것으로는 충분하지 않음을 알고 있다(제2장에서 자세하게 다루었다.). 세계보건기구(WHO)는 건강에 대한 생물-심리-사회-영적 모형에서 건강을 정의하고 있다. 즉, "건강이란 질병이 없거나 허약하지 않을 뿐만 아니라 육체적 · 정신적 · 사회적 및 영적 안녕이 역동적이며 완전한 상태"를 의미한다. 여기서 건강한 상태란 단순히 신체적 질병이 없는 소극적 의미의 건강이 아니라 전인적이며 적극적인 건강을 이야기하고 있는 것이다. 더 나아가 건강에 회복 능력을 포함하여 "변화하는 환경 속에서 신체, 심리, 사회 및 영적 수준에서의 완전한 이상 상태를 회복할 수 있는 능력"으로 건강을 정의하며 훨씬 적극적이고 역동적인 개념으로 보기도 한다(김교헌, 1999). 즉, 전인적(全人的)으로 건강하다는 의미는 신체적 건강, 정신적 건강, 사회적 건강 나아가 영적 건강의 요소가 균형있게 갖추어지도록 돌보고, 건강하지 않을 때도 이를 회복시킬 수 있는 회복능력을 갖추고 있는 상태라고 말할 수 있을 것이다.

이러한 전인적 건강에 대한 관심은 실제 어떻게 건강을 위해 실행할 것인가의 문제로 이어진다. 이에 하펜 외(Hafen et al., 1996)는 일상생활 속에서 실천할 수 있는 30가지 지침을 제시하였다. 다음 항목들을 살펴보면서 자신의 생활이 정서와 정신적 돌봄, 신체건강의 돌봄, 자신, 타인, 영적관계 돌봄이 될 수 있도록 점검하고 실천해 보자.

1. **기본에 집중하라.** 건강과 관련된 당신의 상식이 시작이다.
2. **규칙적으로 운동하라.** 걷기와 같이 규칙적이고 적당한 운동이 장기적으로 건강에 이롭다.
3. **충분한 수면을 취하라.**
4. **잘 먹어라.**
5. **열심히 일하라. 그러나 너무 많이 하지는 마라.** 당신의 삶에서 다른 중요한 것들을 희생시키지 않도록 일하라.
6. **일과 놀이에서 권태를 피하라.** 권태는 뇌의 실제 생리까지도 변화시킬 수 있다.
7. **틀에 박힌 생활을 바꿔라.** 탐험과 창의성을 위한 여지를 가져라. 새로운 관심사를 개발하라. 깜짝 놀랄 준비를 하라. 뜻밖의 일을 즐겨라.
8. **배우는 것을 멈추지 마라.** 새로운 학습과 정보는 실제로 뇌세포들 사이에 새로운 연결을 만든다.
9. **여가시간을 충분히 즐겨라.** 당신이 열심히 일을 하는 만큼 열심히 노는 것에 대해 배운다면 당신의 삶에 엄청난 변화가 생길 것이다.
10. **창조적인 일을 하라.** 완벽하게 하려 하지 말고, 당신 자신과 즐거움을 표현하는 것에 집중하라.
11. **많이 웃어라.** 웃음은 '내부조깅(internal jogging)'이다. 웃음은 면역세포를 증가시키고, 심장, 폐, 뇌, 방대한 림프관, 혈관 등 온몸을 운동시킨다.
12. **필요할 때 우는 것을 잊지 마라.** 인간의 눈물에는 치유하는 화학물질을 포함하고 있어 혈류를 통해 신체 모든 부분으로 전달된다.
13. **자기 자신에 대한 믿음을 쌓는 시간을 가져라.** 자신에 대해 좋은 느낌을 갖고 있는 사람은 덜 포기하고, 마지막까지 버티어 낸다. 자신에 대한 느낌은 대처 능력과 매우 밀접하다. 자신을 인내와 친절로 대하라.
14. **할 수 있는 한 모든 스트레스는 제거하라.** 대부분의 생활 스트레스는 아주 단순한 전략으로 완전히 없앨 수 있다. 15분 일찍 일어나라. 약속시간에

10분 일찍 도착할 수 있도록 출발하라. 자동차 연료는 최소 1/4을 유지하라. 자동차 열쇠는 같은 장소에 둬라. 따뜻한 목욕, 낮잠, 명상할 때는 전화 코드를 뽑아라.

15. **제거할 수 없는 스트레스는 완화시켜라.** 적당한 운동, 깊은 호흡, 근육이완이나 따뜻한 목욕으로 이완하라. 명상과 요가할 때의 깊은 호흡은 스트레스를 제거할 뿐 아니라 뇌에도 강력한 영향을 미친다. 명상하라.
16. **애완동물을 키워라.**
17. **스트레스에 대한 관점을 바꿔라.** 스트레스를 줄이거나 제거할 수 없다면 스트레스에 대한 관점을 바꿔라. 스트레스를 적이 아니라 친구로 반갑게 맞이하고, 맞이하고 싶은 도전으로 보아라.
18. **종교 모임에 나가라.** 정기적으로 종교 모임에 참여하는 사람은 덜 스트레스를 받고 더 건강하고 더 오래 산다.
19. **화와 적대감을 없애라.** 화와 적대감은 혈압을 높이고 동맥을 막고 심장박동을 높이고 위협적인 호르몬으로 시스템을 압박한다.
20. **사랑하라.** 사랑은 강력한 치료제이며 건강의 결정적 요소이다.
21. **다른 이를 위해 봉사하라.** 누군가를 돕는 일은 당신의 뇌를 자극하고 건강과 면역력을 향상시킨다.
22. **참여하라.** 사람은 혼자 살도록 설계되지 않았다. 우리는 서로를 필요로 한다. 서로 관여하는 것은 건강을 지키는 가장 좋은 방법 중 하나다.
23. **사회적인 지지를 찾아라.** 좋은 친구가 있는 사람, 단 한 명이라도 털어놓을 수 있는 믿을 만한 친구가 있는 사람, 종교 모임이나 전문가 집단에 소속 되어있는 사람, 결혼한 사람, 가족이 우선순위에 있는 사람이 훨씬 건강하다.
24. **친한 친구를 찾아라.** 당신 안의 희망, 목표, 꿈, 두려움, 슬픔, 실망 등 모든 것을 진짜로 나눌 수 있는 단 한 명의 친구를 찾아라. 그리고 당신도 누군가에게 그런 사람이 되어라.
25. **일기를 써라.** 삶에서 일어나는 일들에 대한 당신의 감정과 입장들에 대해 펜이 이야기를 하도록 한다면 놀랍게도 훨씬 기분이 좋아질 것이다.

26. 불확실성과 고통의 세상을 희망으로 마주하라. 희망은 가장 강력하다.

27. 웃어넘기는 법을 배워라. 유머감각을 기르고 아무리 힘든 상황에서라도 기쁨을 찾아내라.

28. 투지를 가지고 세상을 대하라. 결코 포기하지 말고 맞서라.

29. 기도하라. 기도는 영혼의 치료제이다.

30. 마지막으로, 신념을 가져라.

출처: Hafen et al.(1996).

3. 과정지향적 관점에서의 현대인의 위기대처

1) 과정지향적 접근

인간은 인생으로부터 '의미와 사명'의 물음을 받고 있는 존재이다. 인생에서 일어나고 있는 사건들은 그것이 아무리 힘들고 괴롭다할지라도 그렇게 된 데에는 무언가 '의미'가 있기에, 무언가에 대해서 깨닫고 배우도록 재촉하고 있는 것과 같다. 인생이란 우리에게 있어서 그와 같은 '배움'과 '깨달음'을 얻는 과정(process)이며 정신적 성숙과 영성 성장의 기회이자 시련의 장(場) 인 것이다. 인간의 '자유'는 조건으로부터의 자유가 아니라 조건에 대하여 어떤 '태도'를 취할 수 있는가의 자유이다(정인석, 2003). 즉, 인생의 과정이란 개인에 따라서 차이가 있을지언정, 누구에게나 문제가 있다. 삶이란 여러 가지 문제들의 연속과정으로 이루어진다고 해도 과언이 아니라고 할 수 있다. 따라서 이는 한 개인의 문제이기보다는 인간으로서 거의 모든 사람이 겪고 있는 현실이기도 한다. 이러한 관점에서 중요한 것은 우리가 어떻게 수용하고 이해하는지에 따라서 매우 다르게 받아들일 수 있다는 것이다. 우리의 삶에서 일어나는 일들이 인생을 결정하기보다는 이러한 사건들을 어떻게 수용하는지와 이를 통하여 무엇을 배우는지, 또한 이런 사건들은 어떤 의미가 있는지를 알아가면서 자신의 삶의 의미를 찾아간다면 누구나 행복하고 의미 있는 삶을 찾을 수 있다.

과정지향적 관점은 아놀드 민델(Arnold Mindell)이 융의 심리학과 현대 물리학의 양자역학을 통합한 4차원적 심리상담 및 치료 이론이다. 인생의 과정(process)이 지금 우리에게 무엇을 가져다주고 있는가에 대하여 자각하고 알아차림으로 삶의 살아갈 수 있도록 동양의 마음과 서양의 현대과학이 융합하여 다양하게 그 방법을 찾아가고 있다. 과정지향 접근은 과정지향심리학(process-oriented psychology) 또는 프로세스 워크(process work)로 명명되기도 한다. 이 접근은 인간을 상태지향적 관점에서 보는 것을 반대하고, 현상학과 실존주의 철학에 기반을 두고 과정지향적으로 이해하려는 패러다임이다. 이 접근은 인간이 알아차리지 못한 깊은 본질의 의미를 지닌 신호와 양자신호교환(quantum flirtering), 동시성(synchronicity), 드림바디(dream body) 등의 경험을 통하여 알아차림을 증진시키는 심리상담 이론이다. 이 접근은 기존의 많은 심리상담 이론들이 일상적 실재(Consensus Reality: CR)의 영역에 머물고 있기에 제대로 헤아리지 못한 비일상적 실재(Non-Consensus Reality: NCR) 영역에도 관심을 가지고 인간에 대하여 통합적으로 이해하고자 하였다(양명숙 외, 2019).

2) 위기대처 전략으로서의 과정지향 접근

과정지향적 접근에서는 특히 자연이나 신 또는 우주로부터 오는 침묵의 힘을 통하여 본질적인 신호를 깨달을 수 있는 알아차림이 개인 및 집단 그리고 공동체의 삶을 더 통합하고 조화롭게 살 수 있도록 도와주고 있다고 본다(양명숙 외, 2019). 우리가 느끼고 생각하는 것이 전체 우주에 영향을 주듯이, 이

또한 우리의 신체에 영향을 주게 된다. 이와 같은 신체 증상은 우주와 연결된 증상이고, 이는 우리의 신체 지성, 즉 침묵의 힘을 통하여 우리의 삶을 알아차림의 세계로 촉진시켜 준다. 이러한 침묵의 힘은 우리를 주어진 과정으로 들어가게 하고, 삶에 특별한 의미를 주는, 미묘한 신체 감각이면서 특별한 방법으로 삶을 변화시키다. 즉, 미묘하고, 보편적이지만 측정할 수 없는 경향성이 침묵의 힘으로서 우리 신체에서 감지될 수 있으며, 이는 자기 반영적인 능력뿐만 아니라 우주의 자기 반영적인 능력과도 연결되어 있다. 이를 통하여 우리는 건강을 증진시키는 새롭고 무독성적인 삶의 방식으로 살아 갈 수 있다(Mindell, 2004).

과정지향 접근에서는 인간과 세계, 우주가 함께 공유하는 공동체적인 의식을 강조하면서, 동물, 식물 등의 자연환경과 인간이 공유하는 특성에 의미를 두었다. 인간은 다양한 영역, 다양한 경험을 통해 실재와 교류하는 가운데 자연 속의 존재로서 살아가지만, 실재 경험에서 자신의 인식과 사람들 사이에서 서로 합의를 찾을 수 있는 일상적 실재(CR)의 경험만을 인식하며, 경험 안에 숨겨져 있으나 현재의 과학으로 아직 측정 불가능한 요인들을 무시하려는 경향이 있다(양명숙 외, 2019). 즉, 과학적 · 심리적 · 실천적 영역에서 통용되고 있는 사고체계는 사람의 어떤 특정 측면에만 관심을 두고 그 밖의 다른 것들은 관련이 없는 것으로 무시하기 때문에, 심오한 본질로 부터의 신호, 동시성, 신체화의 경험과 같은 비일상적 실재(NCR)의 경험은 평가 절하되거나 무시된다. 이런 경향은 바로 인류 문명의 '공공의 적 제1호(Public Enemy Number One: PENO)'가 될 수 있다. 이는 인간의 많은 잠재 능력을 저하시키고, 인간의 건강을 해치기도 한다. 이에 좀 더 나은 우리의 삶의 의미를 찾기 위해서는 일상적인 실재(CR)뿐만 아니라, 비일상적 실재(NCR)의 경험을 통합함으로써 전체론적인 측면으로 우주와의 과정에서 살아가는 온전한 존재로서의 삶의 관점에 초점을 맞추어야 한다(양명숙 외, 2019).

즉, 과정지향적 접근에서는 일상적인 것을 초월하여 침묵의 힘이 작용하고 있는 삶의 큰 흐림인 과정을 통하여, 우리의 삶의 과정에서 일어나는 모든 문제들이 지금 나에게 무엇을 알아차리게 하는지를 자각하면서 건강하고 행복한 삶의 여정을 찾아가는 삶의 자세를 강조하고 있다. 이것이 가능하게 되면, 이제부터의 인생에서 일어나게 될 것과 인연을 실패하지 않고 성공적으로 맺을 수도 있는 반면, 불행으로부터도 미리 피할 수 있도록 예방할 수 있는 자의식을 발달시킬 수 있다. 따라서 이미 일어나서 피할 수 없는 것은 있는 그대로 수용하면서, 피할 수 있는 것은 미리 예방하여 사전에 막을 수 있는 자의식적인 지혜를 통하여 삶의 문제로부터 현명하게 대처할 수 있다.

과정지향 접근은 인생에서 일어나는 모든 사건에는 의미가 있으며, 무엇인가 필요가 있기에 사건이 일어난 것이라는 관점에서 문제를 바라보고, 여기서 얻은 메시지를 통하여 생의 의미를 찾아가는 위기대처 전략이자 심리상담 및 치료적 관점이다. 따라서 우리의 삶에서 일어나는 인생의 역경을 보다 의미있고 풍요로운 삶으로 전환할 수 있는 기회의 요인으로 알아차릴 수 있는 적극적인 삶의 태도가 중요하다.

이 장에서는 현대인의 위기대처 능력 증진과 건강관리를 위한 제반 요인들을 통하여 신체적 · 정신적 건강의 증진에 대하여 살펴보았고, 과정지향적 접근에서의 위기대처 전략에 대하여 알아보았다.

참고문헌

강경호(2000). 위기와 상담(II) 발달단계에 나타나는 위기와 상담. 경기: 한사랑가족상담연구소.

강길전(2007). 양자의학. 서울: 월간환경농업.

강성영(2009). 성매매특별법의 위헌성-직업선택의 자유를 중심으로. 창원대학교 대학원 석사학위논문.

강성환(2018). 상사 성격 5요인(Big 5)가 부하의 직무태도에 미치는 영향. 전남대학교 대학원 박사학위논문.

검찰(2017). 대검찰청 범죄분석 통계자료,『2017 범죄분석』.

고영실(2006). 부모의 양육태도 및 사회적지지가 아동의 스트레스 대처행동에 미치는 영향: 가정 관련 스트레스를 중심으로. 경희대학교 교육대학원 석사학위논문.

국립국어연구원(1999). 국립국어연구원 표준국어대사전. 서울: 두산동아.

권석만(2001). 인간관계심리학. 서울: 학지사.

권석만(2017a). 이상심리학의 기초. 서울: 학지사.

권석만(2017b). 인간이해를 위한 성격심리학. 서울: 학지사.

김광웅(2007). 현대인과 정신건강. 서울: 시그마프레스.

김교헌(1999). 전인적 건강과 시스템 이론. 사회과학연구, 55-68.

김교헌(2007). 중독, 그 미궁을 헤쳐나가기. 한국심리학회지: 건강, 12(4), 677-693.

김교헌, 김경의, 김금미, 김세진, 원두리, 윤미라, 이경순, 장은영(2010). 젊은이를 위한 정신건강. 서울: 학지사.

김규남(2007). 성폭력범죄의 실태와 형사사법적 개선방안에 관한 연구. 원광대학교 대학원 석사학위논문.

김근수(2011). 자기결정권에 관한 연구. 인제대학교 대학원 석사학위논문.

김기태(2006). 위기개입론. 서울: 대왕사.

김동일, 전호정, 안지영(2015). 성인 Big 5 성격 검사 타당성 연구. 교육연구논총, 36(2), 49-73.

김미령(2015). 좌절감과 불안과의 관계에서 A/B 성격 유형의 매개 효과: 여자 대학생을 대상으로. 청소년학연구, 22(6), 291-316.

김미옥(2001). 장애아동 가족의 적응과 아동의 사회적 능력에 관한 연구: 가족탄력성의 효과를 중심으로. 이화여자대학교 대학원 박사학위논문.

김성회(1986). 대학생들을 대상으로 한 일반화된 주장훈련 프로그램의 효과. 경북대학교 학생생활연구소 학생지도연구, 19(1), 39-54.

김시업, 김정인(2005). 성폭력과 그 가해자에 관한 소고. 경기대학교 논문집, 49, 133-165.

김연주(2006). 성적 자기결정프로그램이 여고생의 성적 의사결정능력 및 성태도에 미치는 효과. 한국교원대학교 대학원 석사학위논문.

김열규(1980). 원한, 그 짙은 안개. 서울: 범문출판사.

김용미, 서선희, 옥경희, 정혜정(2006). 결혼과 가족의 의미. 경기: 양서원.

김원학(2010). 세계의 건강식품, 신토불이가 답이다. 건강소식, 34(6), 40-41.

김유경(2016). 병원간호사의 성추행 경험, 스트레스 및 대처유형. 경북대학교 대학원 석사학위논문.

김은희(2011). 노인의 성추행이 요양보호사의 대처행동과 직무만족에 미치는 영향에 관한 연구. 가야대학교 대학원 석사학위논문.

김익균(2008). 가족관계학. 경기: 교육과학사.

김정인, 최상진, 손영미(2001). 성희롱 문제 지각에서 성차 및 성 역할 태도의 영향. 한국심리학회지: 여성, 6(3), 1-21.

김정희(1987). 지각된 스트레스, 인지세트 및 대처방식의 우울에 대한 작용. 서울대학교 대학원 박사학위논문.

김청송(2017). 사례중심의 이상심리학(제2판). 서울: 싸이북스.

김향아(2016). 자살생존자의 삶의 경험. 백석대학교 대학원 박사학위논문.

김현지, 양명숙(2015). 학업중단 청소년의 사회적지지, 자아탄력성과 스트레스 대처방식 간의 관계. 한남대학교 대학원 석사학위논문.
김현지, 양명숙(2017). 학업중단 청소년의 사회적지지, 자아탄력성과 스트레스 대처 방식 연구. 디지털융복합연구, 15(1), 23-34.
김혜숙(2013). 한국 이혼가정아동의 성장: 위험과 자원. 서울: 집문당.
노안영, 강영신(2018). 성격심리학(2판). 서울: 학지사.
박군자(2015). 성범죄 지식수준의 차이와 그 요인에 대한 연구-청소년과 일반인의 비교를 중심으로-. 사회복지경영연구, 2(2), 199-228.
박상규, 강성군, 김교헌, 서경현, 신성만, 이형초, 전영민(2009). 중독의 이해와 상담실제. 서울: 학지사.
박성희(2007). 동양상담학 시리즈- 마음과 상담. 서울: 학지사.
박유범(2019). 성폭력 관련기관 상담원의 사회적지지가 이직 의도에 미치는 영향. 한세대학교 대학원 박사학위논문.
박주언, 강은호, 박영민, 최삼욱, 채정호(2008). 스트레스연구, 16(2), 107-114.
박지원(1985). 사회적지지 척도 개발을 위한 일 연구. 연세대학교 대학원 박사학위논문.
박충선, 정미영, 박찬웅(2003). 인간, 건강과 성(2판). 서울: 정담미디어.
방신정(2018). 대학생의 양가적 성차별주의가 성희롱 피해자 비난에 미치는 영향. 성신여자대학교 대학원 석사학위논문.
백상창(1993). 恨(The hahn)과 한국병. 서울: 한국사회병리 연구회.
보건복지부(2005). 자살예방 5개년 종합대책.
보건복지부(2018). 자살예방 국가 행동계획.
생명의 전화(2009). 자살자 유가족 다시 세우기 STEP 2-지도자 지침서.
세계일보(2017). 다문화 칼럼 함께 사는 세상.
손현희(2018). 성폭행 사건에 대한 비난과 책임: 가해자, 피해자의 음주여부 및 성별을 중심으로. 숙명여자대학교 대학원 석사학위논문.
송인한(2015). 사회적 관계 내에서 자살을 경험한 자살생존자의 정신건강 추적연구. 한국연구재단 연구성과물.
양명숙, 김동일, 김명권, 김성회, 김춘경, 김형태, 문일경, 박경애, 박성희, 박재황, 박종수, 이명미, 전지경, 제석봉, 천성문, 한재희, 홍종관(2019). 상담이론과 실제(제2판). 서울: 학지사.

양명숙, 전지경(2004). 대학생 커플의 관계증진을 위한 통합적 집단 프로그램 개발연구(I). 상담학연구, 5(3), 561-582.

여성가족부(2016). 가족폭력 실태조사 연구.

오경석(2007). 한국에서의 다문화가족. 서울: 한울아케데미.

오세진, 김청송, 신맹식, 양계민, 이요행, 이장한, 이재일, 정태연, 조성근, 조수현, 현주석(2005). 인간행동과 심리학. 서울: 학지사.

유계식(2009). 명상과 상담에서의 알아차림. 명상치료 연구, 4, 6-61.

유영주, 강희중, 김밀양, 김순기, 김연, 박정희, 배선희, 손정영, 안재희, 양순미, 오윤자, 이인수, 이정연, 이창숙, 전영자, 최희진, 홍성례, 홍숙자(2007). 새로운 가족학. 서울: 신정.

유형근, 김윤희, 강지혜, 이유미(2012). 자살하려는 아이들. 서울: 학지사.

윤가현(1999). 성문화와 심리. 서울: 학지사.

윤주희(2018). 성인의 성격요인이 스트레스 및 스트레스 대처방식에 미치는 영향. 아주대학교 대학원 석사학위논문.

이미현(2011). 동양사상의 이해. 서울: 문경출판사.

이소영(2003). 성폭력. 신경정신의학, 42(1), 34-45.

이영돈(2006). 마음. 서울: 예담.

이원숙(2016). 가족복지론. 서울: 학지사.

이원종(2009). 100세 건강 우연이 아니다. 서울: 중앙북스.

이은희(2019). 항공서비스 전공 대학생들의 Big 5 성격요인이 자기효능감과 전공만족감에 미치는 영향. 공주대학교 대학원 박사학위논문.

이정아(2005). 스트레스/질병에 취약한 성격특성. 스트레스연구, 13(3), 127-131.

이정우, 김명자, 계선자(2001). 현대결혼과 가족문화. 서울: 숙명여자대학교출판부.

이진남(2016). 긍정심리학의 행복 개념에 대한 비판적 고찰. 철학논집, 44, 97-131.

이진남 (2017). 나는 긍정심리학을 긍정할 수 없다. 서울: 커뮤니케이션북스.

이창복(2018). 성희롱, 성추행, 성폭력 대처방법과 법률적 해결. 서울: 법문 북스.

이형득(2003). 본성실현상담. 서울: 학지사.

이형초(2005). 인터넷 중독 예방 프로그램. 성신여자대학교 가족건강복지센터 심리상담실.

이혜선, 육성필, 배진화, 안창일(2008). 자살관련 행동의 명명과 분류. 한국심리학회지: 상담 및 심리치료, 27(2), 331-349.

이희현(2007). 위계 모형에 기초한 지능요인과 성격 5요인 간의 관계. 숙명여자대학교 대학원 박사학위논문.

임정빈, 정혜정(1997). 성역할과 여성. 서울: 학지사.

장선철(2007). 21세기 현대사회와 정신건강. 서울: 동문사.

장하나(2014). 아동성폭행 피해자 지원체계에서 무용교육의 역할. 경성대학교 대학원 석사학위논문.

정규훈, 최문형, 황광욱, 이세현, 권종욱, 김갑수, 김형석, 김예호, 유정병, 김동민, 박호남, 함현찬, 김재경, 임홍태, 이상성, 임선영, 이유진, 김덕균, 이상익(2003). 동양사상 해설과 원전. 서울: 전통문화연구회.

정영숙, 안현의, 유순화(2005). 성격심리학. 서울: 시그마프레스.

정인석(2003). 역경의 심리학. 서울: 나노미디어.

정현숙, 유계숙(2008). 가족관계. 서울: 신정.

조대경, 이관용, 김기중(1994). 정신위생. 서울: 중앙적성출판사.

중앙심리부검센터(2015). 심리부검에 대한 대국민 인식조사.

중앙자살예방센터(2018). 2018 자살예방백서.

질병관리본부(2018). 주간 건강과 질병, 11(37), 1238.

채정호(2007). 긍정심리학과 행복학의 함입을 통한 정신의학의 새로운 패러다임. 스트레스연구, 15(3), 177-186.

최상진(2000). 한국인 심리학. 서울: 중앙대학교 출판사.

최상진, 김지영, 김기범(1999). 미운정 고운정의 심리적 구조, 표현행위 및 기능분석. 한국심리학회 연차학술대회.

최재인, 성승연(2016). 외상 후 성장과 적응의 관계에서 실존적 의미의 매개효과. 한국심리학회지: 상담 및 심리치료, 28(3), 829-854.

통계청(2017a). 인구주택 총 조사.

통계청(2017b). 정신질환 유병율(http://kostat.go.kr/portal/korea/index.action).

통계청(2018a). 2017년 사망원인통계.

통계청(2018b). 국제결혼 현황 인구동태 통계연보.

통계청(2018c). 인구동향.

통계청(2018d). 한부모가족 현황.

통계청(2018e). KOSIS 100대 지표(http://kosis.kr/conts/nsportalStats/nsportalStats_0101Body.jsp?menuId=all).

하대현, 황해익, 남상인(2008). 5요인 성격검사의 개발 및 학업, 적응, 진로 관련 준거와의 관계. 교육심리연구, 22(3), 609-629.

한국정보문화진흥원(2005). 성인 인터넷 중독 진단척도 개발 연구. 한국정보문화진흥원 역기능예방센터 중독예방팀.

한미현(1996). 아동의 스트레스 및 사회적지지 지각의 행동문제. 서울대학교 대학원 박사학위논문.

한영숙(2017). 부모의 이혼과 부부갈등이 대학생의 정신건강과 커플관계 탄력성에 미치는 영향: 부모자녀관계와 자아분화 매개효과. 한남대학교 대학원 박사학위논문.

홍용기, 조국행, 박양근, 박종혁(2003). 인간관계론. 서울: 한올.

황수관(1997). 내 몸에 맞는 운동으로 현대병을 고친다. 서울: 서울문화사.

황순택, 조혜선, 박미정, 이주영(2015). 성격장애와 기질 및 성격특질 간의 관계. 한국심리학회지, 29(2),: 1-13.

Aked, J., Marks, N., Cordon, C., & Thompson, S. (2008). *Five Ways to Wellbeing: The Evidence. A report presented to the Foresight Project on communicating the evidence base for improving people's well-being*. London: Centre for Wellbeing, New Economics Foundation.

Allen, J. G. (2005). *Coping with Trauma-hope through understanding*. 권정혜, 김정범, 조용래, 최혜경, 최윤경, 권호인 역(2010). 트라우마의 치유. 서울: 학지사.

Antonovsky. A., & Sourani, T. (1988). Family sense of coherence and family adaptation. *Journal of Marriage and the Family, 50*, 79-92.

APA (2013). *Diagnostic and statistical manual of mental disorders* (5th ed.). 권준수, 김재진, 남궁기, 박원명, 신민섭, 유범희, 윤진상, 이상익, 이승환, 이영식, 이헌정, 임효덕 역(2015). DSM-5 정신질환의 진단 및 통계 편람. 서울: 학지사.

Aronson, E., & Linder, D. (1965). Gain and loss of esteem as determinants of interpersonal attractiveness. *Journal of Experimental Social Psychology, 1*(2), 156-171.

Asch, S. E. (1946). Forming impression of personality. *Journal of Abnormal and Social Psychology, 41*, 258-290.

Baumgardner, S. R., & Crothers, M. K. (2009). *Positive psychology*. 안신호, 이진환, 신현정, 홍창희, 정영숙, 이재식, 서수균, 김비아 역(2009). **긍정심리학**. 서울: 시스마프레스.

Bennett, L. A., Wolin, S. J., Reiss, D., & Teitelbaum, M. A. (1987). Couples at risk for transmission of alcoholism; Protective influences. *Journal of Family Process, 26*(1), 111-129.

Bernard, L. C., & Krupat, E. (1994). *Health psychology: Biopsychosocial factors in health and illness*. New York: Harcourt Brace College Publishers.

Bowen, M. (1976). *Family therapy in clinical*. New York: Jason Aronson.

Bowen, M. (1978). *Family therapy in clinical practice*. Northvale, NJ: Jason Aronson.

Bower, E. M. (1970). *Primary prevention in a school setting. In C. Gerald(ed.), Prevention of mental disorders in children*. New York: Basic Books.

Bronfenbrenner, U. (1979). *The ecology of human development*. Cambridge, Mass.: Harvard University Press.

Bronfenbrenner, U. (1989). Ecological systems theory. *Annals of child Development, 6*, 187-249.

Burr, W. R., Day, R. D., & Bahr, K. S. (1993). *Family science*. 최연실, 남영주, 배희분, 이춘희, 조은숙, 전미정 역(1995). **새로 보는 가족관계학**. 서울: 하우.

Byer & Shainberg. (1994). Dimension of Human Sexuality (4th ed.) Madison, Wisconsin: Brown & Benchmark.

Cannon, W. B. (1932). *The wisdom of the body*. NewYork: Norton.

Capra, F. (1975). *The Tao of Physics*. Berkeley: Shambala.

Carnes, P, Green, B., & Carnes, S. (2010). The Same Yet Different: Refocusing the Sexual Addiction Screening Test(SAST) to Reflect Orientation and Gender. *Journal of Sexual Addiction and Compulsivity, 17*(1), 7-30.

Carnes, P. (1983). *Out of the shadows: Understanding sexual addiction*. Minneapolis, NM: CompCare

Carver, C. S., Scheier, M. F., & Segerstrom, S. C. (2010). Optimism. *Journal of Clinical Psychology Review, 30*, 879-889.

Clarke, A. K., & Stermac, L. (2011). The influence of stereotypical beliefs, participant gender, and survivor weight on sexual assault response. *Journal of Interpersonal Violence, 26*(11), 2285-2302.

Cloninger, C. R. (1987). A systematic method for clinical description and classfication of personality variants: a proposal. *Journal of Archives of General Psychiatry, 44*(6), 573-588.

Cloninger, C. R. (2004). *Feeling Good: The Science of Well-being*. NY: Oxford University Press.

Cobb, S. (1976). Social support as a moderator of life stress. *Journal of Psychosomatic medicine, 38*, 300-314.

Cohen, Y., Spirito, A., & Brown, L. K. (1996). *Suicide and Suicidal behavior*, In R. J. Diclemente & W. B. Hansen (Eds.), *Handbook of Adolescent health risk behavior: Issues in clinical child psychology*. New York: Plenum Press.

Compton, W. C. (2005). *An Introduction to positive psychology*. 서은국, 성민선, 김진주 역(2007). 긍정 심리학 입문. 서울: 시그마프레스.

Costa, P. T., & McCrae, R. R. (1986). Major contributions to personality psychology. In Hans Eysenck (Ed.), Consensus and Controversy (63-72). London: Routledge.

Costa, P. T., & McCrae, R. R. (1992). NEO-PI-R: Professional manual. FL: *Psychological Assessment Resources, 13*(6), 653-665.

Custer, R. L., & Milt, H. (1985). *When Luck Runs Out: help for compulsive gamblers and their families*. New York: Fact on File Publication.

Danner, D. D., Snowdon, D. A., & Friesen, W. V. (2001). Positive emotions in early life and longevity: findings from the nun study. *Journal of Personality and social psychology, 80*(5), 804-813.

Denollet, J., & Brutsaert, D. L. (1998). Personality, disease severity, and the risk of long-term cardiac events in patients with a decreased ejection fraction after myocardial infarction. *Journal of Circulation, 97*(2), 167-173.

Denollet, J., Sys, S. U., & Brutsaert, D. L. (1995). Personality and mortality after myocardial infarction. *Journal of Psychosomatic medicine, 57*(6), 582-591.

Denollet, J., Vaes, J., & Brutsaert, D. L. (2000). Inadequate response to treatment in coronary heart disease: adverse effects of type D personality and younger age on 5-year prognosis and quality of life. *Journal of Circulation, 102*(6), 630-635.

Diener, E. (1994). Assessing subjective well-being: Progress and opportunities. *Journal of Social indicators research, 31*(2), 103-157.

Digman, J. M. (1990). Personality structure: emergence of the five-factor model. *Journal of Annual Review of Psychology, 41*, 417-440.

Digman, J. M., & Takemoto-Chock, N. K. (1981). Factors in the natural language of personality: Re-analysis, comparison, and interpretation of six major studies. *Journal of Miltivariate Behavioral Research, 16*, 149-170.

Dollard, J., Miller, N. E., Doob, L. W., & Mowrer, O. H., & Sears, R. R. (1939). *Frustration and aggression*. New Haven: Yale University Press.

Elder, G. H. (1994). Time, Human agency, and social change: Perspectives on the life course. *Journal of Social Psychology Quarterly, 57*, 4-15.

Epstein, N., Bishop, D., Ryan, C., Miller, I., & Keitne, G. (1993). The McMaster model: A view of healthy family functioning. In F. Walsh(Ed), *Nomal family Processes*(2nd ed). New York: Guilford Press.

Eysenck, H. J. (1994). Cancer, personality and stress: prediction and prevention. *Advances in behaviour research and therapy, 16*(3), 167-215.

Feshbach, S. (1970). Aggression. In P. H. Mussen (Ed), *Carmichael's manual of child psychology*. New York: Wiley.

Fisher, G., & Harrison, T. (1996). *Substance abuse: Information for school counselors, social workers, therapists, and counselors*. 장승옥, 최현숙, 김용석, 정슬기 역(2009). **물질남용의 예방과 치료: 사회복지사, 상담가, 치료사, 상담교사를 위한**

지식. 경기: (재)한국음주문화연구센터.

Folkman, S., & Lazarus, R. S. (1985). If it changes it must be a process: study of emotion and coping during three stages of a college examination. *Journal of personality and social psychology, 48*(1), 150.

Friedman, M., & Rosenman, R. H. (1971). Type A Behavior Pattern: its association with coronary heart disease. *Annals of Clinical Research, 3*(6), 300-312.

Friedman, M., Rosenman, R. H. (1974). *Type A behavior and your heart*. New York: Knopf.

Fromm, E. (1956). *The art of loving: an angry into the nature of love*. New York: Harper & Brothers.

Gagnon, J. H., & Simon, W. (1973). *Sexua lconduct: the social sources of human sexuality*. Chicago: Aldine.

Garland, E. L., Farb, N. A., Goldin, P. R., & Fredrickson, B. L. (2015). Mindfulness broadens awareness and builds eudaimonic meaning: A process model of mindful positive emotion regulation. *Journal of Psychological Inquiry, 26*(4), 293-314.

Gilmour, J., & Williams, L. (2012). Type D personality is associated with maladaptive health-related behaviours. *Journal of health psychology, 17*(4), 471-478.

Hafen, B. Q., Karren, K. J., Frandsen, K. J., & Smith, N. L. (1996). *Mind/Body Health: The Effects of Attitudes, Emotions, and Relationships*. Boston: Allyn & Bacon.

Haynes, S. G., Levine, S., Scotch, N., Feinleib, M., & Kannel, W. B. (1978). The relationship of psychosocial factors to coronary heart disease in the framingham study: I. Methods and risk factors. *American Journal of Epidemiology, 107*(5), 362-383.

Holmes, T. H., & Rahe, R. H. (1967). The social readjustment rating scale. *Journal of psychosomatic research, 11*(2), 213-218.

Hunt, M. (1974). *Sexual Behavior in the Seventies*. Chicago: Playboy Press.

James, R. K., & Gilliland, B. E. (2005). *Crisis intervention strategies* (5th ed.). 한인

영, 장수미, 최정숙, 박형원, 이소래, 이혜경 역(2008). 위기개입. 서울: 나눔의 집.

Jeffrey, J. (2003). *A hand book for survivors of suicide*. Washington, DC: American Association of Suicidology.

Jeglic, E. L., Pepper, C. M., & Vanderhoff, H. A. (2007). An analysis of suicidal ideation in a collage sample. *Journal of Archives of Suicide Research, 11*(1), 41-56.

Jellinek, E. M. (1960). *The disease concept of alcoholism*. New haven, CT: Hillhouse Press.

John, O. P., Naumann, L. P., & Soto, C. P. (2008). Paradigm shift to the integrative Big Five trait taxonomy: History, Measurement, and Conceptual Issues. In O. P. John, R. W. Robbins, & L. A. Pervin(Eds), Handbook Of Personality : Theory and Research (3rd eds., pp. 114-158). New York: Guilford Press.

Keller, A., Litzelman, K., Wisk, L. E., Maddox, T., Cheng, E. R., Creswell, P. D., & Witt, W. P. (2012). Does the perception that stress affects health matter? The association with health and mortality. *Journal of Health Psychology*, (5), 677.

Kessler, R. C., Borges, G., & Walters, E. E. (1999). Prevalence of and Risk Factors for Lifetime Suicide Attempts in the National Comorbidity Survey. *Journal of Arch Gen Psychiatry, 56*(7), 617-626.

Kingma, D. R. (2000). *The future of love : the power of the soul in intimate relationships*. 이희 역(2007). 사랑 다음에도 사랑은 존재하는가. 서울: 학지사.

Krumpfer, K. L., Trunnell, E. P., & Whiteside, H. O. (1990). Biopsychosocial model: Application to the addictions field. In R. Engs (Ed.), *Controversies in the addictions's fields: Volume one*. Dubuque, IA: Kendall/Hunt.

Lamanna, M. A., & Riedmann, A. (1988). *Marriage nad families: Making choices and facing change*(3rd ed). Belmont, CA: Wadsworth Publishing.

Langer, E. J., & Rodin, J. (1976). The effects of choice and enhanced personal responsibility for the aged: A field experiment in an institutional setting. *Journal of personality and social psychology*, (2), 191.

Lawson, G. W., Person, J. S., & Lawson, A. W. (1983). *Alchoholism and the Family: A guide to treatment and prevention*. Gaithersberg, MD: Aspen.

Lazarus, R. S. (1993). Coping theory and research: Past, present, and future. Fifty years of the research and theory of RS Lazarus: An analysis of historical and perennial issues, 366-388.

Lazarus, R. S., & Folkman, S. (1984). *Stress, appraisal, and coping*. New York: Springer publishing company.

Linley, P. A., & Joseph, S. (2004). Positive change following trauma and adversity: A review. *Journal of Traumatic Stress: Official Publication of the International Society for Traumatic Stress Studies, 17*(1), 11-21.

Little, B. R. (2014). *Me, Myself, and Us: The Science of Personality and the Art of Well-Being*. 이창신 역(2015). 성격이란 무엇인가. 서울: 김영사.

Lumley, M. A., Cohen, J. L., Borszcz, G. S., Cano, A., Radcliffe, A. M., Porter, L. S., Schoubiner, H., & Keefe, F. J. (2011). Pain and emotion: a biopsychosocial review of recent research. *Journal of Clinical psychology, 67*(9), 942-968.

Marlatt, G. A. (1985). Relapse prevention: Theoretical rationale and overview of the model. In G. A. MarLatt & J. R. Gordon (Eds.), Relapse prevention: A self-control strategy for the maintenance of behavioral change (3-70). New York: Guilford.

Mazure, C. M. (1998). Life stressors as risk factors in depression. *Journal of Clinical Psychology: Science and Practice, 5*(3), 291-313.

McDermott, D. (1984). The relationship of parental drug use and parent's attitude concerning adolescent drug use to adolescent drug use. *Journal of Adolescence, 19*, 89-96.

McLellan, A. T., Lewis, D. C., O'Brien, C. P., & Kleber, H. D. (2000). Drug dependence, a chronic medical illness: Implications for treatment, insurance and outcome evaluation. *Journal of the American Medical Association, 284*, 1689-1695.

Mindell, A. (1987). *The Dreambody in Relationship*. 양명숙, 이규환 역(2011). 관계치료: 과정지향적 접근. 서울: 학지사.

Mindell, A. (2000). *Quantum Mind*. 양명숙, 이규환 역(2010). 양자심리학: 심리학과 물

리학의 경계. 서울: 학지사.

Mindell, A. (2002). *The Deep Democarcy of Open Forums*. Charlottesville, Virginia: Hamptom Roads.

Mindell, A. (2004). *The quantum mind and healing*. 이규환, 양명숙 역(2013). 양자심리치료. 서울: 학지사.

Mindell, A. (2013). Dance of the ancient one: How the universe solves personal and world problems. Florence, Oregon: Deep Democracy Exchange.

Mols, F., & Denollet, J. (2010). Type D personality in the general population: a systematic review of health status, mechanisms of disease, and work-related problems. *Journal of Health and Quality of Life Outcomes, 8*(1), 9.

Mommersteeg, P. M., Pot, I., Aarnoudse, W., Denollet, J., & Widdershoven, J. W. (2013). Type D personality and patient-perceived health in nonsignificant coronary artery disease: the TWeesteden mIld STenosis (TWIST) study. *Journal of Quality of Life Research, 22*(8), 2041-2050.

Morse, C. K. (1993). Does variability increase with age? : An archival study of cognitive measures. *Journal of Psychology and Aging, 8*, 156-165.

Nakken, C. (1996). *The addictive personality: understanding the addictive process and compulsive behavior* (2nd ed.). 오혜경 역(2008). 중독의 심리학. 서울: 웅진지식하우스.

Nettle, D. (2007). *Personality*. 김상우 역(2009). 성격의 탄생. 서울: 와이즈북.

NHS Health Advisory Service (1995). *Child and Adolescent Mental Health Services: Together We Stand: the Commissioning, Role and Management of Child and Adolescent Mental Health Services*. London: HMSO.

Orford, J. (2001). *Excessive appetites : a psychological view of addictions* (2nd ed). New York: Wiley & Sons.

Park, C. L., Cohen, L. H., & Murch, R. L. (1996). Assessment and prediction of stress-related growth. *Journal of personality, 64*(1), 71-105.

Patterson, J. M., & Garwick, A. W. (1994). Theoretical linkages: Family meanings and sense of coherence. In H. McCubbin, E. Thompson, A. Thompson, & J.

Fromer(Eds.), *Sense of cohernce and resiliency: Stress, coping and health*. Madison: Center for Excellence in Familly Studuies, University of Wisconsin.

Pavot, W., & Diener, E. (2009). Review of the satisfaction with life scale. In *Assessing well-being* (pp. 101-117). Dordrecht: Springer.

Peele, S. (1989). *Diseaing of America: Addiction treatment out of control*. Lexington, MA: Lexington Books.

Pietropinto, A., & Simenauer, J. (1977). *Beyond the male myth: What women want to know ablut men's sexuality: A Nationwide Sarvey*. New York: Times Books.

Poter, L. W., & Laler, E. E. (1967). The effect of performance on Job Satisfaction, *Industrial Relations 7*, 20-28.

Roberts, D. C. (1988). A perspective of men and women. *Journal of collge Student development*, 29(6), Review.

Sampson, G. (1989). Language Acquisition: Growth or Learning? *Journal of Philosophical Papers, 18*, 203-240.

Satir, V. (1988). *The new peoplemaking*. Palo Alto, CA: Science and Behavior Books.

Scheier, M. F., & Carver, C. S. (1985). Optimism, coping, and health: Assessment and implications of generalized outcome expectancies. *Journal of Health psychology, 4*(3), 219-247.

Schult, D. (1977). *Growth psychology: models of the healthy personality*. 이혜성 역 (2007). 성장심리학: 건강한 성격의 모형. 서울: 이화여자대학교 출판부.

Seery, M. D., Holman, E. A., & Silver, R. C. (2010). Whatever does not kill us: cumulative lifetime adversity, vulnerability, and resilience. *Journal of personality and social psychology*, (6), 1025.

Seligman, M. E. P. (2002). *Authentic happiness: Using the new positive psychology to realize your potential for lasting fulfillment*. New York: Free Press.

Seligman, M. E., Rashid, T., & Parks, A. C. (2006). Positive psychotherapy. *Journal of American psychologist, 61*(8), 774-788.

Selye, H. (1956). *The stress of life*. New York: McGraw Hill Book Company.

Selye, H. (1976). The stress concept. *Journal of Canadian Medical Association, 115*(8), 718.

Slater, L. (2004). *Opening Skinner's Box: Great psychological experiments of the twentieth century*. 조증열 역(2005). 스키너의 심리상자 열기. 서울: 에코의 서재.

Stephen, A. A., Ronald, M. S. (2010). *Family interaction: A multigenerational developmental perspective* (5th ed.). 정문자, 정현숙, 정혜정, 정영주, 정유진 역 (2016). 다세대 발달관점의 가족관계. 서울: 학지사.

Sternberg, R. J. (1986). A triangular theory of love. *Journal of Psychological Review, 93*(2), 119-135.

Taylor, S. E. (2006). *Health Psychology*. New York: McGraw-Hill Higher Education.

Taylor, S. E. (2015). *Health psychology*. 서수연, 박준호, 심은정, 조성근, 한경훈 역 (2016). 건강심리학(9판). 서울: 시그마프레스.

Taylor, S. E., & Armor, D. A. (1996). Positive illusions and coping with adversity. *Journal of personality, 64*(4), 873-898.

Tedeschi, R. G., & Calhoun, L. G. (1996). The Posttraumatic Growth Inventory: Measuring the positive legacy of trauma. *Journal of traumatic stress, 9*(3), 455-471.

Tedeschi, R. G., & Calhoun, L. G. (2004). Posttraumatic growth: Conceptual foundations and empirical evidence. *Journal of Psychological inquiry, 15*(1), 1-18.

Tupes, E. C., & Christal, R. E. (1961). Recurrent personality factors 124 based on trail ratings (USAF ASD Tech. Rep. No. 61-97). Lackland Air Force Base, TX: U.S. Air Force.

Walsh, F. (1998). *Strengthening family resilience*. New York: Guilford Press.

West, R. (2001). Theories of addiction. *Journal of Addiction, 96*(1), 3-13.

Williams, L., Abbott, C., & Kerr, R. (2016). Health behaviour mediates the relationship between Type D personality and subjective health in the general population. *Journal of health psychology, 21*(10), 2148-2155.

Yerkes, R. M., & Dodson, J. D. (1908). The relation of strength of stimulus to rapidity of habit-formation. *Journal of comparative neurology and psychology*, (5), 459-482.

Young, K. S. (1998). *Caught in the net: how to recognize the signs of internet addiction*. 김현수 역(2000). 인터넷 중독증. 서울: 나눔의 집

blog.naver.com/yongin_mh 용인정신병원

blutouch.net 서울시 정신건강브랜드 블루터치

suicideprevention.or.kr 한국자살예방협회

www.Bandicam.co.kr 스키너의 심리상자 열기.

www.dr4mind.net 강길전의 양자의학교실

www.encyber.com

www.kpha.or.kr 대한보건협회

www.pagebrick.com 스티브 잡스의 일생.

www.socialworkhelper.com

지식채널 e(187). 제정신으로 정신병원 들어가기.

찾아보기

인명

내용

저자 소개

양명숙 Yang, Myong Suk
독일 하인리히 하이네 뒤셀도르프 대학교 (Heinrich-Heine Duesseldorf Universitaet) 철학박사(심리학 전공)
현 한남대학교 아동복지학과, 일반대학원 상담학과, 특수대학원 상담심리학과 교수

전지경 Jeon, Ji Kyung
한남대학교 상담학 박사
현 세종특별자치시 교육청 교원치유지원센터 전문상담사

김춘희 Kim, Chun Hee
충남대학교 교육학 박사
현 충남대학교, 한남대학교 시간강사

최연화 Choi, Yeun Hwa
한남대학교 문학 박사(아동복지학 전공)
현 중부대학교 학생성장교양학부 전문연구원

한영숙 Han, Young Sook
한남대학교 문학 박사(아동복지학 전공)
현 한남대학교 특수대학원 상담심리학과 겸임교수

김윤희 Kim, Yun Hee
한남대학교 상담학 박사
현 한남대학교 학생상담센터 전문상담원

김현지 Kim, Hyun Ji
한남대학교 일반대학원 상담학과 박사과정

이현우 Lee, Hyun Woo
한남대학교 일반대학원 상담학과 박사과정

삶의 의미를 찾아가는
현대인의 정신건강
Mental Health for a Meaningful Life

2019년 8월 20일 1판 1쇄 인쇄
2019년 8월 30일 1판 1쇄 발행

지은이 • 양명숙 · 전지경 · 김춘희 · 최연화
한영숙 · 김윤희 · 김현지 · 이현우

펴낸이 • 김진환
펴낸곳 • (주)학지사
04031 서울특별시 마포구 양화로 15길 20 마인드월드빌딩
대표전화 • 02-330-5114 팩스 • 02-324-2345
등록번호 • 제313-2006-000265호

홈페이지 • http://www.hakjisa.co.kr
페이스북 • https://www.facebook.com/hakjisa

ISBN 978-89-997-1892-2 93180

정가 17,000원

이 도서의 국립중앙도서관 출판시도서목록(CIP)은 서지정보유통지원시스템 홈페이지(http://seoji.nl.go.kr)와 국가자료공동목록시스템(http://www.nl.go.kr/kolisnet)에서 이용하실 수 있습니다.
(CIP 제어번호: CIP2019031145)